U0930304

“高速铁路工程技术创新丛书”
专家委员会

“高速铁路工程技术创新丛书”
编委会

高速铁路工程技术创新丛书
国家铁路局组织编写

高速列车
结构安全防护理论与技术

许 平 王 军 等编著
田红旗 主 审

中国铁道出版社有限公司
2021年·北 京

内容简介

本书是高速铁路工程技术创新丛书之一，由国家铁路局组织编写。书中系统阐述了现代高速列车结构安全防护的基本理论与技术、实验方法和工程实践等内容。全书共 7 章，主要针对高速列车结构安全防护理论与技术，从国内外研究现状、高速列车碰撞安全防护标准、碰撞动力学有限单元法、列车碰撞动力学有限元仿真、列车乘员二次碰撞动力学仿真、高速列车碰撞安全防护性能提升、高速列车碰撞安全防护实验技术以及碰撞工程实例等方面进行了介绍、分析与总结，具有很好的概括性、指引性与先进性。

本书可供从事高铁装备领域科研、制造和教学的科研人员、技术人员及教学人员阅读参考。

图书在版编目(CIP)数据

高速列车结构安全防护理论与技术/许平等编著.—北京：中国铁道出版社有限公司，2021.6
(高速铁路工程技术创新丛书)
ISBN 978-7-113-27902-8

Ⅰ.①高… Ⅱ.①许… Ⅲ.①高速列车-安全防护 Ⅳ.①U292.91

中国版本图书馆 CIP 数据核字(2021)第 070773 号

书　　名：高速列车结构安全防护理论与技术
GAOSU LIECHE JIEGOU ANQUAN FANGHU LILUN YU JISHU
作　　者：许　平　王　军　等

策　　划：金　锋
责任编辑：黄　璐　亢丽君　**编辑部电话**：(010)51873138　**邮箱**：jiliang@tdpress.com
封面设计：高博越
责任校对：孙　玫
责任印制：樊启鹏

出版发行：中国铁道出版社有限公司（100054，北京市西城区右安门西街 8 号）
网　　址：http://www.tdpress.com
印　　刷：北京盛通印刷股份有限公司
版　　次：2021 年 6 月第 1 版　2021 年 6 月第 1 次印刷
开　　本：787 mm×1 092 mm　1/16　**印张**：13　**字数**：278 千
书　　号：ISBN 978-7-113-27902-8
定　　价：85.00 元

主要编著者简介

许平，1971年2月出生，中南大学交通运输工程专业博士毕业，现任中南大学交通运输工程学院教授、博士生导师。国家"万人计划"科技领军人才，科技部创新人才推进计划重点领域创新团队负责人，教育部"新世纪"人才。兼任轨道交通安全教育部重点实验室副主任、湖南省铁道学会机车车辆委员会主任。主要研究领域为列车碰撞安全保护技术、轨道车辆结构设计与优化。主持和承担国际重大合作项目2项、重大研发项目4项、其他国家级课题13项。获国家科技进步一等奖(创新团队奖)1项、国家技术发明二等奖1项、国家科技进步二等奖2项、中国专利金奖2项、省部级科技进步特/一等奖8项、茅以升铁道科学技术奖1项以及火车头奖章。

王军，1963年11月生，中南大学交通运输工程专业博士毕业，正高级工程师，轨道交通装备技术和管理专家，国家百千万人才工程入选者，现为中国中车股份有限公司副总裁(科技)、中国中车科技创新委员会主任、轨道交通车辆系统集成国家工程实验室主任、中国铁道学会常务理事。主持研制我国250 km/h等级"和谐号"高速列车、自主知识产权350 km/h等级高速列车、青藏铁路高原客车，是我国高速列车技术创新与产业化的主要建设者与领军人。获国家科技进步特等奖、一等奖、二等奖各1项，全国创新争先团队奖、省部级特等奖5项、第十二届詹天佑铁道科技大奖、国家级企业管理现代化创新成果一等奖等。被授予国家有突出贡献中青年专家、政府特贴专家，获第四届中国杰出工程师奖、火车头奖章等。

序

铁路是国民经济大动脉、关键基础设施和重大民生工程，是综合交通运输体系的骨干和主要交通方式之一，在我国经济社会发展中的地位和作用至关重要。高速铁路集聚了现代工业文明的丰硕成果，以其安全、便捷、舒适、环保等技术经济优势，显示出强大生命力。我国高度重视发展高速铁路，经过几代人的不懈努力，实现了从无到有、从探索到突破、从制造到创造，特别是党的十八大以来，我国高速铁路快速发展，已建成世界上最现代化的高铁网络，成为高铁运营里程最长、在建规模最大、高速列车数量最多、商业运营速度最高、高铁技术体系最全、运营场景和管理经验最丰富的国家。“复兴号奔驰在祖国广袤的大地上”。截至2020年底，我国高速铁路已达3.8万公里，占世界高铁总里程的三分之二以上。四通八达的高铁网，在服务国家重大战略、支撑经济社会发展、满足人民群众美好生活需要、助力“一带一路”建设、推动世界铁路发展等方面做出了巨大贡献。

我国高速铁路借鉴世界高铁发展的成功经验，通过原始创新、集成创新、引进消化吸收再创新，坚定不移地走出了一条符合国情路情、具有中国特色的自主创新道路。系统掌握了艰险山岭、风沙戈壁、黄土湿地、高寒酷热等各种复杂地质及气候条件下高速铁路建造成套技术，建成了一大批世界级标志性工程；创建了成套的高速铁路列车运行控制技术标准体系、认证体系和仿真平台，具备从列控系统设计、生产制造到工程实施的全过程能力；具有成熟的高速动车组设计、制造、测试技术，构建了科学的高速动车组技术标准体系，打造了规模强大的生产基地和完整的产业链；形成了适应复杂路网条件下长距离跨线运行的高铁运营管理成套技术，构建人防、物防、技防“三位一体”的高铁主动安全保障机制。我国高速铁路技术已经走在世界前列，成为推动世界高速铁路发展的重要力量。

习近平总书记指出：“我国自主创新的一个成功范例就是高铁，从无到有，从引进、消化、吸收再创新到自主创新，现在已经领跑世界。要总结经验，继续努力，争取在‘十四五’期间有更大发展。”今年，习近平总书记对发展职业教育做出重要指示。国家铁路局坚决贯彻习近平总书记重要指示精神，牵头组织铁路行业科研和工程技术人员编写了“高速铁路工程技术创新丛书”（以下简称“丛书”），旨在全面梳理创新成果，系统总结建设经验，进一步厚植技术优势，持续推进高质量发展；旨在集聚行业智慧，丰富教学载体，助力高铁专业人才培养；旨在分享我国高铁科技创新成果，促进各国铁路合作交流，服务“一带一路”建设。丛书共31册，涵盖高速铁路规划设计、土木建筑、装备制造、生态保护、运营管理、安全工程等高速铁路工程技术全产业链、全寿命周期。丛书力求全面反映我国高速铁路科技创新发展成就,体现铁路行业科技创新水平;阐述高铁工程基础理论、规律、机理,呈现技术、方法、路径,可验证,可复制,可传承;汇集专业积累和经验积淀,源于实践,指导实践;涵盖高铁主要工程技术领域,内在统一、自成体系。丛书坚持理论与实践、规范与实证、传承与创新相结合,着力构建"理论+技术+实践"三位一体的高铁工程技术框架,矢志推动建立反映时代特征、体现中国特色、具有世界高度的高铁工程技术创新体系。丛书得到了国家出版基金的大力支持,已列为2021年度资助项目。

我们深刻地认识到,我国高速铁路科技创新能够取得丰硕成果,是以习近平同志为核心的党中央坚强领导亲切关怀、铁路全行业攻坚克难实干奉献的结果,是集中力量办大事的社会主义制度优势的突出体现,是坚持改革开放强国之路的最好例证;得益于中央各部门和地方政府的协同奋战、通力合作,得益于广大人民群众的广泛参与、大力支持。丛书编著人员来自于我国高铁各领域一线,长期从事高铁技术研究与实践,具有深厚理论功底和丰富实践经验,是我国高速铁路建设发展的亲历者、见证人,是铁路各专业具有代表性和影响力的领军人物。丛书专家委员会由行业内具有崇高威望、为我国高速铁路发展做出重大贡献的资深权威专家组成,全程指导丛书编著,并进行审定把关。丛书既是高铁工作者的智慧和汗水的结晶,更是追逐梦想、奋发有为的写照。

当今世界正经历百年未有之大变局,我国正处于两个百年奋斗目标的历史交汇期,开启了全面建设社会主义现代化国家的新征程,立足新发展阶段,贯彻新发展理念,构建新发展格局,实现高质量发展,铁路面临新形势、新使命。我们必须坚决贯彻习近平新时代中国特色社会主义思想,全面落实《交通强国建设纲要》,不忘初心、牢记使命,传承守正、培元固本,继续推进高速铁路创新发展,高质量建设铁路强国,为全面建设社会主义现代化国家当好先行。

国家铁路局"高速铁路工程技术创新丛书"编委会

2021年6月

前　言

党的十八大以来，我国高速铁路快速发展，取得了举世瞩目的成就。为了全面梳理我国高铁工程技术创新成果、系统总结建设经验、推进高铁持续创新，国家铁路局组织一批具有深厚理论功底和丰富实践经验的科研和工程技术人员编写了“高速铁路工程技术创新丛书”，并请高铁工程领域资深权威专家全程指导、审定把关。丛书共31册，本书为丛书之一。

高速动车组是高铁的主要运载工具。我国在引进、吸收、消化、再创新的总体思路指导下，从最初的CRH1、CRH2、CRH3和CRH5型等基本动车组车型开始，先后研发CRH380系列动车组、中国高寒动车组、“复兴号”动车组等达到世界领先水平的高速动车组车型，我国动车组列车的最高试验速度已经超过480 km/h，处于世界前列。

由于轨道交通系统都需要采用先进且统一调度指挥的运行管理机制，同时也采用各种先进的信号与控制等技术来规避列车事故的发生，轨道交通运输的安全性已经得到广大出行旅客高度认可。尤其相比道路交通，轨道交通系统的事故发生率不足其十分之一。但是高技术总是伴随着高风险，随着现代科学技术的发展，各种技术系统的复杂化程度增加。现代高铁运输系统是一个庞大的复杂系统，无论从规模、速度、设备还是从管理上都发生了飞跃，尽管列车发生碰撞的概率要小于汽车发生碰撞的概率，但列车在运行过程中确实会存在许多不确定的因素，系统内的任何技术缺陷、人员失误、设备故障、管理无效乃至外界自然环境的突然变化等因素，都可能会导致事故发生。一旦发生意外事故，其影响之大、伤亡之多、损失之重、补救之难，都是传统运输方式不可比拟的。

根据世界范围内的统计资料，在造成重大人员伤亡的列车事故中，碰撞事故占比达到56%，即碰撞是列车面临的主要事故风险之一。而高速运行的列车由于质量大、运行速度快，具有很大的初始动能，因此一旦发生意外碰撞的事故，巨大的碰撞动能如果不能进行有序有效地耗散，往往会造成重大伤亡和财产损失。近年来世界范围内发生的多起高速列车碰撞事故，给人们留下了极其惨痛的教训。而且这些事故涉及的国家，不仅包括发展中国家，也包括发达国家。这也导致随着列车速度的持续提高，舒适性、便捷性提高的同时，对列车的碰撞安全防御系统也提出了越来越高的要求。

为了尽可能提高高铁运输安全水平，在积极主动地采取先进技术和管理方法尽可能避免列车碰撞事故的同时，通过开发和优化提升车体结构耐碰撞性，在列车碰撞事故发生时为司乘人员提供安全的生存空间，就显得尤为重要。高速列车结构安全性能的研究和实践目前已经得到国内众多学者和工程师的高度关注。许多国家在轨道交通机车车辆的结构设计中，采用在特定部位设置碰撞能量吸收装置和防爬装置等手段，以期达到发生意外碰撞时吸收大部分碰撞动能和防爬车目的，从而最大限度地减少人员的伤亡。

本书围绕高速列车结构安全防护理论与技术，在总结概括基础研究方法和试验技术的基础上，从国内外研究现状、高速轨道车辆碰撞安全防护标准、碰撞动力学有限单元法、列车碰撞动力学有限元仿真、列车乘员二次碰撞动力学仿真、高速列车碰撞安全防护性能提升、高速列车碰撞安全防护实验技术以及碰撞工程实例等方面进行了详细论述、分析与总结。

本书由中南大学许平教授、中国中车集团有限公司王军教授级高工、中南大学姚曙光教授和秦进教授共同编著，中南大学田红旗院士担任主审。

本书由中南大学牵头撰写，在编写过程中，中南大学梁习锋、彭勇、姚松、谢素超等教授，中车青岛四方机车车辆股份有限公司副总经理兼总工程师梁建英、副总工程师丁叁叁，中车长春轨道客车股份有限公司副总经理兼总工程师沙淼、副总工程师王金田等专家都提出了宝贵的建议和意见。中南大学闫凯波、李治祥、肖娴靓、谭博文、朱慧芬、孔令香、赵慧、黄启、张鹏、张孟、黄冲、贺嘉妮等做了大量图片和数据的校改工作。

本书从选题立项到最终成稿的过程中得到了国家铁路局的大力支持和帮助，同时还得到中国工程院田红旗院士、刘友梅院士、钱清泉院士、国家铁路局严贺祥总工程师等多位领导和专家的关心、指导和帮助。在此，向对本书给予支持和帮助的所有人员致以最衷心的感谢。

由于作者水平所限，不足之处难以避免，肯请同行和读者批评指正，不胜感激！

编著者

2021 年 3 月

目　　录

1　绪　论

轨道交通系统是现有交通运输方式中最安全的一种运输方式，尤其相比道路交通系统，轨道交通系统的事故率不足其十分之一。世界各国均采用了先进的通信信号系统、现代化列车调度控制系统等主动安全防护技术来规避列车事故的发生以及降低事故出现的可能性，轨道交通系统的安全水平也得到广大出行旅客的普遍认可。但由于轨道交通系统庞大且复杂，列车在行驶过程中存在许多不确定的因素，如气象、地质状况突变、人为操作错误和设备故障导致列车脱轨和冲突，造成列车碰撞事故无法完全避免。

据统计资料显示，在造成重大人员伤亡的列车事故中，碰撞类事故占比高达56%，因此可以认为碰撞是列车在运行中面临的主要事故风险。然而，铁路车辆主要是为运输而设计，导致事故的各种因素和缘由也是复杂异常，完全规避列车之间发生碰撞是不切实际的。因此，在进行碰撞主动防护的基础上，进一步开展铁路车辆碰撞的被动安全防护系统研究成为降低碰撞事故影响的关键所在。

在现有研究中，主要通过对已有列车碰撞事故数据的统计分析，使用“引发性”和“后果性”风险分析，确定典型撞击情形的发生的概率、冲击速度、撞击障碍物的特性以及撞击后果严重性，评估每个潜在撞击情形引出的风险，从而采取合理措施将撞击风险减到最低。

1.1　高速列车撞击事故分析

高速运行的列车由于质量大、速度快，具有很大的初始动能，因此一旦发生意外碰撞事故，如果巨大的碰撞动能不能有序有效耗散，将会造成重大人员伤亡和财产损失。

与汽车碰撞事故相比，列车沿专用轨道行驶，碰撞事故频率较低、随机性较弱。但列车运行速度高、载客量大，且具有由多节车辆编组而成的特点，具有巨大初始动能，发生碰撞事故时，巨大的碰撞动能将会在几秒钟时间内以其他形式的能量进行耗散。

通过两节车辆的碰撞可以说明碰撞过程中能量的转换。假设两节车碰撞前后都保持在平直轨道上，碰撞之后两车速度保持一致，碰撞前瞬间两车质量和运行速度分别为M_1、M_2、v_1、v_2，碰撞完成后两车具有共同的速度v。虽然碰撞过程中车辆同时还受到轮轨摩擦力、制动力等外力的作用，但由于作用时间很短，可以近似认为整个系统在撞击过程中动量守恒，根据能量守恒原理可以得到计算公式。

碰撞前的总动能为：
$$E_0=\frac{1}{2}M_1v_1^2+\frac{1}{2}M_2v_2^2 \tag{1.1}$$

基于动量守恒得到：
$$M_1v_1 \pm M_2v_2=(M_1+M_2)v \tag{1.2}$$

撞击后的总动能为：
$$E=\frac{1}{2}(M_1+M_2)v^2 \tag{1.3}$$

由式(1.1)～式(1.3)，可以得到碰撞前后系统动能的变化为

$$\Delta E = E_0 - E = \frac{1}{2}\frac{M_1 M_2}{M_1 + M_2}(v_1 \mp v_2)^2 \tag{1.4}$$

式(1.4)表明，两车碰撞的变形能与两车碰撞前瞬间的相对速度平方成正比，且与两车的质量分布有关。如果按每节客车质量 50 t 考虑，两车碰撞相对速度仅为 2 m/s(7.2 km/h)时，系统的变形能达到 50 kJ，已经超过现有客车缓冲器的容量。故客车高速运行发生碰撞时，缓冲器达到吸能极限、车钩结构破坏吸收部分冲击能量之后，其余的能量将会以车体结构发生塑性大变形耗散，而车体结构的塑性大变形将会导致承载车厢结构坍塌破坏，进而挤伤乘员，造成巨大财产损失和人员伤亡。

另外，列车由多节车辆编组，相邻车辆由车钩相连接，一旦钩缓装置被破坏，相邻车辆端部碰撞接触，在巨大冲击力的作用下发生变形破坏，导致相邻车辆存在垂向速度或垂向偏移量，很容易发生一辆车骑上另一节车端部的现象，称之为“爬车”；在车体结构发生破坏的同时，在碰撞界面接触力的作用下车辆还会发生较大的刚体运动，如车体一侧的横向屈曲；尤其是当轮轨关系被破坏以后，可能还会引发列车倾覆和脱轨等事故，造成更严重的伤亡。

通过碰撞事故调查分析，确定事故类型、车辆损伤程度与乘员伤亡水平之间的关系，进行碰撞风险评估。统计分析英国和美国的重大列车碰撞事故，类型主要是正面碰撞、脱轨和平交道口。英国正面碰撞占的比例最大，占了总事故数的 35%，脱轨和平交道口碰撞也分别占到了 30% 和 25%；美国是平交道口的碰撞事故占的比例最大，占了总事故数的 33%，正面碰撞和脱轨也都占到了 24%。

统计分析我国近 40 年的重大列车碰撞事故，正面碰撞占 33%、追尾占 24%、脱轨占 14%、侧面碰撞占 10%、其他占 14%，正面碰撞和追尾造成的人数伤亡最多最严重。对 1991 年至 1995 年间发生在欧洲旅客列车的碰撞事故进行统计见表 1.1，发现正面碰撞和平交道口时碰撞是主要碰撞事故类型。

表 1.1　欧洲 1991 年至 1995 年间发生的旅客列车碰撞事故类型统计

事故类型		事故数	百分比
与铁路车辆发生碰撞	正面碰撞	31	10%
	追尾碰撞	69	23%
	其他形式	21	7%
在平交道口的碰撞	与小汽车碰撞	28	9%
	与卡车碰撞	80	26%
	其他车辆	3	1%
与止挡缓冲器碰撞		33	11%
脱轨后碰撞		2	1%
没有发生碰撞的脱轨		13	4%
其他形式的碰撞		24	8%

已有的碰撞事故资料表明，列车碰撞事故会导致列车发生多种形式的破坏和运动，主要包括以下五种：

(1)车辆主要承受纵向冲击，车体端部结构产生塑性大变形破坏。

(2)爬车，在追尾事故中，两列车的碰撞界面一节车“骑上”相邻的另一节车，被爬车辆受到较大的垂向载荷，乘员的生存空间被严重挤压。

(3)穿透，被撞车辆产生贯穿性的破坏，乘员空间基本损失殆尽，造成严重人员伤亡，多见于与碰撞列车机车直接发生接触作用的车辆。

(4)脱轨但未倾覆，车辆在强大冲击力作用下一端转向架脱离轨道，但未发生车体的倾覆和翻转，常见车辆呈“之”字形脱轨。

(5)脱轨及倾覆，此时客室内乘员在无约束系统的情况下处于非常危险的环境中，可能因为强烈的二次碰撞而导致严重伤害。

结合线路特征、主动安全保护措施以及碰撞事故耦合调查分析，大概率发生的车辆碰撞场景可以分为以下四类：

(1)与处于同一轨道上的另一列车发生追尾或迎面碰撞。

(2)与侵入线路的低矮障碍物发生意外碰撞。

(3)在铁路与公路的平交道口与各型公路车辆发生碰撞。

(4)车辆脱轨继发与相邻轨道车辆或道旁建筑物之间的碰撞。

列车碰撞中同时伴随两个过程，即“一次碰撞”和“二次碰撞”。一次碰撞是指车辆与障碍物之间的碰撞(即相邻车辆间的碰撞)，而二次碰撞是指车内乘员与车体及室内设备之间发生的碰撞，造成乘员伤亡，伤亡发生的主要原因有下述四种，引起伤亡最重要的因素是救生空间的损失；当爬车发生时，乘客受重伤的可能性将增大 30 倍，司机受重伤的可能性增大 50 倍。

(1)列车载人区变形过大或外部物体侵入载人区，导致乘员的生存空间破坏从而引起伤亡。

(2)“一次碰撞”引起的冲击加速度过大，超过人体生理耐受极限以致乘员伤亡。

(3)乘员与车体及车内设备之间发生剧烈的二次碰撞，致使乘员的头、颈、胸、膝等重要部位发生严重伤害。

(4)碰撞引起其他后继的事故，比如脱轨、颠覆、爬车等导致乘员产生新的伤害。

列车碰撞事故的发生不仅会导致人员的伤亡和财产损失，同时会影响运输秩序，而且严重的事故会给行业发展和社会生活带来极大的影响。基于“以人为本”设计理念的车体碰撞安全性研究，已成为新型车体的一个技术特征和发展趋势。目前采用国际公开招标的轨道车辆均有这方面的要求，因此开展轨道车辆结构耐撞性研究，提高高速列车防护安全技术研究具有重要意义。

1.2　高速列车车辆结构耐撞性评估标准与设计理念

1.2.1　轨道车辆碰撞安全防护研究概况

英国最早开展列车碰撞的被动安全性研究。20 世纪 70 年代，设计了Mark Ⅲ型车辆，碰撞事故发生时，车体端部结构产生屈服变形能吸收大量的碰撞能量，20 世纪 80 年代，英国铁路部门决定对实际运用中具备较好性能的Mark Ⅲ型的耐撞性能进行量化，将其作为新型车辆的设计规范。通过对Mark Ⅲ型车辆单节车端部的纵向压缩试验，测试得到了车辆端部的载荷一变形特性。试验表明：当车体吸收 1 MJ 的能量时，乘员的生存空间并没有明显减少，而 1 MJ 的能量相当于质量为 35 t 的两节车辆以 54 km/h 的相对速度碰撞所吸收的冲击动能。1988 年 Clapham Junction 碰撞事故以后，英国铁路管理委员会成立了专门从事列车碰撞问题的研究机构，正式启动了车辆耐撞性项目，旨在研究改进车辆结构及内部设施耐撞性能的方法。20 世纪 90 年代初期开始，新造客车必须设计成耐冲击吸能车体，且抽样进行实车试验考核。

法国国铁(SNCF)、德国西门子、美国以及日韩相继开展碰撞事故调查分析、车辆耐撞性分析和车内乘员碰撞动力学响应分析和车内乘员损伤评估。特别是德国国铁(DB)、法国国铁(SNCF)、波兰国铁(PKP)、欧洲的几大主要车辆制造商如西门子、庞巴迪、阿尔斯通、里斯本大学、Cranfield 大学等多家单位合作共建欧洲碰撞联合体，开展铁路碰撞安全性的 TRAINSAFE 和 SAFETRAIN 项目研究。TRAINSAFE 研究项目瞄准车辆的安全性，全面分析了已有标准关于能量吸收、生存空间完整性、车辆碰撞界面的车钩和防爬器以及脱轨保护 4 个方面的具体内涵，剖析了其不足，并给出下一步研究指导意见。SAFETRAIN 项目从提高列车事故中乘员保护水平的角度建立轨道车辆和车内设施设计的一般性框架，进而为工程设计过程提供具体指导。项目涵盖了事故调查、整车静态及动态试验、试验结果的验证、车辆结构的改进等领域。

美国联邦铁路管理局(FRA)于 1989 年启动了“高速客运列车系统安全性”项目研究，碰撞安全性作为项目的一部分，总体目标是改进客车设备的耐撞性，主要研究工作在位于 Massachusetts 州的 Volpe 中心展开。由于美国列车相比于欧洲列车纵向压缩载荷的要求偏高，通过列车碰撞事故调查发现，按照 3 500 kN 车钩纵向压缩载荷设计的车辆在碰撞事故中幸免，而强度小于该载荷的车辆则不能幸免，因此美国规定车钩处纵向压缩载荷必须大于 3 500 kN。为了提高列车的耐撞性，美国分别引入了乘员保护策略和结构耐撞性策略。在乘员保护策略中，考虑安装肩部及腰部安全带，主要目的是限制乘员的运动范围并保证内部设施的外表面充分柔和以减轻乘员冲击时受到的伤害，该策略并不要求对现有的座椅设计做大的改动。在结构耐撞性策略中，通过加强垂向或水平的结构梁件、采用带有压溃区的车钩、以及车辆的非载人区设计为碰撞时能够以可控方式压溃从而吸收冲击动能等手段，实现“撞击能量控制”(crash energy management，CEM)。

中国列车碰撞安全防护研究源于 1994 年长沙铁道学院(现中南大学轨道交通安全教育部重点实验室)，1996 年正式立项的“列车高速撞击动力学及耐冲击车体结构的仿真研究(96J11)”采用 LS-DYNA3D 软件对多种车体结构进行了高速碰撞大变形动力响应和破坏分析，开展了耐冲击车体结构设计计算方法研究，涵盖了列车撞击过程模拟、吸能结构设计、耐冲击吸能车体冲击强度计算等内容。2000 年“耐冲击吸能车体研制”课题计划(2000J044)启动，研制适合我国国情的耐冲击吸能车体，提出了耐冲击吸能车体结构设计方法及结构方案，并已经将该设计方法应用到出口伊朗软卧车和北京地铁八通线车辆结构的设计中。随后国内铁路科研单位和相关高校都相继开展了轨道车辆耐撞性方面的研究。

1.2.2 高速列车结构安全防护评估标准

通过对列车碰撞事故的统计调查和典型事故类型详细研究，英、美、欧盟、中国等已经制定了轨道车辆被动安全防护的技术规范和应用标准，标准的制定使得列车被动安全性设计有了可靠的依据，同时标准对新造旅客列车的耐碰撞性及乘员保护提出明确的规定，不满足标准要求的列车一律不予采购。主要有下列机车车辆耐撞性标准。

国际铁路联盟 1983 年 1 月颁布 UIC 566 *Loadings of Coach bodies and their components*，规定车体应满足的载荷要求进行设计。在当碰撞事故发生时，车体结构端部结构产生屈服变形吸收大量的碰撞能量。

英国 1994 年 7 月颁布 GM/RT 2100 *Structural Requirements for Railway Vehicle*，规定管理生产在英国运营的铁道车辆的耐撞性要求。耐碰撞车辆设计要求为：两列同类型的车辆发生碰撞时，车辆端部纵向变形量不允许大于 1 m，车辆前端吸收能量不小于 1.0 MJ；对于动车组和固定编组的列车，碰撞最大冲击力不超过 3 000 kN，对于其他编组列车，碰撞最大冲击力不超过 4 000 kN；防爬器能承受 100 kN 的垂直载荷。

英国 2002 年 2 月颁布 AVST 9001 *Vehicle Interior Crashworthiness*，其规定轨道车辆的内部设施耐撞性能，最大限度地提高司乘人员的生存能力，并最大限度地减少可能阻碍他们碰撞逃生的伤害，但 AVST 9001 不提供车辆的结构完整性要求。

欧盟 2000 年 1 月颁布 EN 12663 *Railway application-structure requirements of railway vehicle bodies*，规定不同类别的车体结构需要承受的载荷工况，并确定结构应使用的材料数据，同时提供分析和试验设计评估使用的原理。EN 12663 在基本强度要求的基础上另外增加车端静态压缩载荷要求，是为了给撞击型事故中的乘客区域提供基本的结构完整性，从而加强了乘客安全性。

欧盟 2007 年 12 月颁布 EN 15227：2008 *Railway applications—Crashworthiness requirements for railway vehicle bodies*，标准适用范围广，涵盖了所有的客车设备类型，增加了车辆结构的被动安全性要求，确定了铁路车辆设计应承受的撞击条件。标准对铁路车辆的耐撞性设计进行分类见表 1.2，规定 4 类碰撞场景见表 1.3，排障器性能要求见表 1.4，它们代表最普遍的导致大多数伤亡事故的撞击情形。

表 1.2 铁路车辆耐撞性设计分类

类型	定义	车辆类型
C-Ⅰ	在 TEN 线路，国际联运或者是地区间线路上运行的车辆(含有平交道口)	机车，客运列车，固定车组
C-Ⅱ	仅在专用的线路上运行的城市列车，跟其他的公路交通没有交叉的线路	地铁车辆
C-Ⅲ	城市或者是地区间的轻轨线路，跟公路交通有一定交叉	有轨电车，城市周边运行的电车
C-Ⅳ	在城市专用线路上运行的轻轨车辆，跟公路交通有一定的交叉	有轨电车

表 1.3　碰撞场景和撞击障碍物

设计碰撞场景	撞击障碍物	运行特性	撞击时速/km			
			C-Ⅰ	C-Ⅱ	C-Ⅲ	C-Ⅳ
1	相同列车单元	所有系统	36	25	25	15
2	80 t 货车	车辆带有侧缓冲器	36	—	25	—
	129 t 区域列车	车辆带有中心车钩	—	—	10	—
3	15 t 可变性障碍物	有平交路口	$V_{Lc}-50\leqslant110$	—	25	—
	3 t 刚性障碍物	与道路交通共线路	—	—	—	25
4	低处小型障碍物	排障器要求	表 1.4	—	表 1.4	—

注：1. 两个相同列车单元之间的前端冲击；2. 与不同类型铁路车辆的前端冲击；3. 列车单元与平交路口大型道路车辆的前端冲击；4. 列车单元撞到低处障碍物(例如平交路口处的汽车、动物、垃圾等)。

表 1.4　排障器性能要求

运行时速/km[a]	≥160	140	120	100	≤80
中心线上的静态载荷/kN	300	240	180	120	60
中心线横向距离 750 mm 处的静态载荷/kN	250	200	150	100	50

[a] 与给定值不同的运行时速，可内插强制值。

EN 15227:2008 考虑的相关措施可以在预防事故发生的所有可能性失败之后提供最后保护手段，减轻撞击事故产生的后果。

欧盟 TSI 颁布的 *Technical Specification for Interoperability*，是针对铁路运输的互联互通性技术规范，从 1991 发布的 91/440 号指令开始实施，旨在消除欧盟国与国之间的跨国铁路运输发展障碍，进一步提高铁路运输效率，构筑泛欧铁路运输网，达到互联互通的要求，其基本要求包括：安全、可靠性及可用性、健康、环境保护和技术兼容。TSI“铁路车辆”子系统 2002 年生效，关于安全性的基本要求是“机车车辆结构以及车厢间连接体的结构必须按照在碰撞或脱轨时能够保护旅客以及驾驶部分的方式进行设计”，在被动安全防撞性方面引用标准 EN 12663 和 EN 15227，目的是减轻撞击事故产生的后果。TSI 互联互通技术规范已经上升到欧洲法律层面，具有强制性。

美国联邦铁路管理局(FRA)颁布的“49CFR”。美国把车辆安全标准列入了联邦条例(CFR)第 49 条款，“49CFR”中第 223 条、229 条、232 条和 238 条详细说明了轨道车辆安全性的最低标准，1999 年 5 月颁布。“49CFR”第 229 条 *Railroad Locomotive Safety Standards* 规定了机车车体结构的设计和安全性要求。“49CFR”第 238 条 *Passenger equipment safety standards* C 部分中规定运营速度在 200 km/h 以下的Ⅰ级客运设备的具体要求，具体对端部的静强度，防爬器、车钩、机车车端结构、碰撞柱、角柱的强度，滚翻强度，侧面强度，内饰的固定及表面等提出了要求；E 部分中规定运营速度在 200 km/h 以上的Ⅱ级客运设备的具体要求，除了Ⅰ级客运设备的具体要求，还对 CEM 设备提出了要求，具体要求如下：

(1)每一辆动车和拖车都要安装 CEM 设备，整列车碰撞总吸能需要达到 13 MJ，其中头车前端司机室吸能需要达到 5 MJ，头车后端需吸能 3 MJ，其余能量被其他车辆分散吸收；

(2)车辆底架缓冲止挡需要承受 3 560 kN 纵向压缩载荷而不发生永久变形，端车司机室防撞柱根部承受 2 220 kN 纵向压缩载荷，高于底架 762 mm 高度处承受 890 kN 纵向压缩载荷；

(3)头车前端防爬器需承受 890 kN 垂向静载荷，车间防爬器需承受 450 kN 垂向静载荷；

(4)车辆侧面结构需承受在上侧梁位置处 360 kN 载荷，在窗台/腰带底部承受 45 kN 载荷；

(5)车辆侧向和顶部结构需达到承受 2 倍自身质量的抗翻滚强度；

(6)对内饰的要求：第 95 百分位的男性假人乘坐时，座椅及紧固件能够承受持续 250 ms 加速度峰值为 $8g$ 的三角形脉冲波形的碰撞冲击。

美国铁路联盟(AAR)1989 年颁布 S-580 *Manual of Standards and Recommended Practices, Locomotive Crashworthiness Requirements*，适用于配备司机室的机车，提供机车设计要求，增加机车防撞性，目的是降低列车乘务员和其他与客货运输有关人员受伤死亡的可能性。标准已经得到联邦铁路管理局的批准，作为“49CFR”229/D 的机车防撞性要求。

美国公共铁路运输联盟(APTA)1999 年 7 月颁布 APTA SS-C & S-034-99 *Standard for the Design and Construction of Passenger Railroad Rolling Stock*。SS-C & S-034-99 增加了车体底架结构承受 2.22 MN 的端部压缩载荷和端墙立柱的任何高度、承受纵向偏斜 15°角 167 kN 压缩载荷要求。APTA SS-C & S-034-99 配合联邦法规，提供更高水平的安全要求。

美国铁路安全咨询委员会 2010 年 9 月颁布 *DRAFT RSAC REPORT* 9-16-10，制定 Tier I 用替代设计制造的设备的防撞性和乘员保护性能评估标准和程序，替代设计包括原定在其他国家使用的可能不符合当前 FRA Tier I 防撞性法规的设备以及根据“49CFR”第 238 条部分定义，Tier I 服务包括任何运行速度超过 200 km/h 的客运铁路服务。

我国《动车组车体耐撞性要求与验证规范》(TB/T 3500—2018)适用于 200 km/h 及以上新型动车组，规定了动车组的碰撞场景、被动安全要求与耐撞性验证。

我国《机车车辆碰撞试验测试方法》(TB/T 3501—2018)适用于采用缩比或全尺寸进行的机车、客车、动车组多车、单车、车辆部件、吸能元件碰撞试验测试，规定了机车车辆碰撞试验的总体要求与测试内容，试验场地与被试结构，测试设备，测试方法，测试程序和数据处理。

我国《交流传动机车司机室防撞性暂行技术规范》(TJ/JW 102—2017)规定了交流传动机车(含动力集中动车组动力车)司机室结构强度要求，防爬装置、排障器及动力车后端墙强度要求，碰撞吸能要求，检验方法和检验规则。

综合上述标准，车辆碰撞安全防护技术评估主要要求如下。

(1)纵向载荷要求

为了提高车辆在碰撞中的承载能力，对于车辆端部的一些关键位置的刚度需要给出规定，例如车钩，底架等，并保证车体的载人区能够承受住一定程度的碰撞冲击，减少碰撞过程中载人区结构破损和乘员伤亡。

对于我国动车组的设计强度应满足《动车组车体结构强度设计及试验》(TB/T 3451—2016)，它明确规定了我国动车组的设计强度，与各国的对比见表 1.5。

表 1.5　我国动车组静强度与各国的对比

项　　目	作用点	各国机车车辆耐撞性标准			
		EN 12663	GM/RT 2100	49CFR 第 238 条	TB/T 3451—2016
钩缓区域的纵向力/kN	位于钩缓高度的压缩力	1 500(动车组)	1 500(动车组)	3 450	1 500
	车钩区域的拉伸力	1 000	1 000	无	1 000
作用于端墙区域的压缩力/kN	底架上方 150 mm 处的压缩力(或者车钩上方 350 mm)	400	400	445	400
	窗梁高度的压缩力	300	300	1 300	300
	上侧梁高度的压缩力	300	300	356	300

根据表 1.5 得出我国对压缩力的规定的值,大体与英国和欧洲的强度标准一致,相比之下稍弱一些,说明我国动车组与欧洲的车辆强度相差不大。我国动车组的纵向载荷要求可以和英国和欧洲标准中规定值相同,包括车钩和车体端部几个重要位置。另外对于车体载人区的纵向载荷,可借鉴英国标准中的4 MN。

(2)防爬性能要求

车辆防爬性能要求如下:两列同类型的动车组相撞,相邻车辆的撞击点垂向偏差不应大于 40 mm(静止的动车组要比运动的动车组要低),第一节车辆间的横向偏移量根据运行车辆的车型具体确定(建议一般不超过 40 mm)。在撞击模拟期间,每个转向架至少有一个轮对应与轨道保持有效接触,即可通过每个转向架至少有一个轮对在轨道上方的垂直位移在任何时候都不大于轮缘名义高度的 75%来评估。

如果达不到上述要求,至少应满足以下要求:

①当防爬装置在碰撞中可以完全起作用,提供碰撞车辆间稳定的互锁,且通过互锁界面传递纵向力,那么允许车轮与轨面之间的距离达到 100 mm;

②同时还要保证防爬装置以及其后的吸能模块能够吸收额定的能量。

若安装防爬器,应符合如下要求:

①车辆端部每个防爬器能承受的垂直载荷为 150 kN;

②如果两车垂直高度错开 100～140 mm 后,将承受爬车的危险,建议不超过 100 mm,且在碰撞车辆之间存在 100 mm 垂向偏差的情况下防爬器仍可以正常工作。

(3)生存空间要求

①总体要求

构成乘员和司机生存空间的结构应保持完好,并能够抵抗吸能结构变形过程中所受到的最大外力。结构局部塑性变形和屈曲是允许的,但需要充分限制这种塑性变形和屈曲。

②乘员生存空间要求

在规定的碰撞场景下,乘客生存空间区域结构不应该发生明显的垂向和横向折曲、皱褶,在纵向冲击方向的长度的减少应为任意每 5 m 不大于 50 mm(或者这些区域内的塑性应变限制在 0.1 以内)；在横向尺寸大于 250 mm 的区域内，纵向净空不应减少 30%。纵向间隙要求。

(4)司机生存空间要求

司机(和其他司机室人员)的生存空间应满足如下要求：围绕每个固定座椅，在座椅前方有一个最小净空(在其中心线上进行测量)。紧邻主座椅位置，长度和宽度至少为 0.75 m，高度为司机室地板和顶板面之间原始高度的 80%。同时，挡风玻璃的内表面边缘由司机室结构支撑，防止撞击时玻璃向内突入。

每个生存空间至少应维持一条逃生路线(通过一扇指定的逃生门或逃生窗)，在确定碰撞场景下的结构变形不会影响逃生路线的使用。

撞击过程中，结构变形不应明显导致任何车厢设备或部件如司机操控台、挡风玻璃等侵入指定生存空间。司机生存空间正前方的结构应尽量避免带来额外的危险，如暴露的断裂面和突出部应避免。

(5)加速度与减速度限制

碰撞场景 1 和碰撞场景 2：生存空间的纵向平均加速度的绝对值应小于 $5g$。碰撞场景 3：生存空间的纵向平均加速度的绝对值都应小于 $7.5g$。列车平均加/减速度的时间段应与从当前车辆上的净接触力超过 0 时到其接下来又降为 0 的时间段相对应。

(6)排障器结构性能要求

排障器安装在头车，排障器应为连续结构。在正常运行条件下，如果线路允许，排障器能够扫除线路上的障碍，被清扫障碍物不得向上飞起。排障器及其在车体结构上附件的结构性能应符合以下要求。

各纵向静载荷应单独施加。施加区域的宽度至少应为 0.5 m，距排障器下边缘高度最大为 0.5 m(注意高度可能受车钩或者是其他装置的限制)。合力的作用线应当水平并经过载荷面中心，作用线距轨面高度可达到 500 mm。每个单独施加的静态负载应不会引起排障器及其在车体上固定装置的永久性变形。如果排障器过载，不允许因其自身的塑性变形而产生某种附加危险。

排障器除要求达到设计功能外，还应尽可能靠近头车，以便扫掉石砾，减少它们掉在排障器下或者轨面上的概率。在某些运行情况下，排障器清扫尺寸较大的障碍物时极有可能引起脱轨的危险。为了减小危险，可以在主转向架前轮前面装一个转向架导向装置，该装置的设计应当符合相关标准、基础设施控制标准及现行的操作规范。

随着研究的不断创新和深入，上述标准都是在不断地更新和改进。标准的实施，保证在规定的碰撞场景下，车辆能以可控方式吸收碰撞能量，避免爬车，降低脱轨的风险，减小碰撞加/减速度，保持乘客生存空间的完整性，提升车辆结构的耐撞击性能。同时车体应具有足够的翻滚强度，当车体倾覆或侧翻以后，以侧墙或车顶作为支撑的时候，保持乘员生存空间相对完整，最终实现减轻碰撞事故产生的后果。

1.2.3 高速列车车辆结构耐撞性设计理念

要实现轨道车辆的碰撞被动安全保护，这对车体结构以及车内主要设备提出了“结构耐撞性”要求。“结构耐撞性”是指车体及主要车内设备在撞击过程中，结构的承载能力、变形形式以及车体结构自身吸收冲击动能能力等方面的综合特性。它并不是要求结构足够强大以“抵御冲击”，而是要求车体能在一定的撞击速度下实现如下几个目标：

(1)车体结构的次要部位能有序可控地发生塑性大变形，在吸收冲击动能的同时能有效地降低撞击加速度以“缓和对乘员的一次冲击”；

(2)车体的主要载人区不发生大的塑性破坏，为司机及乘员“保留必要的生存空间”；

(3)控制由碰撞引起的爬车、倾覆和脱轨等后继事故的发生；

(4)改进车内设施及乘员约束系统，尽可能降低二次碰撞给乘员带来的伤害。

1. 车辆连接部位耐撞性要求

(1)车钩

车钩缓冲装置是车辆最基本也是最重要的连接部件之一，在正常运用条件下，传递列车在运行过程中的牵引力、缓和列车在运行中或在调车时所产生的纵向冲击力。当撞击开始时，由于车辆之间较大的纵向相对速度差使得连接相邻车辆的车钩装置缓冲器受到强力压缩，借助于压缩弹性元件(液压、气压元件或橡胶弹性材料)来缓和冲击作用力，同时在弹性元件变形过程中利用摩擦或阻尼吸收冲击能量，缓冲器的力—行程特性对于低速情况下车辆冲击性能有明显的影响，比如调车、车辆连挂时的冲击工况等。但对于较高速度下的碰撞而言，缓冲器所能吸收的能量只占很小的比例，对整车的变形和运动影响不大。

对于我国目前25T客车广泛使用的密接式车钩(图1.1)，其缓冲器为胶泥缓冲器，缓冲器容量>30 kJ，缓冲器行程<73 mm，最大阻抗力<800 kN，整体抗拉伸破坏强度≥2 000 kN，除了缓冲器之外没有设置另外的能量吸收装置，远不能满足高速撞击时能量吸收的要求。

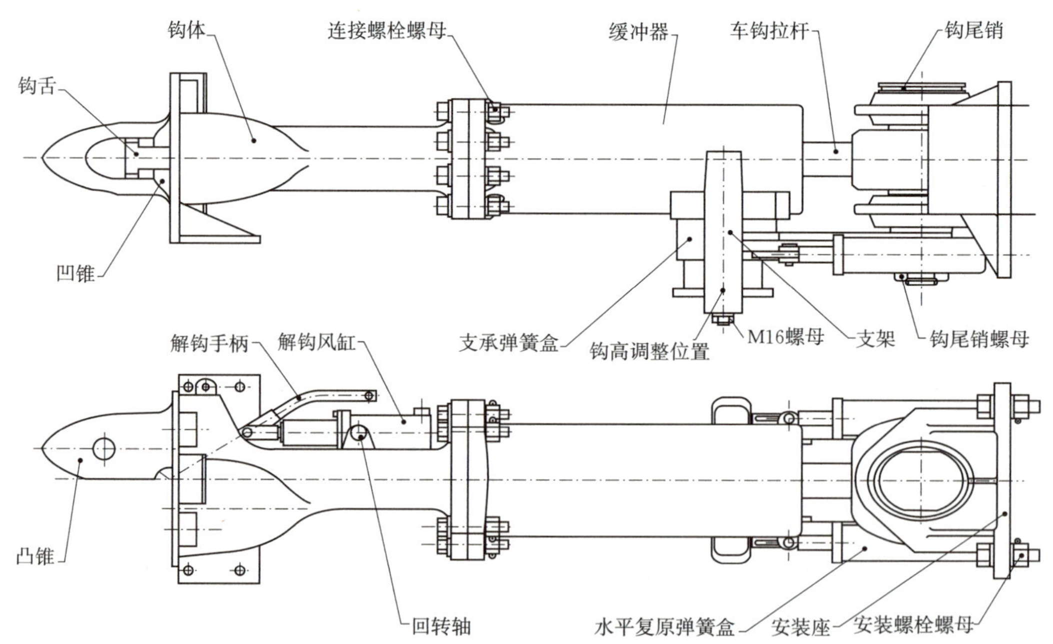

图1.1 国内干线轨道车辆常用的密接式车钩结构示意

为了提高车钩连接部位的结构耐撞性，可以考虑在不影响车钩正常运用功能的情况下，设置仅在特定高速冲击工况才发挥作用的压溃元件，大幅提高车钩吸收冲击动能的能力。目前在国外广泛使用的一些的车钩单元上，已经实现了 1 MJ 左右的冲击能量吸收，远远超出了常规缓冲器所能吸收的能量。比如安装在德国 ICE-3 动车组上的 Scharfenburg10 号车钩，压溃载荷为 850 kN，可以吸收 1.025 MJ；安装在庞巴迪 Acela 高速列车上的 Dellner 车钩（图 1.2）可通过压溃变形管吸收 1 MJ 的能量。

压溃管在初始位置有一个锥形坡度，当缓冲器达到压缩最大行程时，车钩拉杆推动压溃管前端的刚性圆柱筒沿着锥形坡度压迫压溃管，使得压溃管管壁沿径向均匀膨胀，产生塑性变形，其变形顺序和模式稳定，压缩力基本可以保持恒定。同时在压溃管行程范围内变形时，车钩拉杆的运动为压溃管所限制可以保证缓冲器不破坏。在拉伸情况下，车钩拉杆与刚性圆柱筒之间无力的传递和作用，因而，通过这样的压溃管的技术方案，在不影响车钩正常运用的条件下，可以大大提高车钩在碰撞状态下吸收冲击动能的能力，如图 1.3 所示。

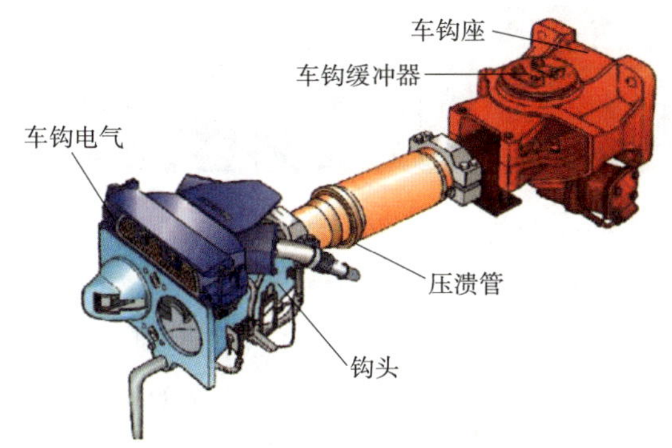

图 1.2　Dellner 车钩

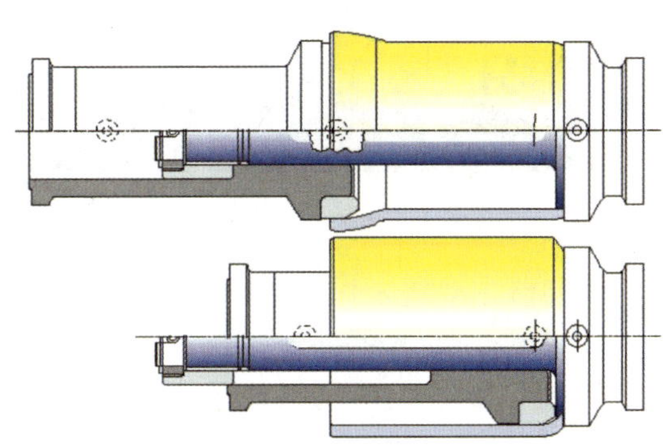

图 1.3　压溃管的作用原理

若缓冲器和压溃管仍不足以吸收冲击能量，那车钩装置将面临第 3 阶段的变形，即车钩与车体底架连接装置的破坏。干线铁路车钩的安装座与底架是通过铆钉固结的，地铁车钩多采用剪切螺栓安装在车体上，它们的破坏过程也会吸收部分能量。同时为了保护车体底架，要求车钩与底架的连接部位先于车体发生剪切失效，使得车钩缓冲装置与车体底架脱离，相邻车辆不再通过车钩装置传递纵向作用力。从车辆耐撞性的要求来讲，车钩应该满足如下几个条件：

①车钩缓冲装置设置压溃管，在中高速冲击情况下压溃管才变形吸能，压溃管长度和阻抗力要充分考虑到车钩连接强度，避免压溃管太长而导致的欧拉屈曲失稳；

②车钩与车体的连接强度应低于车体结构的破坏强度；

③车钩完全破坏之后应从车体上脱落，不再影响车体其他部位如防爬器、车体端部结构等的充分接触。

（2）防爬器

世界各国的列车碰撞事故调查发现，车辆“爬车”现象出现时，导致乘员严重伤害的可能性大大增加。而安装防爬器是避免爬车现象产生的最有效手段，其作用就是通过齿形槽的相互啮合或者圆形套筒的相互嵌套，传递两车碰撞界面上的垂向载荷、横向载荷，从而限制两车在垂向、横向的相对运动，防止一节车爬到另一节车的上面或出现整列车的“之”字形失稳，避免出现强度很大车体底架撞击相对较弱的另一节车车体端腰部或顶部。

图 1.4 和图 1.5 分别列出了无防爬器、有防爬器时两车的碰撞现场图，显然爬车发生时乘员面临的生存威胁更大。

图 1.4 无防爬器的两车对撞试验

图 1.5 有防爬器的两车对撞试验

防爬器主要用来保持车辆端部的相互接触和作用，安装在车体底架高度。在绝大部分的现代客车上，防爬器外观呈现多个锯齿状的水平槽(图 1.6)，当防爬器相互接触时，这些锯齿状的水平槽会相互交错，传递两车垂向相对运动产生的垂向载荷，从而限制两车在垂向的相对位移，但是这种防爬器结构不能约束两车间的横向偏移，对车辆的脱轨和侧向屈曲不能起到限制作用。

另外一种是杯状—圆锥组合式防爬器(图 1.7)，在两车有相对横向偏移量或垂向偏移量的情况下，能自动将两车位置进行对准，因此在防止爬车的同时也能抑制由于侧向运动引起的脱轨和侧向屈曲等事故。

图 1.6 锯齿形的防爬器

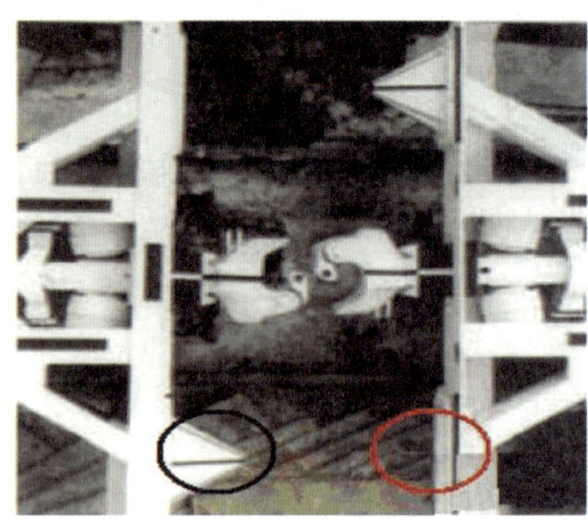

图 1.7 组合式防爬器

现代的防爬器在考虑防爬功能的同时，也考虑小部分吸能能力，通常是在防爬端板后设置可挤压变形的蜂窝体或是将吸能元件安装在经特别设计可轴向挤压的盒子里。

2. 车体耐撞性设计原则

(1)车体吸能区和载客区设置

在部分冲击动能通过车钩缓冲器、压溃管以及防爬器等结构的变形能进行耗散之后，相邻两车辆将直接接触，车体端部结构将首当其冲。

目前在我国铁路干线上运营的客运车辆主要有普通客车、机车及动车组。对于普通客车和动车组的拖车而言，车辆两端部为上下乘客的通过台，配电室、乘务室以及洗手间等附属设施也紧邻通过台设置，基本上覆盖了一、二位端枕梁到车体外端部之间的区域，为非载人区域，而载客区大致分布在车辆一、二位枕梁之间的中部区域；对于动力集中的机车，两端为司机室，长度一般较短，两司机室之间的区域为机械间；200 km/h 及以上速度等级运行的动力分散型动车组，列车为固定编组，列车两端为带流线型头部司机室的头车，头车中部为载客区，尾端为通过台。对于地铁列车，仅在头车和尾车一位端设置有流线型的司机驾驶室，其他部位全部为载客区。

从我国普通客车、机车、动车组的结构型式可以看出，客车车体的两端部、司机室操纵台前方的区域为非载人区，可以将该区域设计为吸能区，吸收冲击动能。从保护乘员的角度，要求客室载人区、司机室操纵台以及机器间在碰撞时仅仅发生弹性小变形，不能产生大的破坏，为弹变区。

(2)车体纵向刚度设计

在列车高速碰撞事故中，车体结构材料会由弹性变形范围进入塑性变形阶段，可能发生局部或整体屈曲、翘曲以及皱褶等复杂塑性大变形。从车体结构的角度来说，车体结构可以设计得很“刚硬”，保证结构碰撞时仅仅产生“小破损”，但此时冲击减速度很高；也可以设计得很“柔软”，碰撞时结构大部分能充分产生塑性大变形吸收冲击能量，保证冲击减速度在合理水平之内，这种情况下车体变形区域过大，乘员的生存空间可能也牺牲掉。

综合上述两种情况，无论车体过于“刚硬”还是过于“柔软”，都是不能起到对乘员被动安全保护的目的。在“过于刚硬”和“过于柔软”两个极端之间，必须找到合理的车体结构模式，在满足一定冲击能量耗散的条件下，既能将冲击减速度限制在乘员的耐受范围内，同时保证客车乘客生存空间不被破坏，充分利用轨道车辆非载人区域的结构塑性变形来吸收、耗散冲击动能并缓和冲击。

(3)车体耐撞性设计原则

在进行车体耐撞性设计时，应遵循以下几个原则。

①首先保证车体结构满足正常运用时强度、刚度要求，符合相应规范要求。

②以经多年运用考核成熟、可靠的主型客车为原型，保持耐冲击吸能客车的弹变结构与原型客车基本一致。

③可将车体非载人区设置为吸能区，吸能区结构可设计为承载吸能结构或专用吸能结构，在满足基本承载要求的前提下对其耐撞性能进行优化。

④车体自重不能因吸能结构增设而明显增加，制造工艺尽可能简单。

1.3　高速列车碰撞安全防护研究内容与研究方法

1.3.1　高速列车碰撞安全防护研究内容

由于列车由多节车辆组成，撞击过程中既有单节车的撞击破坏问题，又有各车辆之间的耦合互撞以及车内的二次碰撞等情况。因此，针对高速列车撞击的列车结构安全防护问题的研究包含了多体撞击、单节车撞击破坏和乘员二次碰撞伤害等三个方面，其主要研究内容包括以下几个方面。

1. 列车多体耦合撞击规律

由于被撞列车在冲击载荷作用下，各节车辆不是同时承受冲击，而是由前向后传播，且由于结构的塑性变形，冲击载荷波在传播过程中会产生能量损失。另由于后续车辆的作用，后端冲击波由后向前传播，前后冲击波的交叉与耦合作用，使得各车辆所承受的撞击力、变形程度、撞击的初始速度、加速度以及吸收的动能等均不相同，因此，必须开展列车多体耦合撞击规律研究，主要内容包括：

(1)确定整列车中参与产生塑性大变形吸收冲击能量的车辆数；

(2)确定不同编组位置的各车辆产生塑性变形的程度；

(3)确定各车辆及列车总的吸收能量情况；

(4)确定各车辆撞击过程中的撞击力、速度、减速度及撞击作用时间；

(5)研究多节车发生碰撞时“爬车”现象和横向屈曲失稳产生的机理及控制措施；

(6)确定最有利于控制列车塑性变形破坏区域、减缓乘员承受冲击减速度的整列车冲击能量分配模式以及结构的纵向压缩力—行程特性。

2. 车体结构耐撞性

车体结构耐撞性是轨道车辆耐撞性研究中的核心环节，以单节车为对象，研究其在撞击条件下车体产生塑性变形破坏吸收冲击动能的机理，包括车体产生塑性变形的部位、载人区的受损程度、车体结构大变形的模式、车体结构所吸收的冲击动能、在变形过程中冲击力—变形行程的特性、冲击减速度等特性，这些特性是衡量轨道车辆耐撞性的关键指标。其主要内容如下：

(1)车钩及防爬器的设计；

(2)吸能车体设计方法研究，包括吸能量、吸能区域设置、冲击减速度水平、车体设计原则等；

(3)车体吸能结构设计、碰撞仿真及试验研究；

(4)耐冲击吸能车体静强度校核分析(包括强度、刚度、模态和疲劳)。

3. 乘员碰撞损伤

碰撞过程中，人员在惯性力和碰撞接触力的作用下，人体的各部分组织器官将产生一定的生物力学响应，如应力和应变，如果生物力学的响应使人体的组织超过可恢复的限度，将导致解剖学组织的破坏或正常生理功能的变化或丧失，将造成人体损伤，一次碰撞和二次碰撞都会对乘员造成损伤。人体各部位损伤机理的确定是一个复杂的过程，如碰撞载荷条件、变形范围和速度、持续作用时间和碰撞剧烈程度都有影响。乘员碰撞损伤研究的内容包括：

确定身体各部位（颅脑、颈椎、关节、心脏等）在冲击载荷下的损伤耐受限度，定义损伤准则。由美国汽车医学协会（AAAM）提出的简化伤害标准 AIS 是目前广泛采用的伤害级别的衡量指标。

1.3.2 高速列车碰撞安全防护研究方法

1. 碰撞试验

在列车耐撞性研究方法中，毫无疑问实体碰撞试验是最真实、最能揭示过程本质的研究方法。由于碰撞现象的复杂性，结构耐撞性研究中的重要参数，诸如结构的压缩距离、载荷峰值、屈曲形式对于边界条件（如工件约束方式、材料参数）是高度敏感的。在高速撞击过程中，接触边界急剧变化，接触力变化快、峰值高，导致材料的加载速率较高，材料的塑性流动不能对外部强动力载荷及时反应，因此在高速碰撞条件下材料的塑性流动并不均匀、也不充分，从而表现出不同于静态、准静态加载情况下的动态特征。

（1）零部件撞击试验

列车车体结构由不同截面形式的薄壁梁和薄壁蒙皮组焊而成，在空间构成了一个“薄壁长筒形”的金属承载结构，各主要承载结构的塑性变形模式基本上决定了车体结构的撞击力学特性及吸收撞击动能的能力。因此，不同材质、不同结构形式的吸能部件的撞击力学特性研究成为车辆“耐撞性”研究中的基础。

相比于整车碰撞试验，车辆零部件撞击试验规模小，试验成本较低、试验过程易于控制，重复性好，便于多次进行，边界条件相对简单、明确，可以摒弃大规模试验带来的不确定因素，为揭示吸能结构碰撞塑性大变形破坏提供极其丰富的试验数据，成为列车耐撞性研究中的一个强有力的研究手段。

对列车碰撞事故而言，相对撞击速度通常小于 40 m/s，属于低速度、高动能的冲击，在工程中广泛采用以下几种装置进行部件的冲击试验。

①落锤式实验装置

通过可控制地将落锤从一定高度落下获得冲击动能，这个冲击体系结构简单，操作方便，缺点是冲击速度可选范围较小，由于仅靠重力驱动，实验受惯性力的影响较大。国内的一些研究机构，如哈尔滨工业大学复合材料研究所[图 1.8(a)]和清华大学汽车安全与节能国家重点实验室分别建立了这种试验装置。

②弹射式实验装置

可以较好地控制、标定冲击速度、并能达到较大的碰撞速度，卧式实验装置可以滤除惯性力效应，更接近于实际的车辆碰撞，这种装置比较复杂，目前有英国的剑桥大学（Cambridge University）、德国凯泽斯劳滕大学（Kaiserslautern University）等少数研究机构采用这种设备研究金属结构件的能量吸收。

图 1.8(b)是凯泽斯劳滕大学复合材料研究所的弹射式冲击试验台，采用的是水平（卧式）加速轨道，钢筋增强的水泥墙作为冲击接受平面，上有数据采集板，安装着四个压电式力传感器，试件就固定在数据采集板上，冲击锤可以装载不同质量块，由两个导轨四个滑轮牵引，由液压伺服气缸提供动力，采用最大可达 10 000 帧/s 的高速摄像记录冲击过程，冲击数据采集频率为 200 kHz。

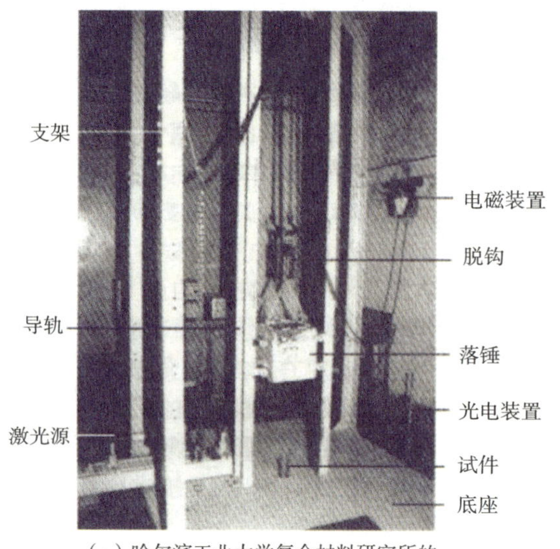

（a）哈尔滨工业大学复合材料研究所的落锤式冲击实验装置

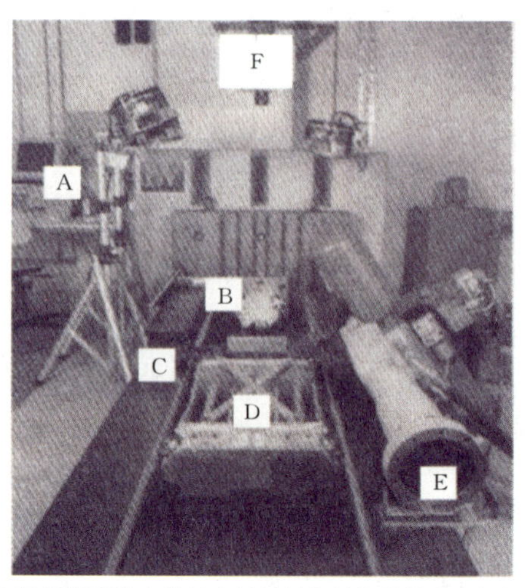

（b）凯泽斯劳滕大学复合材料研究所的弹射式冲击实验台
A—数据采集系统；B—测力计及试件夹具；
C—位移测量系统；D—冲击锤；
E—液压伺服气缸；F—高速摄像机

图 1.8 工程中广泛采用的部件撞击试验装置

③牵引碰撞试验系统

中南大学“轨道交通安全”教育部重点实验室自主开发了一套 1∶1 车辆吸能部件牵引碰撞试验台(图 1.9),该试验台滤除了试件的惯性力效应,更接近于实际车辆碰撞,可以获得最高达 120 km/h 的初始撞击速度。由碰撞试验台车、测力刚性墙、牵引装置、电气控制系统、瞬态数据采集系统及高速摄像系统组成,可以完成各类吸能零部件、车体底架端部的高速撞击试验,获得吸能零部件在碰撞过程的变形、加速度、撞击力等随时间变化曲线。

图 1.9 中南大学牵引碰撞试验台

测试系统包括加速度测试系统、速度测试及触发系统、碰撞序列图像采集及运动分析系统、撞击力测试系统,该碰撞系统为国内轨道交通行业唯一能实时测定冲击力的撞击试验系统。

(2)整车碰撞试验

整车碰撞试验是综合评价列车车体耐撞性能的最直接、最有效的方法。它最接近真实的列车碰撞场景,可以直接观察到车辆的变形破坏以及车内乘员的运动状态及损伤情况。但是整车碰撞试验需要大型的试验场地以及多种的数据采集设备,包括高速摄影仪、强直流光源、大功率动力驱动装置及测试仪器等设备,同时还需投入大量人力与物力成本,因此整车碰撞试验具有规模庞大、周期长、试验成本极高等特点。

而且由于结构破坏及瞬态冲击的原因使得测试手段受限(比如对于产生塑性大破坏的结构区域只能采取非接触测量的方式),测试时所能采用的测试手段及测试部位有限,单次试验所能得到的数据量极为有限。因此在实际工程中,实车碰撞试验通常作为一种结构定型之后的验证性试验,故试验次数比较少。

图1.10和图1.11分别是中南大学和中车青岛四方机车车辆股份有限公司(以下简称中车四方)研建的整车试验台,图1.12和图1.13分别是美国TTCI和中车长春轨道客车股份有限公司(以下简称中车长客)研建的列车级碰撞试验平台。

图1.10　中南大学的整车碰撞试验台

图1.11　中车四方的整车碰撞试验台

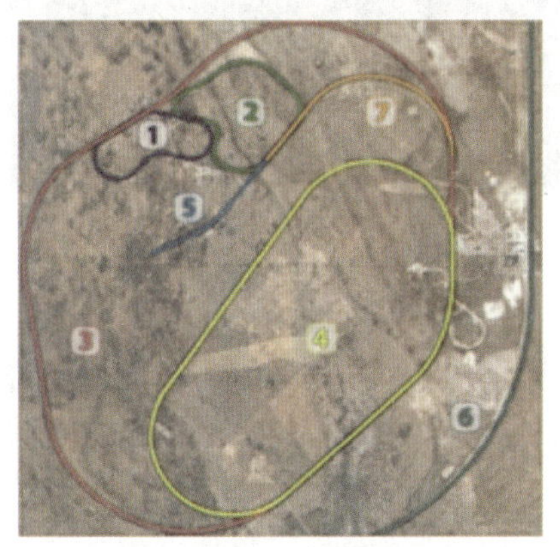

(a)列车冲击试验线

(b)车辆撞击试验线

图1.12　TTCI的列车碰撞试验台

(3)缩比碰撞试验

列车多体碰撞是由列车—线路—运行环境构成的非线性系统,其产生的复杂动态响应,数值仿真难以真实模拟,全尺寸实车试验费用昂贵,采用列车多体碰撞小尺度等效模型是一种新的研究手段。

中南大学拟采用空气炮气动发射驱动缩比小车,推动列车等效缩模试验车在轨道上加速,缩模小车上布置加速度传感器,采集撞击过程中的加速度变化;轨道上布置测速仪,用于测试撞击速度;轨道尽头设置刚性墙和测力装置,用于测试撞击力。试验场地布置光源和高

图 1.13　中车长客的列车碰撞试验台

速摄影仪，记录碰撞过程。列车碰撞等效缩模试验台总体设计方案如图 1.14 所示。

图 1.14　中南大学的列车缩比碰撞试验台

(4)乘员损伤碰撞试验台

英国在纳尼顿建造了 HYGE 室内斜坡滑行碰撞试验系统(图 1.15)，该系统配备了先进的试验数据采集设备，包括高速摄像仪和高亮度直流照明灯带、雷达测速装置等。通过HYGE反向碰撞雪橇系统可以模拟车毁人亡的碰撞试验。试验前先把列车车厢内部如座椅、桌子以及测试假人安装在 HYGE 滑台上，然后施加减速脉冲，所施加的减速脉冲来自于列车碰撞试验和计算机模拟的结果。该试验台能够完成复杂的车辆乘员的二次碰撞试验及数据采集，可进行二次碰撞行为研究。

2. 碰撞数值仿真

从 1970 年起，随着弹塑性计算理论及大型计算机技术的发展，能够分析带有几何非线性、材料非线性和接触非线性的非线性显式分析有限元法开始起步，目前已经形成了LS-DYNA、PAM-CRASH、MSC-PATRAN 为代表的通用性程序。以显式求解的拉格朗日方法为主，结构运动方程采用显式中心差分法全内存解法，可以求解包括高速碰撞、跌落试验、爆炸、金属成形、水下冲击、流固耦合等复杂问题，在工程中取得了很好的效果。以非线性显式有限元法为主要分析手段的碰撞仿真方法已经成为结构碰撞领域的重要研究方法，

（a）HYGE室内斜坡滑行碰撞试验系统　　（b）假人及安全带实车碰撞试验

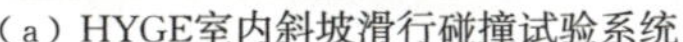

图 1.15　乘员损伤碰撞试验台

在列车碰撞安全性研究中具有以下优越性：

（1）仿真实验周期短

结构碰撞计算机仿真技术的运用，使得产品的碰撞安全性能在产品的开发过程中就可以得到控制，缩短研发周期。

（2）成本低廉

在进行碰撞计算机数值仿真时不需要破坏真实的结构，因此可以节约大量的人力和物力。

（3）具有很好的重复性

在结构的碰撞试验过程中，试验过程往往受到很大随机因素的影响。碰撞现象是复杂的，结构耐撞性研究中的诸如结构的压缩距离、载荷峰值、屈曲形式对于边界条件（如工件约束方式、材料参数）等重要参数是高度敏感的，因此在研究不同参数对结构碰撞性能的影响时，不易得到非常明确的结果。计算机仿真则可仅通过调整计算模型的相关参数就能很容易得到该参数对结构冲击性能的影响。

（4）可获得丰富的数据

在碰撞试验中要获得较多的数据，必须增加传感器和高速摄影仪的数量，而且由于吸能结构在碰撞过程中往往发生皱褶、撕裂等复杂破坏形式，大变形部位还不能安装相应的传感器，有些数据是不可获得的。而计算机仿真在获取数据方面是不受限制的，无论是在大变形部位、还是在小变形部位，速度、加速度、变形量、应力水平都可以通过数值仿真得到。

（5）充分展示试验细节

数值模拟方法在某种意义上比理论和试验对问题的认识更为深刻、更为细致，不仅可以连接问题的结果，而且可随时连续动态地、重复地显示事物的发展，了解其整体与局部的细致过程。

（6）整体可视化

数值模拟可以直观地显示出目前还不易观测到的、难以表述的一些现象，还可以显示出任何试验都无法直接观测到的发生在结构内部一些物理现象。

（7）促进实验方法发展

数值模拟促进碰撞试验的发展，为试验方案的科学制定、试验过程中测点的最佳位置、仪表量程等的确定提供了更为可靠的理论指导，可以加速理论、试验研究的进程。

(8)便于进行多因素分析

利用计算机仿真技术模拟结构撞击破坏的过程，可以逐个对影响结构撞击破坏的因素进行分析，将其解耦。例如材料的应力—应变关系、应变率敏感特性对结构屈曲形式、吸能特性的影响。通过对结构撞击试验过程的数值模拟，对屈曲形式、压缩行程、撞击力时程的对比分析，可以大大提高结构撞击数值模拟的精度，而且为改进和优化吸能结构设计，从而进一步为整车、甚至多节车的碰撞数值模拟提供参考(加入标准中仿真应用)。

2 碰撞动力学有限单元法

早期列车结构耐撞性和各种安全约束保护系统性能的检测几乎都依靠试验手段和研究人员的经验来实现，这需要经历很长的周期和投入大量的资金。随着计算机软硬件和现代计算力学的发展，计算机辅助工程迅速发展，其主要优点是：

(1)在产品的设计阶段就可以进行模拟分析，发现并解决问题，从而缩短开发周期，降低研制费用。

(2)车辆零件存在制造精度而产生的制造误差，根据零件的关键程度对试验结果造成对应程度的影响，而由于计算机建模的准确性和严格性，避免了此类影响。

(3)列车结构十分复杂，即使采用三维高速摄像手段，也很难得到列车内部关键部件的应力变形情况，而数值模拟可以直接得到任意零部件的应力变形情况，从而为列车结构碰撞安全性的改进设计提供非常重要的分析依据。

目前在列车被动安全研究领域中，模拟计算采用的方法主要是多刚体动力学法和动态大变形非线性有限元法。多刚体动力学法采用一些刚体和无质量的弹簧、阻尼以及各种动态铰来描述系统的动态响应，与传统的列车动力分析相比，可以对大位移系统做运动分析，能够更好地处理非线性问题，建模方便并且计算速度快；其缺点是不能得到车与人体的各个部分的详细的变形情况，不能对结构的耐撞性进行分析。在被动安全研究中可用于研究人体和车辆各个部分在碰撞过程中的动态响应以及交通事故的分析和再现等。

动态大变形非线性有限元法(简称非线性有限元法)与传统有限元法的区别在于非线性有限元法考虑了结构的几何非线性和材料非线性，且不局限于小变形系统，因此十分适合于处理碰撞接触问题。它是将连续的空间系统进行离散化，并将实际结构中的各个部件通过节点联系在一起，可以用于人体和车辆的详细建模，能够得到各个部件中的变形情况、速度和加速度分布、应力应变分布。多刚体动力学法和非线性有限元法的耦合计算，兼顾了有限元法的特点又通过局部多刚体的处理提高了计算速度。

现阶段模拟计算技术的一个发展方向是网络化计算。高速的网络通信技术可以使多个计算单元协同计算，这使得原来需要使用昂贵笨重的巨型机来完成的计算任务，现在可以使用低成本高性能的网络机群并行计算系统来完成。所谓并行计算是指在硬件方面依托网络并行环境，在软件方面采用并行算法所进行的数值计算工作。采用并行计算可以把计算任务动态分配到各个节点机上进行求解，极大的提高计算效率、缩短计算时间。

2.1 多刚体动力学分析

2.1.1 多刚体动力学基础知识

对于多刚体系统，在进行运动学分析时会遇到系统各部件的大位移运动和非线性空间，在构造动力学方程时面临繁重的代数和微分运算，而且构造出来的动力学微分方程一般不可能通过解析积分求解。现代计算机技术的飞速发展使得数值计算能力有了极大的提高，建立适合于计算机数值计算的多刚体系统动力学方法对于解决多刚体动力学问题就显得非常重要。

多刚体动力学是近20年来在经典刚体力学、分析力学和计算机技术基础上发展出来的力学分支，它以多刚体为研究对象，建立所研究系统的数值模型，对多刚体进行运动分析和动力分析。运动学是动力学问题的基础，分析各物体外形和运动状况的坐标、速度、加速度之间的相互关系，不涉及力的作用。

1. 表达刚体空间位置和运动的广义坐标

在笛卡尔坐标系中，3个互相垂直的单位矢量 $\boldsymbol{e}_1$、$\boldsymbol{e}_2$、$\boldsymbol{e}_3$ 构成矢量基 $\boldsymbol{e}=[\boldsymbol{e}_1\boldsymbol{e}_2\boldsymbol{e}_3]^{\mathrm{T}}$，分别称 $\boldsymbol{e}_1$、$\boldsymbol{e}_2$、$\boldsymbol{e}_3$ 为三个方向的基矢量。空间任一矢量 $\boldsymbol{r}$ 均可表达为 $\boldsymbol{r}=\boldsymbol{e}^{\mathrm{T}}[r_i]$，称 $[r_i]=[r_1r_2r_3]^{\mathrm{T}}$ 为 $\boldsymbol{r}$ 在矢量基 $\boldsymbol{e}$ 中的坐标。

与惯性空间固连的矢量基称为惯性基 $\boldsymbol{e}^O$，与运动物体 i 固连的矢量基称为连体基 $\boldsymbol{e}^i$。空间任一矢量既可在惯性基 $\boldsymbol{e}^O$ 中表达，也可在连体基 $\boldsymbol{e}^i$ 中表达，即 $\boldsymbol{r}=\boldsymbol{e}^{O\mathrm{T}}\boldsymbol{r}^O=\boldsymbol{e}^{i\mathrm{T}}\boldsymbol{r}^i$。

惯性基与连体基之间以及两个连体基之间存在着下面的变换关系：$\boldsymbol{e}^i=\boldsymbol{A}^{i-O}\boldsymbol{e}^O$，$\boldsymbol{e}^i=\boldsymbol{A}^{i-j}\boldsymbol{e}^j$。

其中，变换系数矩阵 $\boldsymbol{A}^{i-O}$ 称为连体基 $\boldsymbol{e}^i$ 在惯性基 $\boldsymbol{e}^O$ 中的方向余弦阵；变换系数矩阵 $\boldsymbol{A}^{i-j}$ 称为连体基 $\boldsymbol{e}^i$ 在连体基 $\boldsymbol{e}^j$ 中的方向余弦阵。

两个矢量基之间的关系既可用方向余弦阵表达，也可用其他量的形式来表达，例如欧拉角、布里恩角或欧拉参数。它们之间存在着相互转换关系。

任一刚体 i 的空间位置和运动都可由其质心位置矢量 $\boldsymbol{r}O_i$ 和其连体基 $[\boldsymbol{e}^i]$ 唯一确定。

2. 刚体的绝对角速度

刚体 i 的绝对角速度是指刚体 i 的连体基相对惯性基的角速度，用 $\boldsymbol{\omega}_{i-O}$ 表示，而 $\boldsymbol{\omega}_{i-O}$ 也可分别用方向余弦阵、欧拉角 φ、布里恩角 θ 或欧拉参数 q 表达。

令矢量为

$$\boldsymbol{\omega}_{i-O}=\boldsymbol{e}^{i\mathrm{T}}\boldsymbol{\omega}_{i-O}=\boldsymbol{e}^{i\mathrm{T}}\begin{bmatrix}\omega_{i-O}^1\\\omega_{i-O}^2\\\omega_{i-O}^3\end{bmatrix} \tag{2.1}$$

张量为

$$\boldsymbol{\omega}_{i-O}=[\boldsymbol{e}^i]^{\mathrm{T}}[\boldsymbol{\omega}_{i-O}][\boldsymbol{e}^i]=[\boldsymbol{e}^i]^{\mathrm{T}}\begin{bmatrix}0 & -\omega_{i-O}^3 & \omega_{i-O}^2\\\omega_{i-O}^3 & 0 & -\omega_{i-O}^1\\-\omega_{i-O}^2 & \omega_{i-O}^1 & 0\end{bmatrix}[\boldsymbol{e}^i] \tag{2.2}$$

则有

$$[\boldsymbol{\omega}_{i-O}]=[A^{i-O}][A^{i-O}]^{\mathrm{T}}$$

$$[\boldsymbol{\omega}_{i-O}]=\begin{bmatrix}\sin\varphi_2\sin\varphi_3 & \cos\varphi_3 & 0\\\sin\varphi_2\cos\varphi_3 & -\sin\varphi_3 & 0\\\cos\varphi_2 & 0 & 1\end{bmatrix}\begin{bmatrix}\dot{\varphi}_1\\\dot{\varphi}_2\\\dot{\varphi}_3\end{bmatrix}$$

$$[\boldsymbol{\omega}_{i-O}]=\begin{bmatrix}\cos\theta_2\cos\theta_3 & \sin\theta_3 & 0\\ -\cos\theta_2\sin\theta_3 & \cos\theta_3 & 0\\ \sin\theta_2 & 0 & 1\end{bmatrix}\begin{bmatrix}\dot{\theta}_1\\ \dot{\theta}_2\\ \dot{\theta}_3\end{bmatrix}$$

$$[\boldsymbol{\omega}_{i-O}]=2\begin{bmatrix}-q_1 & q_0 & q_3 & -q_2\\ -q_2 & -q_3 & q_0 & q_1\\ -q_3 & q_2 & -q_1 & q_0\end{bmatrix}\begin{bmatrix}\dot{q}_0\\ \dot{q}_1\\ \dot{q}_2\\ \dot{q}_3\end{bmatrix} \tag{2.3}$$

3. 刚体上任一点的绝对速度

刚体 i 上任一点 p 的绝对速度可表示为

$$\dot{\boldsymbol{r}}_p=\dot{\boldsymbol{r}}O_i+\boldsymbol{\omega}_{i-O}\boldsymbol{\rho}_p \tag{2.4}$$

其中，$\dot{\boldsymbol{r}}_p$ 为 p 点的矢径；$\dot{\boldsymbol{r}}O_i$ 为刚体 i 的质心矢量；$\boldsymbol{\rho}_p$ 为点 O 和 p 间的矢量。

4. 刚体的绝对角速度与相对角速度的关系

刚体 i 的绝对角速度等于刚体 i 相对刚体 j 的相对角速度与刚体 j 的绝对角速度之和，即：$\boldsymbol{\omega}_{i-O}=\boldsymbol{\omega}_{i-j}+\boldsymbol{\omega}_{j-O}$。

5. 刚体的动量、动量矩及动能

质点系的绝对动量 $\boldsymbol{Q}$、绝对动能 $\boldsymbol{T}$ 及质点系相对空间某一点的绝对动量矩 $\boldsymbol{H}$ 分别定义如下

$$\begin{cases}\boldsymbol{Q}=\sum\limits_{\gamma}m_\gamma\dot{\boldsymbol{r}}_\gamma\\ \boldsymbol{H}=\sum\limits_{\gamma}\rho_\gamma m_\gamma\dot{\boldsymbol{r}}_\gamma\\ \boldsymbol{T}=\dfrac{1}{2}\sum\limits_{\gamma}m_\gamma\dot{\boldsymbol{r}}_\gamma^2\end{cases} \tag{2.5}$$

其中，m_γ 为质点质量；$\dot{\boldsymbol{r}}_\gamma$ 为质点相对惯性坐标系原点的矢量；$\boldsymbol{\rho}_\gamma$ 为质点相对空间某一点的矢量。

由以上定义可得到刚体 i 的绝对动量、相对质心的绝对动量矩、刚体的绝对动能

$$\begin{cases}\boldsymbol{Q}_i=m_i\dot{\boldsymbol{r}}O_i\\ \boldsymbol{H}_i=\boldsymbol{J}_i\boldsymbol{\omega}_{i-O}\\ \boldsymbol{T}_i=\dfrac{1}{2}m_i\dot{\boldsymbol{r}}O_i^2+\dfrac{1}{2}\boldsymbol{\omega}_{j-O}\boldsymbol{J}_i\boldsymbol{\omega}_{i-O}\end{cases} \tag{2.6}$$

其中，m_i 为刚体 i 的质量；$\boldsymbol{\omega}_{i-O}$ 为刚体 i 的绝对角速度；$\dot{\boldsymbol{r}}O_i$ 为刚体 i 质心相对惯性坐标系原点的矢量；$\boldsymbol{J}_i$ 为刚体相对质心的惯性张量。惯性张量的定义如下

$$\boldsymbol{J}_i=\int_m(\boldsymbol{\rho}_\gamma^2\boldsymbol{E}-\boldsymbol{\rho}_\gamma\boldsymbol{\rho}_\gamma)\mathrm{d}m \tag{2.7}$$

其中，$\boldsymbol{E}$ 为单位张量且 $\boldsymbol{E}=[\boldsymbol{e}]^{\mathrm{T}}[\boldsymbol{e}]$，$\boldsymbol{\rho}_\gamma$ 为刚体上的点相对刚体质心的矢量。

6. 多刚体系统动力学基本原理和计算方法

①牛顿第二定律

对于质量为 m_γ，相对惯性坐标系原点矢量为 $\dot{r}_\gamma$ 的质点，若其受力为 f_γ，则

$$f_{\gamma}=m_{\gamma}\dot{\boldsymbol{r}}_{\gamma} \tag{2.8}$$

②刚体的牛顿—欧拉方程

刚体的动量定理、动量矩定理为

$$\dot{\boldsymbol{Q}}_i=\boldsymbol{F}_i,\dot{\boldsymbol{H}}_i=\boldsymbol{M}_i \tag{2.9}$$

其中，$\dot{\boldsymbol{Q}}_i$ 为刚体 i 的绝对动量；$\dot{\boldsymbol{H}}_i$ 为刚体 i 相对其质心的绝对动量矩；$\boldsymbol{F}_i$ 为作用在刚体 i 上的合力；$\boldsymbol{M}_i$ 为作用在刚体 i 上相对其质心的合力矩。

将刚体 i 的绝对动量、相对质心的绝对动量矩表达式代入则得到刚体的牛顿-欧拉方程

$$\begin{cases} m_i\ddot{\boldsymbol{r}}O_i=\boldsymbol{F}_i \\ \boldsymbol{J}_i\dot{\boldsymbol{\omega}}_{i-O}+\boldsymbol{\omega}_{i-O}\times\boldsymbol{J}_i\boldsymbol{\omega}_{i-O}=\boldsymbol{M} \end{cases} \tag{2.10}$$

③达朗伯原理

对于质量为 m_r，相对惯性坐标系原点矢量为 $\boldsymbol{r}_{\gamma}$ 的质点有

$$\boldsymbol{f}_{\gamma}+\boldsymbol{R}+\boldsymbol{f}_{\gamma}=0 \tag{2.11}$$

其中，$\boldsymbol{f}_{\gamma}$ 为主动力；$\boldsymbol{R}$ 为约束反力；$\boldsymbol{f}_{\gamma}$ 为达朗伯惯性力，$\boldsymbol{f}_{\gamma}=-m_{\gamma}\ddot{\boldsymbol{r}}_{\gamma}$。

④虚位移原理

系统平衡的充分必要条件是主动力在任何虚位移上做功之和等于零。对于系统的静平衡，虚位移原理又称虚功原理

$$\sum_{\gamma}(\boldsymbol{f}_{\gamma}\delta\boldsymbol{r}_{\gamma})=0$$

对于系统的动平衡虚位移原理又称达朗伯拉格朗日原理

$$\sum_{\gamma}[(\boldsymbol{f}_{\gamma}-m_{\gamma}\ddot{\boldsymbol{r}}_{\gamma})\delta\boldsymbol{r}_{\gamma}]=0$$

⑤虚功原理、高斯原理

虚功原理又称若丹原理，表达式为

$$\sum_{\gamma}[(\boldsymbol{f}_{\gamma}-m_{\gamma}\ddot{\boldsymbol{r}}_{\gamma})\delta\dot{\boldsymbol{r}}_{\gamma}]=0 \tag{2.12}$$

其中，$\delta\dot{\boldsymbol{r}}_{\gamma}$ 为若丹速度变分，是指系统各质点位置保持不变，在同一时刻约束允许发生的速度变分。

高斯原理表达式为

$$\sum_{\gamma}[(\boldsymbol{f}_{\gamma}-m_{\gamma}\ddot{\boldsymbol{r}}_{\gamma})\delta\ddot{\boldsymbol{r}}_{\gamma}]=0 \tag{2.13}$$

其中，$\delta\ddot{\boldsymbol{r}}_{\gamma}$ 为高斯加速度变分，是指系统各质点位置和速度都保持不变，在同一时刻约束允许发生的加速度变分。

2.1.2 列车碰撞多刚体动力学模型建立

本章将基于碰撞仿真模拟软件 MADYMO 构建机车三维多刚体碰撞动力学模型。图 2.1为编组机车的碰撞动力学模型，其中对固定编组的两节相同机车构建其详细三维多刚体碰撞动力学模型，参考刚性货车考虑为集中质量点。

图 2.2 为单节机车的多体动力学模型示意图，整辆机车被划分为几个较小的集中质量子系统，包括车体部分、转向架、车体压缩区以及车钩装置等。刚体间采用非线性弹簧连接，反映

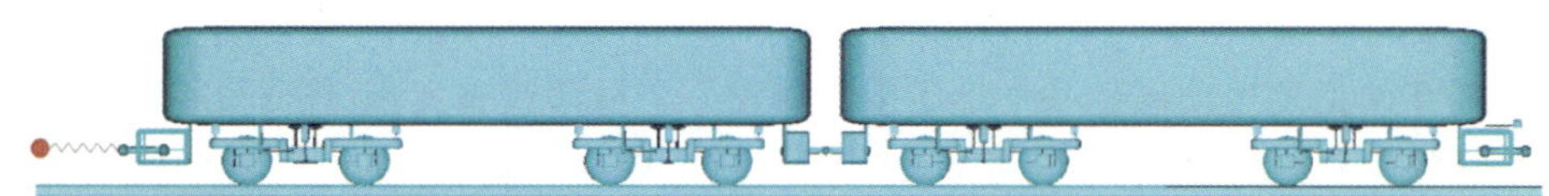

图 2.1　编组机车三维多刚体碰撞动力学模型

结构的刚度及悬挂特性，如车体相对于构架具有 6 个方向的自由度，车体与构架间的冲击作用通过三向非线性弹簧缓和。各个刚体间的相对运动通过不同类型的连接铰进行约束，如车体压缩区及车钩吸能装置只能沿列车纵向运动，可以通过滑移铰实现。

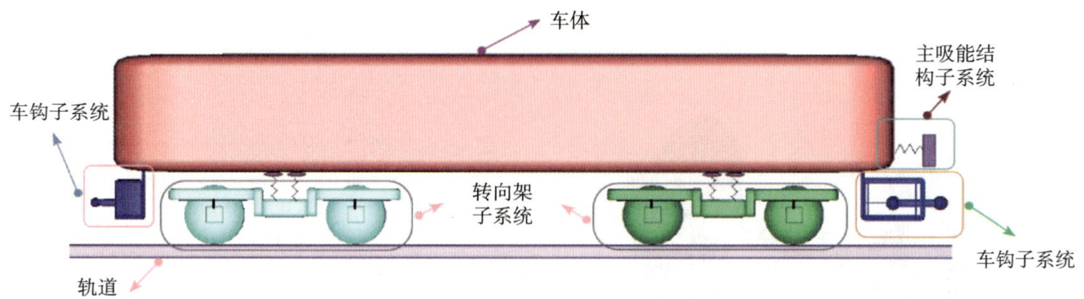

图 2.2　机车多体动力学模型

单节机车的多体动力学模型是一个集中质量点和非线性弹簧的耦合系统，描述了车辆的运动以及与车辆与地面、车辆子系统间的相互作用。机车各个刚体的质量、惯性属性主要由车厂家提供，车体压缩区域、钩缓吸能装置的吸能特性曲线来自于一维纵向动力学计算，表 2.1 为目标机车基本惯性属性。

表 2.1　机车基本惯性属性

机车基本属性	数　值
车体质量/t	43.0
车体侧滚转动惯量/(kg · m²)	69 171
车体点头转动惯量/(kg · m²)	1 347 125
车体摇头转动惯量/(kg · m²)	1 349 239
构架质量/t	3.660
构架侧滚转动惯量/(kg · m²)	3 876
构架点头转动惯量/(kg · m²)	8 098
构架摇头转动惯量/(kg · m²)	10 248
轮对质量/t	2.816
轮对侧滚转动惯量/(kg · m²)	2 024
轮对点头转动惯量/(kg · m²)	452
轮对摇头转动惯量/(kg · m²)	2 024
车体重心距轨面高/mm	1 750
构架重心距轨面高/mm	762

(1)轮轨接触模型

轮对相对于轨道的运动通过一个小质量刚体和一个滑移铰来实现(图 2.3),定义小质量刚体与轨道中心线的滑移约束,约束小质量刚体只能沿轨道中心线运动,在轮对与小质量刚体之间定义一个三向力,使得轮对可以相对于轨道运动,并传递横向、纵向和垂向力。我国常用的车轮踏面形式为磨耗型踏面,轮对横向运动行程约为±25 mm。当横向位移较小时,轮轨横向力在轮对与小质量刚体间传递,横向力较大时,车辆会出现脱轨现象。脱轨系数 L/V(L—横向力,V—纵向力)用来评估车辆脱轨安全性,当脱轨系数 $L/V=1$ 时,车辆脱轨。在该模型中,假定当轮对的横向位移大于 25 mm 时,轮对受到的横向力保持不变,并保持较大数值,表示车辆脱轨,轮对与地面的摩擦系数较大(图 2.4)。

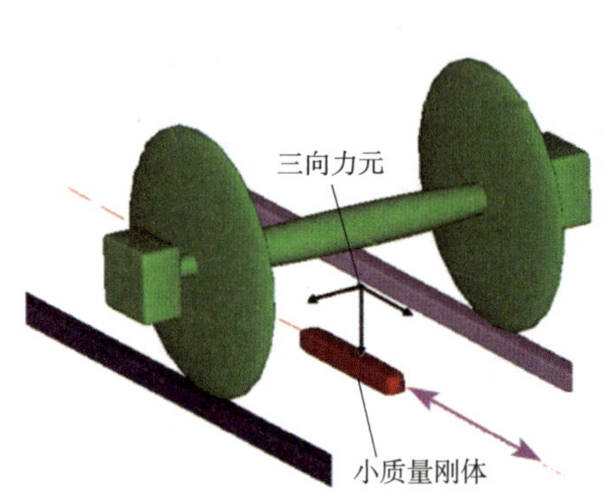

图 2.3 轮轨接触

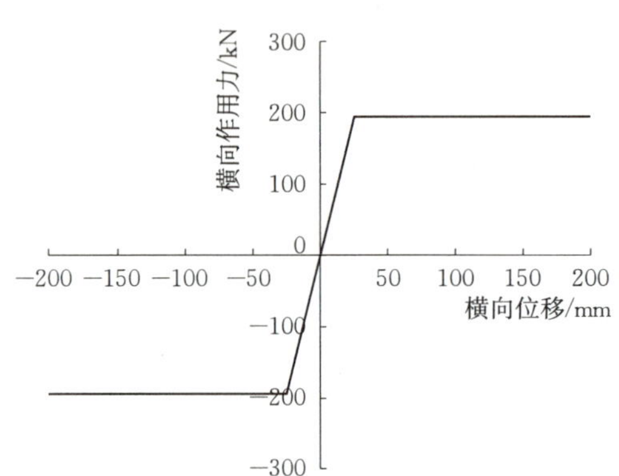

图 2.4 轮轨横向作用力

轮轨垂向相互作用轮对与轨道之间的垂向相互作用,通过轮轨接触实现。其中机车轮轨的垂向作用力通过 Hertz 非线性弹性接触理论确定。

$$p(t)=\left[\frac{1}{G}\delta Z(t)\right]^{3/2} \tag{2.14}$$

式(2.14)中 G 为轮轨接触常数($m/N^{2/3}$);$\delta Z(t)$ 为轮轨间弹性压缩量。对于磨耗型踏面,$G=3.86R^{-0.115}\times10^{-8}(m/N^{2/3})$,$R$ 代表车轮半径。

轮对与小质量刚体间的纵向连接通过施加一个较大数值的约束载荷,约束其纵向运动纵向。车辆所受摩擦力可通过铰约束(RESTRAINT. JOINT)实现。

(2)转向架子系统

转向架是机车车辆结构中最为重要的部件之一,转向架支撑车体的质量,并通过轴箱轴承装置将轮对的滚动转换为车体沿轨道平动,在机车的运动过程中传递车体至轮对以及轮对至车体的各种载荷及作用力,并使轴重均匀分配,转向架的使用可以增加车辆的载重来提高机车的运行速度。

机车转向架安装有弹簧减振装置,在机车的运行过程中可以有效缓和机车与轨道间的相互作用,减小振动冲击,提高机车的运行平稳性、舒适性以及运行安全性。由于转向架具有重要作用,其在机车车辆在碰撞事故中作用是难以忽略的,因此,在机车详细三维多刚体碰撞动力车模型的建模过程中,必须详细考虑转向架的运动特性。

以转臂式轴箱定位方式为例介绍,转臂式定位主要特点如下:转臂的一端与轴箱体固定连接，另一端以橡胶弹性节点的形式与构架上的安装座相连接。橡胶弹性节点允许轴箱相对构架有较大的垂向位移，同时转臂内部的橡胶件允许轴箱在纵向和横向方向上拥有不同的定位刚度，以适应转向架在纵向和横向方向上不同的弹性定位刚度需求。由于转臂式定位方式具有良好动力学性能，因此被广泛用于轨道车辆的轴箱定位。

根据转臂式轴箱定位方式可知，橡胶弹性节点允许轴箱相对构架有较大的垂向位移，而横向和纵向的位移则相对较小。多体动力学模型当中，机车的两个转向架作为独立的子系统进行建模，转向架子系统由三个刚体组成（一个构架和两个轮对），构架和轮对的连接可采用三向等效刚度弹簧进行模拟，如图 2.5 所示。悬挂装置采用 Kelvin 约束进行模拟，并通过表格的形式指定弹簧的非线性力—伸长特性，图 2.6 为弹簧特性曲线。

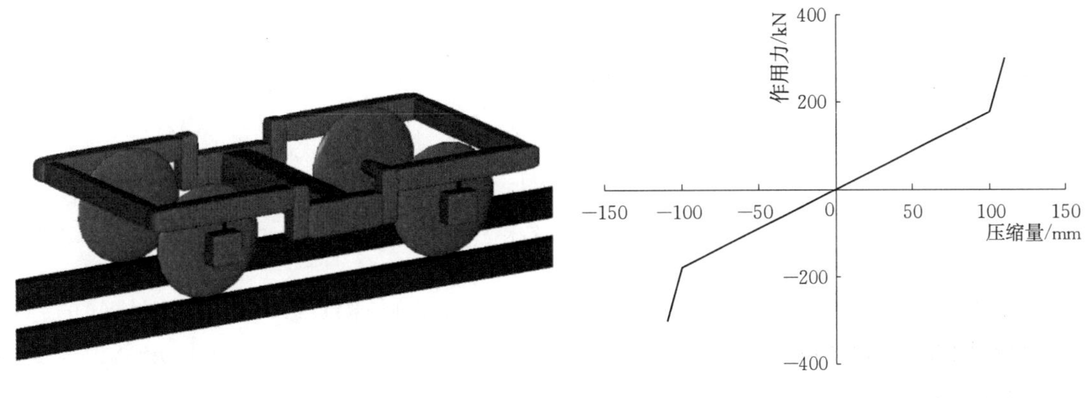

图 2.5 转向架模型

图 2.6 弹簧特性曲线

(3)车钩子系统模型

机车采用的连接装置主要可以分为两大类，一类是车辆间的连接装置，如车钩；一类是机车内部的连接机构，包括轴箱弹簧、减振器等。

车钩缓冲装置是车辆最基本也是最重要的连接部件之一，在正常运用条件下，传递列车在运行过程中的牵引力、缓和列车在运行中或在调车时所产生的纵向冲击力。为保证机车具有一定的通过曲线和爬坡性能，车钩应具有一定的水平摆角和点头运动角度。

车钩模型由一系列集中质量点和运动铰组成，允许车钩相对于车体摇头、点头，车钩压缩时可以相对车体滑动。图 2.7 所示车钩子系统包括 3 个刚体(2 个质量点和车钩体)、3 个运动铰(2 个转动铰和 1 个滑移铰)和 1 根非线性弹簧。车钩体相对于质量点 1 可绕 z 轴转动，质量点 1 可绕质量点 2 绕 y 轴转动，质量点 2 可相对于车体滑动。

车钩相对于车体的点头、摇头运动可以通过转动铰约束(RESTRAINT. JOINT)限制其运动范围，机车车钩摇头自由角约为 $\pm 10°$，点头自由角较小，约为 $\pm 3°$，车钩转角—力曲线如图 2.8 所示。车钩间的连挂采用固定铰(BRACKET. JOINT)约束，撞击过程中可以传递车钩间的作用力，如图 2.9 所示。为保证机车车体端部能够顺利接触变形吸能，需定义车钩失效，本书采用力失效的形式来定义车钩失效，具体步骤如下：①定义约束传感器(SENSOR. RESTRAINT)监测车钩作用力，并将车钩作用力作为输出信号；②定义传感器转换开关(SWITCH. SENSOR)，接收来自传感器的信号，当车钩作用力达到触发水平时，传感器转换开关将发出转换信号；③定义铰状态转换开关（STATE. JOINT），当接收到来自传感器转换开关的转换信号时，铰状态转换开关将自动改变铰的约束状态，由原先的锁定状态（LOCK）转变为自由状态（FREE），车钩间的固定连接约束取消，车钩失效，机车车体端部开始接触。

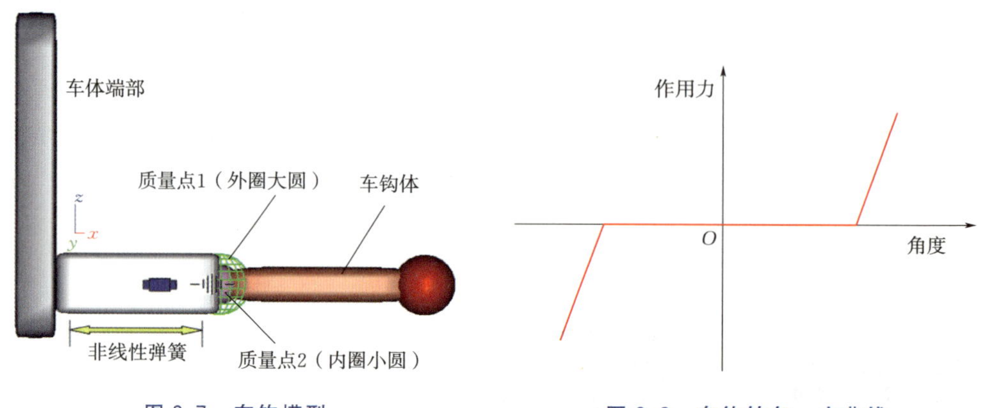

图 2.7 车钩模型

图 2.8 车钩转角—力曲线

（4）刚体间的弹性接触

多刚体动力学分析软件（mathematical dynamic model，MADYMO）提供刚体间的弹性接触模型，图 2.10 为椭球体—椭球体间的接触，其中 F_e 为弹性接触力，可以定义为表面穿透量（λ）的函数，F_d 为阻尼力，F_f 为摩擦力。

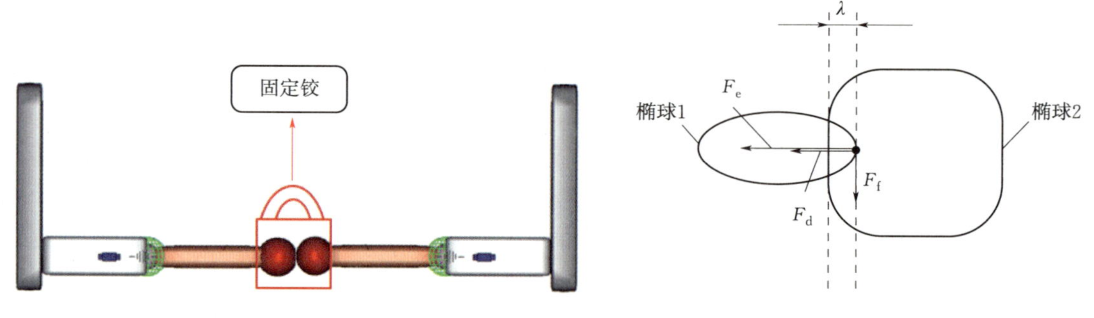

图 2.9 车钩间的连接

图 2.10 椭球—椭球弹性接触模型

碰撞开始后，机车端部钩缓装置首先开始接触，钩缓吸能装置压缩完毕，车钩失效，机车车体可变形区域接触，继续变形吸能，端部主吸能结构的形式如图 2.11 所示。

2.1.3 常用软件

国际上从 20 世纪 60 年代末到 70 年代期间陆续出现了一些以刚体动力学理论为基础的乘员碰撞模拟计算机软件。这些软件中最为著名的有三种：MVMA2D、CAL3D 和 MADYMO，它们在许多大列车公司的碰撞安全性研究中被作为分析工具。目前，在列车碰撞中进行多刚体动力学碰撞响应分析、乘员响应和约束系统仿真中应用最为广泛的是 MADYMO 软件。

MADYMO 软件最初在 1975 年由荷兰 TNO 公路列车研究学会完成。MADYMO 软

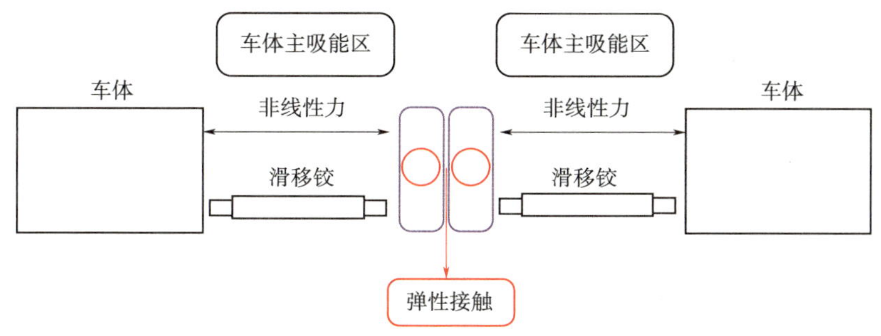

图 2.11 机车车体主吸能结构接触俯视示意

件由二维版本和三维版本组成，两个版本有几乎相同的格式。2007 年，MADYMO 软件已发展到 6.2 版，并成功地将有限元与多体系统耦合，成为一个多体与有限元结合的数学模拟软件。

MADYMO 软件拥有丰富的 crash dummy 模型，涵盖 Hybrid iii、EuroSID、USDOTSID 等所有国际通用的碰撞试验假人；另外还有较多的实用工具，包括气囊折叠 Folder、参数分析及优化设计的 AutoDOE、模型评估和随机分析的 ADVISER 等。

2.1.4 列车多刚体动力学碰撞响应分析

1. 碰撞场景分析

基于上述构建的机车三维多刚体碰撞动力学模型，参考欧洲标准 EN 15227:2008 中规定的碰撞场景，开展相同机车单元 25 km/h 的对撞仿真分析。机车端部吸能特性曲线与一维计算的最优化结果保持一致，图 2.12 为基于三维多刚体动力学模型的机车碰撞场景示意图。

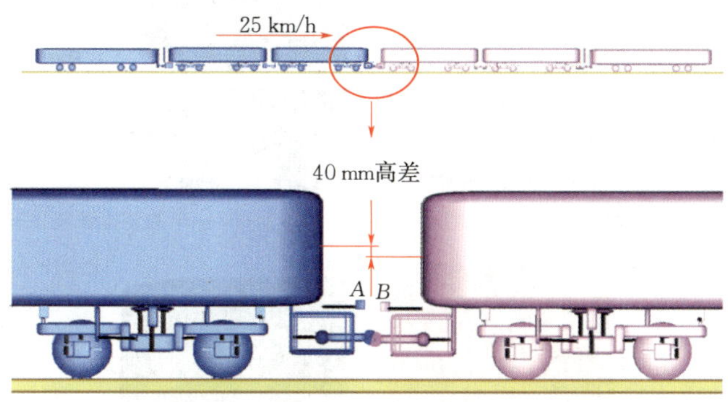

图 2.12 机车碰撞场景

编组机车在撞击过程传递较大的纵向力，且各纵向力与机车重心不在同一水平线上，因此机车会有较大的点头运动趋势，相连车辆间可能出现爬车现象。车辆的爬车现象会造成被爬车辆乘客生存空间的急剧减小，加剧乘员损伤。另外爬车车辆在爬车的过程中容易引发脱轨及侧翻等现象，造成乘客的二次伤害，因此应尽可能避免车辆在撞击过程中的爬车现象。选取 A、B 两点的垂向位移差作为机车爬车危险系数的评价指标，碰撞初始 A、B 两点有 40 mm 的高度差，运动列车高于静止列车。当最大垂向相对位移差大于 150 mm 时，意味着车辆已经发生爬车。机车的脱轨风险采用脱轨系数进行评判，主要通过考察运动机车靠近碰撞界面轮对的横向位移来评价。

2. 碰撞仿真结果

(1)机车碰撞历程分析

假定机车碰撞仿真的计算时间为 600 ms，表 2.2 列举了整个碰撞过程中头部撞击界面在几个关键时间点的动作状态。$t=0$ 时，碰撞开始，此时车钩保持连接，机车头部钩缓装置率先开始动作；$t=46$ ms 时，车钩装置断裂，机车车体前端结构开始接触，主吸能结构发生变形吸能；$t=345$ ms 时，运动机车和静止机车的运动速度基本一致，机车车辆间的相对运动减小，碰撞基本结束；$t=600$ ms 时，整个仿真过程结束，运动机车与静止机车分离。图 2.13 为相应的机车端部变形吸能顺序示意图。

表 2.2　机车碰撞时间历程

时　间	动　作
$t=0$	碰撞仿真开始，车钩接触
$t=46$ ms	车钩装置断裂，车体前端结构开始接触
$t=345$ ms	运动机车与静止机车速度一致，碰撞结束
$t=600$ ms	仿真结束

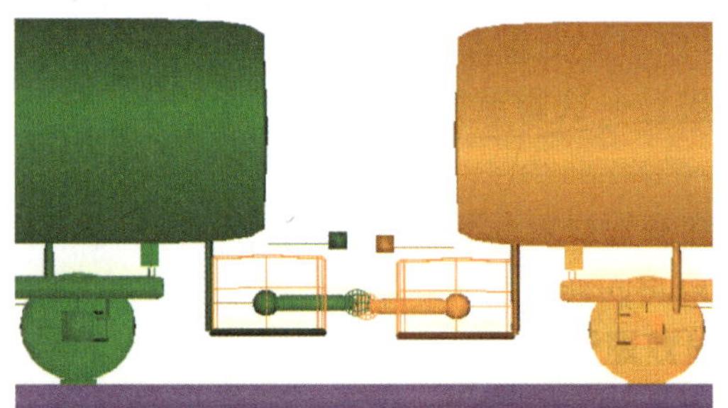
(a) $t=0$，碰撞仿真开始，车钩接触

(b) $t=46$ ms车钩装置断裂，车体前端结构开始接触

(c) $t=345$ ms，运动机车与静止机车速度一致，碰撞结束

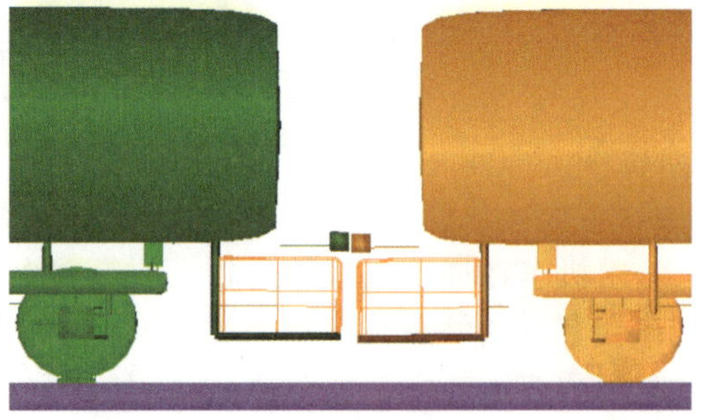
(d) $t=600$ ms，仿真结束

图 2.13　机车端部变形吸能顺序

图 2.14 为碰撞过程中各节车辆的速度时间曲线，碰撞开始后运动列车速度降低，静止列车速度增加，当 $t=345$ ms 时，两列机车速度一致，随后原静止列车仍然保持加速状态，逐步超过原运动列车的运动速度，由于碰撞过程中头钩已经破坏，原静止列车与运动列车将逐渐分离，碰撞结束。

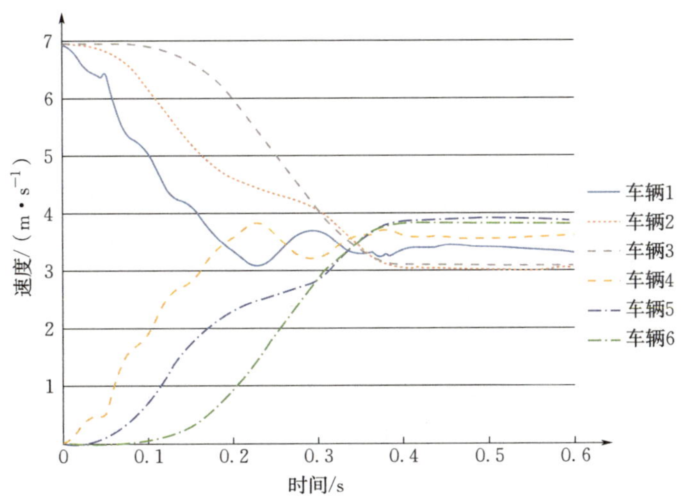

图 2.14 速度曲线

(2)机车能量耗散分析

机车碰撞过程中总能量、动能和内能时间变化如图 2.15 所示。总能量基本保持不变，内能增大，动能由减少。其中内能主要由机车的变形吸能结构所吸收，部分能量通过阻尼和摩擦耗散。

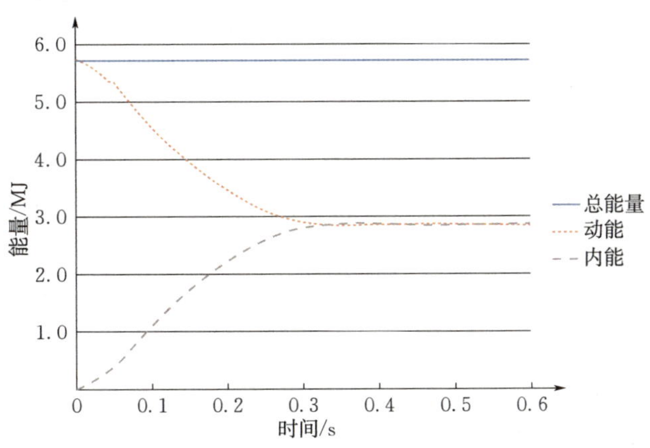

图 2.15 能量变化曲线

表 2.3 为机车各撞击界面的吸能结构变形长度，可以看出所有吸能结构的变形长度均在设计行程范围内，机车端部吸能结构能够有序而可控的吸收机车的冲击动能，机车车体司机室区域及设备间不被破坏。

表 2.3 机车各撞击界面的吸能结构变形长度 单位:mm

界 面	变形吸能元件变形长度 三维/一维	主吸能结构变形长度 三维/一维	重联端压溃管变形长度 三维/一维
1	49	—	—
2	—	—	183
3	75	174	—
4	75	174	—
5	—	—	186
6	49	—	—

图 2.16 为机车各碰撞界面的能量耗散情况,机车撞击动能主要集中在碰撞界面 2 至碰撞界面 5,并未出现能量过于集中现象,机车的冲击动能的耗散模式较为合理。

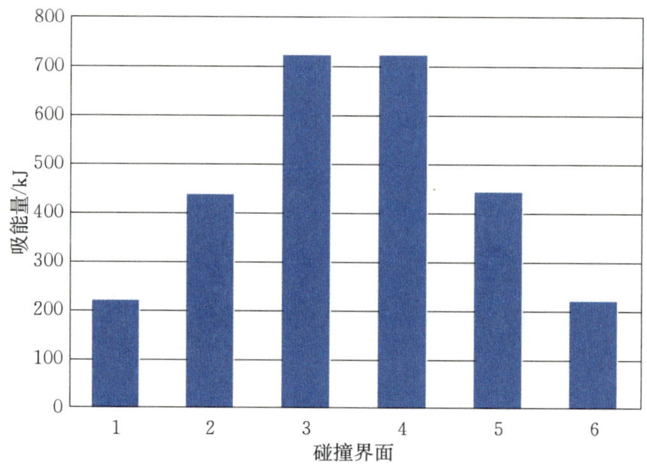

图 2.16 机车各碰撞界面的能量耗散情况

图 2.17 为机车头部撞击界面车体相对压缩量时间曲线,在整个碰撞过程中机车头部碰撞界面的能量耗散主要分为三个阶段,对应机车头部的三级吸能结构。碰撞开始后车钩缓冲器首先开始变形吸能,$t=21$ ms 时,缓冲器行程压缩完毕;位于车钩装置后的可变形吸能元件随后开始动作,于 $t=46$ ms 时,压缩完毕;车钩装置在一定的破坏载荷下发生断裂,车体前端结构接触,于 $t=295$ ms 时,车体前端结构变形达到最大,随后机车发生回弹。对应的接触力时间曲线如图 2.18 所示。

图 2.19 为运动机车重联碰撞界面相对压缩量时间曲线,在整个碰撞过程中运动机车重联碰撞界面的能量耗散主要分为两个阶段,对应重联端的二级吸能结构。车钩缓冲器首先开始变形吸能,$t=105$ ms 时,缓冲器行程压缩完毕;可变形压溃管随后开始动作,压溃管的最大变形量为 183 mm,未超过设计行程。对应的接触力时间曲线如图 2.20 所示。静止机车重联端的能量耗散情况及接触力变化情况与运动车基本一次,这里不做进一步分析。机车尾端碰撞界面的耗能相对较少,不作为分析重点。

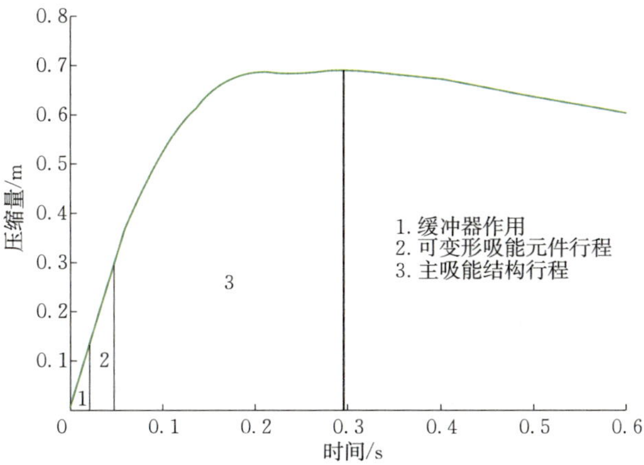

图 2.17 机车头部撞击界面车体相对压缩量时间曲线

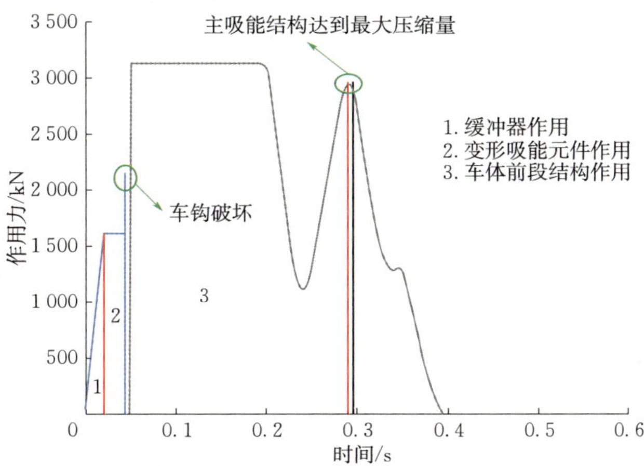

图 2.18 机车头部撞击界面力—时间曲线

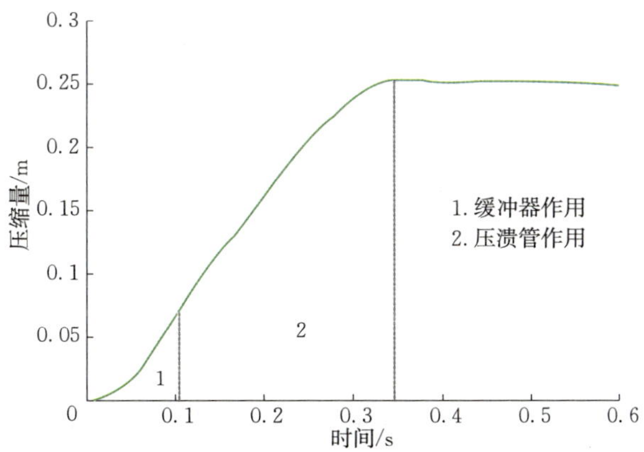

图 2.19 运动机车重联碰撞界面相对压缩量时间曲线

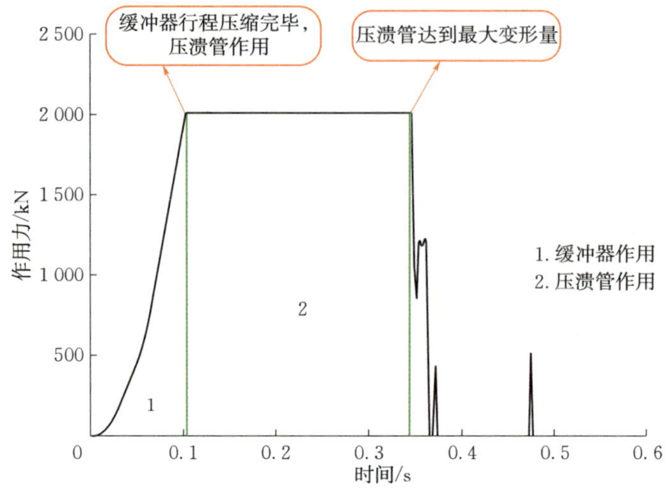

图 2.20 运动机车重联碰撞界面接触力

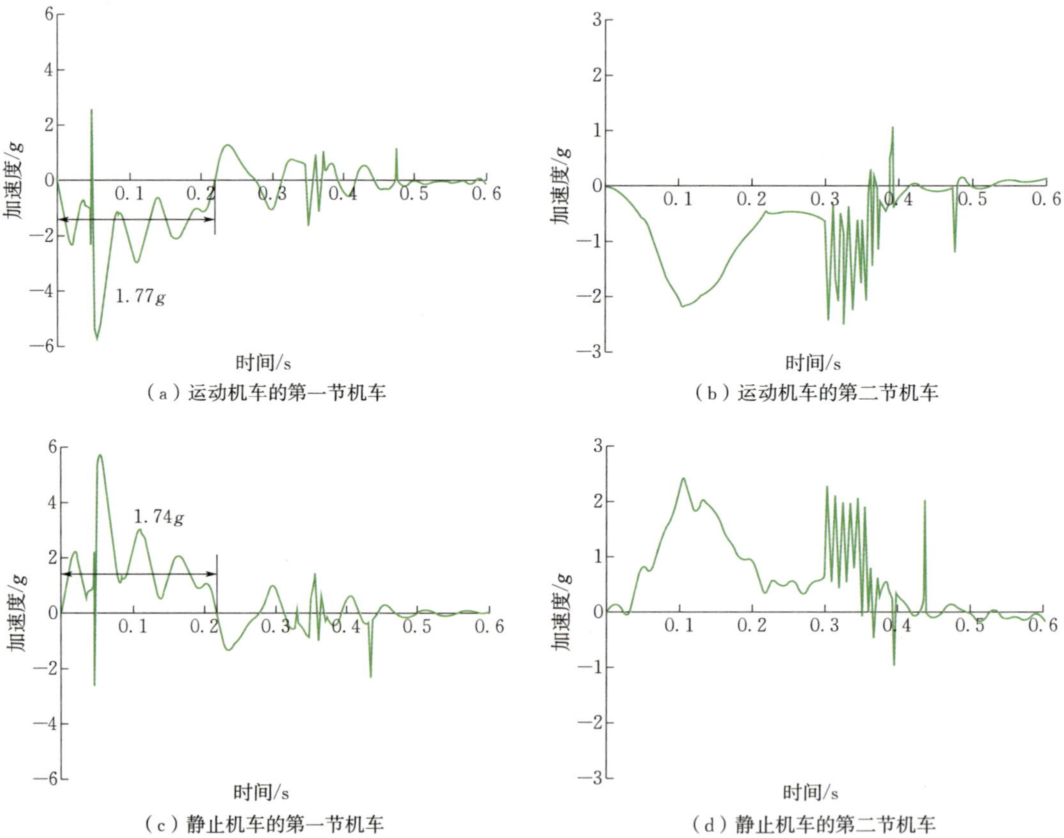

(a) 运动机车的第一节机车

(b) 运动机车的第二节机车

(c) 静止机车的第一节机车

(d) 静止机车的第二节机车

图 2.21 机车车辆车体载人区的加速度—时间曲线

(3)机车冲击减速度分析

图 2.21 为各机车车辆车体载人区的加速度—时间曲线，其中运动机车第一节机车的平

均纵向减速度为 1.77g，静止机车第一节机车的平均纵向减速度为 1.74g，均小于EN 15227规定的 5g；运动机车第二节机车和静止机车第二节机车的最大纵向减速度小于5g。因此耐撞性机车满足 EN 15227 的加速度要求。

(4)机车爬车及脱轨分析

碰撞过程中由于机车间传递的纵向力，机车出现点头运动，图 2.22 为主吸能结构碰撞界面中心点 A、B 的垂向位置时间曲线，图 2.23 为 A、B 两点的垂向相对位移时间曲线。

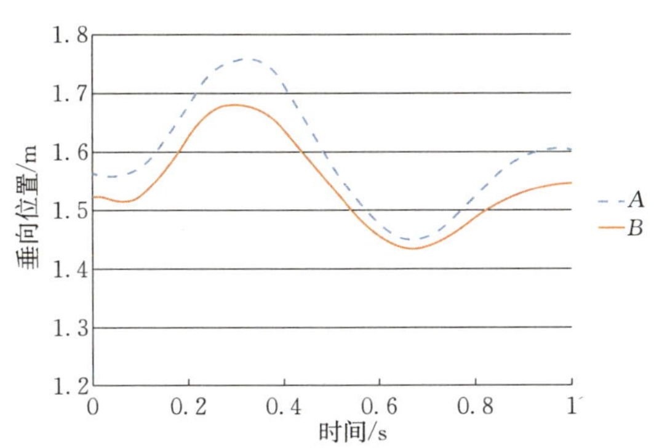

图 2.22　A、B 两点的垂向位置时间曲线

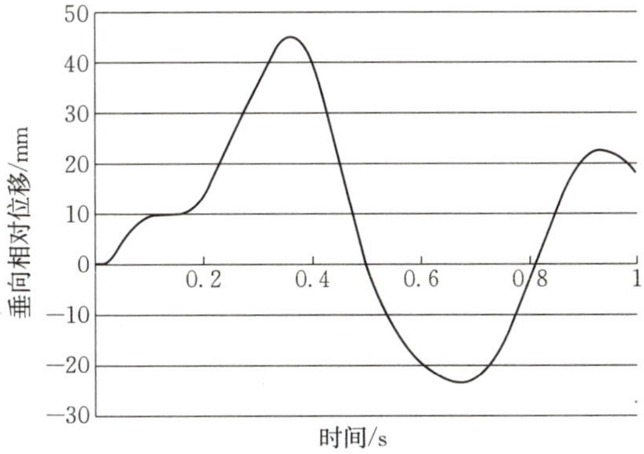

图 2.23　A、B 两点的垂向相对位移差时间曲线

根据图 2.22 和图 2.23 可以看出，运动机车和静止机车在垂向方向上的运动规律一致，两者间的垂向最大偏移量可达 44.9 mm，机车无爬车危险。图 2.24 为运动机车的横向偏移量时间曲线，可以看出在整个碰撞过程中机车的横向偏移量很小，为 3.5 mm，无脱轨风险。

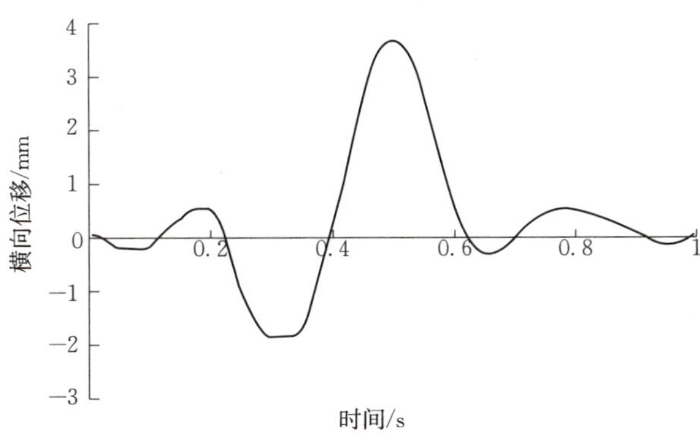

图 2.24　轮对横向位移

2.2　列车碰撞动力学显式非线性有限元分析基础

2.2.1　显式非线性有限元基本控制理论和方程

考虑一个空间物体，如图 2.25 所示，其上一点 b 在固定坐标系中由初始的位置 x_a($a=$

1,2,3)移动到一个新的位置 $x_i(i=1,2,3)$ 的变形。该系统属于时变系统,应用拉格朗日方程,变形可由初始位置和时间 t 来表示

$$x_i=x_i(x_a,t) \tag{2.15}$$

在 t_0 时刻有初始条件

$$x_i(x_a,0)=x_a \tag{2.16}$$

$$\dot{x}_i(x_a,0)=v_i(x_a) \tag{2.17}$$

式中,v_i 为初始速度。

对于该物体任意一有限部分都满足动量守恒定律。

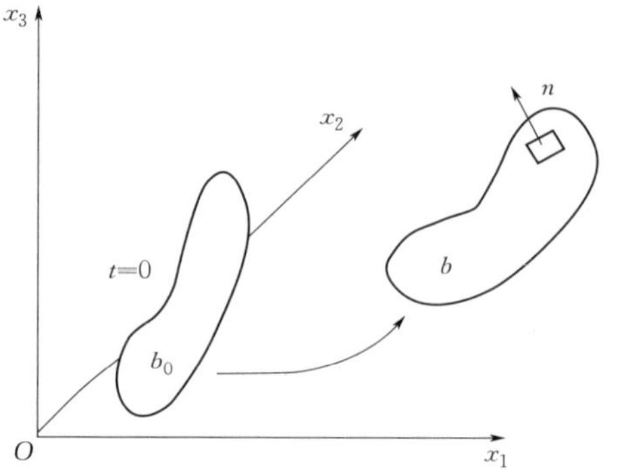

图 2.25　空间物体的变形

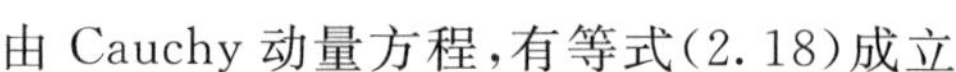

由 Cauchy 动量方程,有等式(2.18)成立

$$\sigma_{ij,j}+\rho f_i=\rho\ddot{x} \tag{2.18}$$

并满足以下边界条件:

(1)牵引边界条件

$$\partial b_1 \sigma_{ij} n_i=t_i(t) \tag{2.19}$$

(2)位移边界条件

$$\partial b_2 x_i(x_a,t)=D_i(t) \tag{2.20}$$

(3)接触内边界条件

$$\partial b_3(\sigma_{ij}^{+}-\sigma_{ij}^{-})n_i=0(x^{+}=x^{-}) \tag{2.21}$$

式中,σ_{ij} 为 Cauchy 应力;ρ 为物体瞬时密度;f_i 为体积力密度;$\ddot{x}$ 为加速度;n_i 为边界外法线方向上的单位向量。

如图 2.25 所示的物体中的任意一个单元,可以写出下列积分方程

$$\int_V(\rho\ddot{x}_i-\sigma_{ij,j}-\rho f)\delta x_i \mathrm{d}V+\int_{\partial b_1}(\sigma_{ij}n_j-t_i)\delta x_i \mathrm{d}s+\int_{\partial b_3}(\sigma_{ij}^{+}-\sigma_{ij}^{-})n_j\delta x_i \mathrm{d}V=0 \tag{2.22}$$

式中,δx_i 满足边界条件∂b_2,积分在当前的几何形状下成立。

应用散度定理,有

$$\int_V(\sigma_{ij}\delta x_i)_{,j}\mathrm{d}V=\int_{\partial b_1}\sigma_{ij}n_j\delta x_i \mathrm{d}s+\int_{\partial b_3}(\sigma_{ij}^{+}-\sigma_{ij}^{-})n_j\delta x_i \mathrm{d}s \tag{2.23}$$

并注意到

$$(\sigma_{ij}\delta x_i)_{,j}-\sigma_{ij,j}\delta x_i=\sigma_{ij}\delta x_{i,j} \tag{2.24}$$

可导出弱平衡方程

$$\delta\pi=\int_V\rho\ddot{x}_i\delta x_i \mathrm{d}V+\int_V\sigma_{ij}\delta x_{i,j}\mathrm{d}V-\int_V\rho f_i\delta x_i \mathrm{d}V-\int_{\partial b_1}t_i\delta x_i \mathrm{d}s=0 \tag{2.25}$$

假设将具有内部节点相连的有限元网格体系加到一个参考的环境中,其节点位置随时间的变化关系为

$$x_i(x_a,t)=x_i[x_a(\zeta,\eta,\xi),t]=\textstyle\sum_{j=1}^{k}\varphi_j(\zeta,\eta,\xi)x_i^j(t) \tag{2.26}$$

式中,φ 为在参数坐标系(ζ,η,ξ)中的插值函数;k 为单元节点数;x_j^i 为第 j 个节点在 i 方向

上的时变坐标。

对 n 个单元求和可近似得到 $\delta\pi$

$$\delta\pi=\sum_{m=1}^{n}\delta\pi_m \tag{2.27}$$

再结合式(2.27)可得

$$\sum_{m=1}^{n}\left\{\int_{V_m}\rho\ddot{x}_i\phi_i^m\,\mathrm{d}V+\int_{V_m}\sigma_{ij}^m\phi_i^m\,\mathrm{d}V-\int_{V_m}\rho f_i\phi_i^m\,\mathrm{d}V-\int_{\partial b_1}t_i\phi_i^m\,\mathrm{d}S\right\}=0 \tag{2.28}$$

式中

$$\phi_i^m=(\phi_1,\phi_2,\cdots,\phi_k)_i^m \tag{2.29}$$

其中,k 为单元的节点数,ϕ 为插值函数。

以矩阵的形式重写,可得

$$\sum_{m=1}^{n}\left\{\int_{V_m}\rho\boldsymbol{N}^{\mathrm{T}}\boldsymbol{N}\boldsymbol{a}\,\mathrm{d}V+\int_{V_m}\boldsymbol{B}^{\mathrm{T}}\boldsymbol{\sigma}\,\mathrm{d}V-\int_{V_m}\rho\boldsymbol{N}^{\mathrm{T}}\boldsymbol{b}\,\mathrm{d}V-\int_{\partial b_1}\boldsymbol{N}^{\mathrm{T}}\boldsymbol{t}\,\mathrm{d}S\right\}^m=0 \tag{2.30}$$

其中,$\boldsymbol{N}$ 为插值函数矩阵;$\boldsymbol{\sigma}$ 为应力向量,且

$$\boldsymbol{\sigma}^{\mathrm{T}}=(\sigma_{xx},\sigma_{yy},\sigma_{zz},\sigma_{xy},\sigma_{yz},\sigma_{zx}) \tag{2.31}$$

$\boldsymbol{B}$ 为应力—位移矩阵;$\boldsymbol{\alpha}$ 为节点加速度向量

$$\begin{bmatrix}\ddot{x}_1\\ \ddot{x}_2\\ \ddot{x}_3\end{bmatrix}=\boldsymbol{N}\begin{bmatrix}a_{x1}\\ a_{y1}\\ \vdots\\ a_{yk}\\ a_{zk}\end{bmatrix}=\boldsymbol{N}\boldsymbol{a} \tag{2.32}$$

$$\boldsymbol{b}=\begin{bmatrix}f_x\\ f_y\\ f_z\end{bmatrix},\boldsymbol{t}=\begin{bmatrix}t_x\\ t_y\\ t_z\end{bmatrix} \tag{2.33}$$

其中,$\boldsymbol{b}$ 为体积载荷向量,$\boldsymbol{t}$ 为牵引载荷。

2.2.2 显式积分算法与时步控制

对于二阶常微分方程组,原则上可以采用求解常微分方程组常用的方法(如 Runge-kutta 法)来求解,但是在有限元动力分析中,矩阵阶数很高,用此方法很费时,只能采用少数有效的方法。这些方法可以分为两类:直接积分法和振型叠加法。

对于列车碰撞中常用的非线性有限元软件 LS-DYNA,其计算方法是直接积分法中的中心差分法。这主要是因为:当采用有限元法对动力问题进行分析时,对于扩散波的传播问题一般采用显式积分方法比较有效,而对于结构动力学问题,通常采用无条件稳定的隐式积分的方法。

一般地,对于数学上是阶常微分方程组的运动方程,理论上不同的有限差分表达式都可以用来建立其逐步积分的公式,但从计算效率角度考虑,采用中心差分法是十分有效的。

在中心差分法中,加速度和速度可以用位移来表示

$$\ddot{\boldsymbol{a}}_t=\frac{1}{\Delta t^2}(\boldsymbol{a}_{t-\Delta t}-2\boldsymbol{a}_t+\boldsymbol{a}_{t+\Delta t}) \tag{2.34}$$

$$\dot{\boldsymbol{a}}_t=\frac{1}{2\Delta t}(-\boldsymbol{a}_{t-\Delta t}+\boldsymbol{a}_{t+\Delta t}) \tag{2.35}$$

时间 $t+\Delta t$ 的位移解 $\boldsymbol{a}_{t+\Delta t}$ 可由下面时间 t 的运动方程求出，即

$$\boldsymbol{M}\ddot{\boldsymbol{a}}_t+\boldsymbol{C}\dot{\boldsymbol{a}}_t+\boldsymbol{K}\boldsymbol{a}_t=\boldsymbol{Q}_t \tag{2.36}$$

得到

$$\left(\frac{1}{\Delta t^2}\boldsymbol{M}+\frac{1}{2\Delta t}\boldsymbol{C}\right)\boldsymbol{a}_{t+\Delta t}=\boldsymbol{Q}_t-(\boldsymbol{K}-\frac{2}{\Delta t^2}\boldsymbol{M})\boldsymbol{a}_t-(\frac{1}{\Delta t^2}\boldsymbol{M}-\frac{1}{2\Delta t}\boldsymbol{C})\boldsymbol{a}_{t-\Delta t} \tag{2.37}$$

如果已经求得了 $\boldsymbol{a}_t$ 和 $\boldsymbol{a}_{t-\Delta t}$，则可以从上式中进一步解出 $\boldsymbol{a}_{t+\Delta t}$，所以是求解各个离散时间点解的递推公式。需要指出的是，该算法有一个起步的问题。当 $t=0$ 时，除了计算 $\boldsymbol{a}_{\Delta t}$ 外，还需要知道 $\boldsymbol{a}_{-\Delta t}$，所以有一个专门的起步算法。可以得到

$$\boldsymbol{a}_{-\Delta t}=\boldsymbol{a}_0-\Delta t\dot{\boldsymbol{a}}_0+\frac{\Delta t^2}{2}\ddot{\boldsymbol{a}}_0 \tag{2.38}$$

对于中心差分法还需要着重指出以下几点。

1. *中心差分法是显式的算法*

这是由于递推公式是从时间 t 的运动方程导出的，因此 $\boldsymbol{K}$ 矩阵不出现在递推公式的左端。当 $\boldsymbol{M}$ 是对角矩阵，$\boldsymbol{C}$ 可以忽略或也是对角矩阵时，利用递推公式求解运动方程不需要进行矩阵的求逆，仅需要进行矩阵乘法运算以获得方程右边的有效载荷，然后得到位移的各个分量。如果质量矩阵为非对角矩阵，可采用集总(lumping)的技术处理使之对角化，这样可以得到非关联的微分方程组，免去了求解联立方程组的繁杂过程，使计算变得简单、迅速。

$$a_{t+\Delta t}^{(i)}=\frac{\boldsymbol{Q}_t^{(i)}}{c_0M_{ii}} \tag{2.39}$$

$$\boldsymbol{Q}_{t+\Delta t}^{(i)}=\frac{\boldsymbol{Q}_t^{(i)}}{c_0M_{ii}+c_1C_{ii}} \tag{2.40}$$

其中，$a_{t+\Delta t}^{(i)}$ 和 $\boldsymbol{Q}_{t+\Delta t}^{(i)}$ 分别是向量 $\boldsymbol{a}_{t+\Delta t}$ 和 $\boldsymbol{Q}_t$ 的第 i 个分量；M_{ii} 和 C_{ii} 分别是矩阵 $\boldsymbol{M}$ 和 $\boldsymbol{C}$ 的第 i 个对角元素，并假定 $M_{ii}>0$。

显式积分方法的上述优点在非线性分析中将更具有意义。因为在非线性分析中，每个增量步的刚度矩阵是被修改了的。采用显式积分方法避免了矩阵求逆的运算，使计算上的好处更加明显。

2. *中心差分法是条件稳定的显式积分算法*

中心差分法和其他的显式积分方法一样具有很好的稳定性，但重要的是需要确定一个正确的时间步长，可以推出时间步长应满足

$$\Delta t\leqslant 2/\omega_{\max} \tag{2.41}$$

其中，$\omega_{\max}$ 为单元网格中的最大固有频率。

式(2.41)叫作 Courant 准则。对于线性的两节点单元 ω 可表示为

$$\omega^2=4c^2/l^2 \tag{2.42}$$

其中，c 为声波在介质中的传播速度；l 为单元长度。

这就要求最小时间积分步长足够小，不至于穿过最小单元。对于线性弹性材料来说，声速是材料的弹性特性和密度的函数。临界时间步长依赖于最小单元的尺寸以及模型的材料

密度和弹性特性。对于非线性系统，一般得不到一个通用的稳定准则。但对于实际应用中的大多数非线性问题，将 Courant 准则降低 10%被证明是可行的。

由此可见，有限元网格中最小尺寸的单元将决定中心差分法中时间步长的选择。它的尺寸越小，将使 Δt 越小，从而使消耗的 CPU 时间变长。这点在划分有限元网格时要予以注意，以避免因个别的单元尺寸过小，而使计算费用不合理地增加。

2.2.3　单元类型和特性说明

在建立有限元模型时，选择单元类型是非常重要的，主要考虑结构的几何形状、分析要求、加载条件和计算时间等。商用非线性有限元软件中单元类型繁多，基本和常用的单元主要包括梁单元、薄壳单元、体单元、弹簧阻尼单元等几个大类，每类单元又分若干种不同的积分类型，下面逐一介绍其特性和应用。

1. 梁单元

一般梁单元(图 2.26)的定义需要 3 个节点，前两个节点定义梁单元的起始位置，第三个节点定义梁的方向，但是某些梁单元不需要定义第三个节点。

在有限元模型中，梁单元主要用来模拟杆件、绳索和一些连接。梁单元的截面形状包括规则的矩形、圆形等形状，也可以通过前处理软件定义为不规则形状。

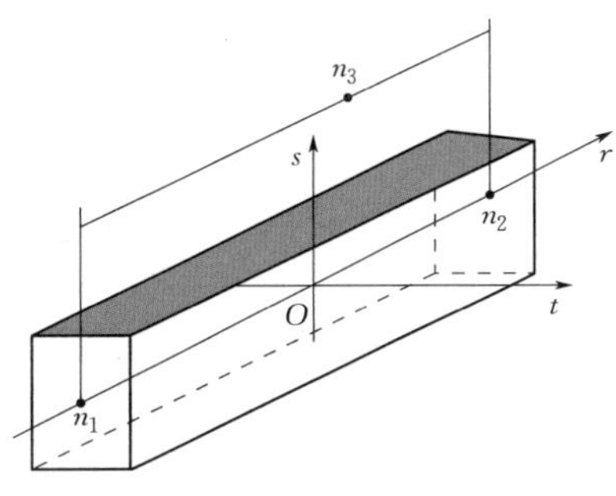

图 2.26　梁单元

2. 薄壳单元

对于一个结构部件，如果其几何尺寸在一个方向上相比其他方向薄得多，可以采用薄壳单元来划分。列车结构零部件大部分是由薄板冲压而成，尤其是在碰撞过程中主要变形和承力的部件绝大部分都是薄壳结构，因此在列车碰撞仿真模型中，薄壳单元占据重要部分。

在列车碰撞仿真中，壳单元一般指 3 节点三角形单元和 4 节点四边形单元，如图 2.27 所示。壳单元的积分类型比较多，比较常用的有 Hughes-Liu(HL)壳单元和 Belytschko-Tsay(BT)壳单元。HL 单元采用面内单点积分和 Jaumann 应力更新，能对壳单元的参考面进行偏置(中面，内表面和内表面)，对翘曲的几何体有效。BT 单元是由 Belytschko 和 Tsay 在 1981 年提出并不断完善而得到，采用面内单点积分和 Co-rotational 应力更新，计算速度快，对于大变形问题是最稳定有效。但单元坐标系统置于单元中心，基于平面单元假定，对于翘曲的几何体不适用。

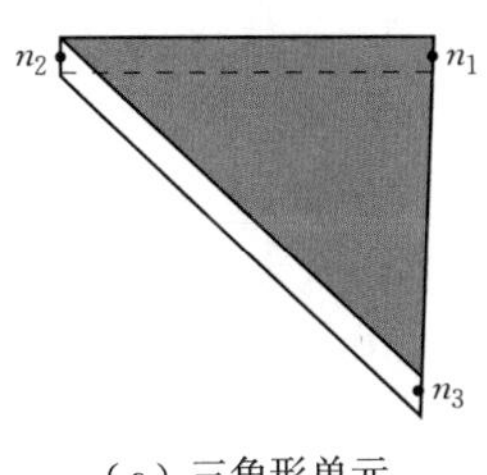

(a) 三角形单元

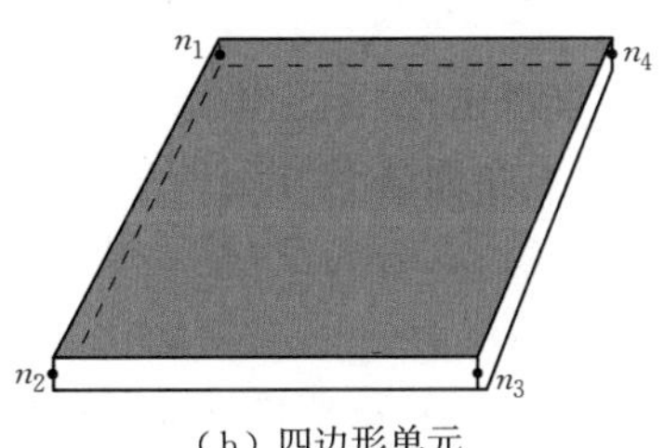

(b) 四边形单元

图 2.27　薄壳单元

对于3节点三角形单元而言，由于采用的是线性位移函数，因此三角形单元是常应变单元，单元内的应力处处相等，相对四边形单元的刚度矩阵偏硬，仅用于复杂几何单元过渡，避免单元翘曲区域。所以，为提高计算精度，在模型网格中要控制三角形单元的数量比例。

3. 体单元

对于一些各个方向尺寸相近的几何体，一般采用体单元划分网格。在列车碰撞仿真模型中，体单元的应用占有的比例不是很高。常用体单元的类型包括4节点四面体单元、10节点四面体单元、6节点三棱柱单元和8节点六面体单元，如图2.28所示。和3节点三角形单元类型一样，4节点四面体单元也是常应变单元，单元的刚度"偏硬"，因此在模型中尽量控制该类单元的数量。10节点四面体单元采用节点加密的方法改变了常应变单元的属性，但是计算效率较低。

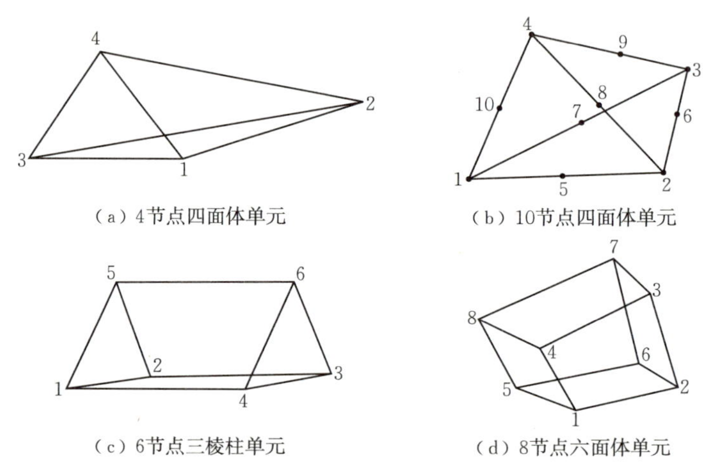

图2.28 体单元

4. 弹簧阻尼单元

弹簧阻尼单元使用两个节点确定其位置，同时定义其弹簧和阻尼特性，具有转动和平动自由度。对于其弹性和阻尼特性，可以定义为简单的线性或者常数，也可以定义为复杂的非线性或者函数。

2.3 材料非线性理论

2.3.1 材料非线性基本理论和方程

弹性力学与塑性力学的差别主要表现在应力与应变的物理关系的不同。屈服条件以及塑性的本构关系是塑性力学物理方程的具体内容，具有以下特点。

(1)应力与应变关系(本构关系)呈非线性，其非线性性质与具体材料有关。

(2)应力与应变之间没有一一对应的关系，它与加载历史有关。

(3)变形体中存在弹性区和塑性区，分析问题时需要找出其分界线。在弹性区，加载与卸载均服从广义胡克定律；在塑性区，加载过程要使用塑性阶段的应力应变关系，而卸载过程中，则使用广义胡克定律。

这些特点带来了研究、处理问题方法上的不同,塑性力学首先要解决的问题是在实验资料的基础上确立塑性本构关系,进而与平衡和几何关系一起去建立塑性边值问题,再次是根据不同的具体情况寻求数学计算方法求解塑性边值问题。

1. 塑性变形特点

(1)应力—应变关系的非线性。

(2)应力与应变之间不存在单值对应关系,同一个应力可以对应不同的应变,反过来也是如此,这种非单值性具体来说是一种路径相关性。

(3)由于塑性应变不可恢复,所以外力所做的塑性功具有不可逆性,或耗散性,在一个加载卸载的循环中外力做功恒大于零,这一部分能量被材料的塑性变形所消耗。

2. 应力张量的分解

描述一点应力状态的应力张量 $\boldsymbol{\sigma}_{ij}$ 可进行下列张量分解表示

$$\boldsymbol{\sigma}_{ij}=\begin{bmatrix}\sigma_x & \tau_{xy} & \tau_{xz}\\ \tau_{yx} & \sigma_y & \tau_{yz}\\ \tau_{zx} & \tau_{zy} & \sigma_z\end{bmatrix}=\begin{bmatrix}\sigma_m & 0 & 0\\ 0 & \sigma_m & 0\\ 0 & 0 & \sigma_m\end{bmatrix}+\begin{bmatrix}\sigma_x-\sigma_m & \tau_{xy} & \tau_{xz}\\ \tau_{yx} & \sigma_y-\sigma_m & \tau_{yz}\\ \tau_{zx} & \tau_{zy} & \sigma_z-\sigma_m\end{bmatrix} \tag{2.43}$$

引入克罗内克尔符号 $\boldsymbol{\delta}_{ij}$,则有

应力球张量 $$\boldsymbol{\sigma}_m\boldsymbol{\delta}_{ij}=\begin{bmatrix}\sigma_m & 0 & 0\\ 0 & \sigma_m & 0\\ 0 & 0 & \sigma_m\end{bmatrix}$$

应力偏量 $$\boldsymbol{S}_{ij}=\begin{bmatrix}\sigma_x-\sigma_m & \tau_{xy} & \tau_{xz}\\ \tau_{yx} & \sigma_y-\sigma_m & \tau_{yz}\\ \tau_{zx} & \tau_{zy} & \sigma_z-\sigma_m\end{bmatrix}$$

则 $\boldsymbol{\sigma}_{ij}=\boldsymbol{\sigma}_m\boldsymbol{\delta}_{ij}+\boldsymbol{S}_{ij}$,物体内任一点处的应力张量可以分解为应力球量和应力偏量。应力球张量只能引起微元体的体积改变,而不能引起其形状的改变。

应力偏张量表示实际应力状态对其平均应力的偏离,它引起微元形畸变。试验证明,材料屈服后产生的塑性变形基本上是畸变变形,即应力偏量引起材料塑性变形。

应力偏张量 $\boldsymbol{S}_{ij}$ 也是一种应力状态,其主方向与应力主方向相同,它同样也存在不变量。

3. 罗德参数

$$\mu_\sigma=\frac{2\sigma_2-\sigma_1-\sigma_3}{\sigma_1-\sigma_3}$$

对于单向拉伸:$\sigma_2=\sigma_3=0,\sigma_1>0,\mu_\sigma=-1$。

纯剪:$\sigma_2=0,\sigma_1>0,\sigma_3=-\sigma_1<0$。

单向压缩:$\sigma_2=\sigma_1=0,\sigma_3<0,\mu_\sigma=1$。

在塑性流动理论中,认为应力状态不是简单地决定于应变状态,而是决定于应变增量、应变速率。

4. 全量应变

微元体在某一变形过程终了时的应变大小,称为全量应变,是相对位移 δu、δv、δw 产生的。

5. 应变增量

以物体在变形过程中某一瞬时的形状尺寸为原始状态，在此基础上产生的无限小位移增量 du 导致的应变称为应变增量$d\varepsilon$。在无限小时间间隔 dt 内，变形体内各点的位移增量的分量为：$du_i = u_i dt$，对应位移增量 du_i，有应变增量 $d\varepsilon_{ij}$、$d\varepsilon_{ij}$ 与 du_i 之间的关系，也即几何方程，形式上和应变与位移的关系一样，是一个二阶对称张量。与应变张量一样，有主方向。

6. 应变速率

$\dfrac{d\varepsilon_{ij}}{dt}$ 表示单位时间内的应变，叫作应变速率张量，以 $\dot{\boldsymbol{\varepsilon}}_{ij}$ 表示。

$$\dot{\boldsymbol{\varepsilon}}_{ij}=\frac{1}{2}\left(\frac{\partial u_i}{\partial x_j}+\frac{\partial u_j}{\partial x_i}\right) \tag{2.44}$$

屈服条件和屈服面：在复杂应力状态下，初始弹性状态的界限称为屈服条件。如果以 σ_{ij} 作为坐标轴，屈服条件用 $F(\sigma_{ij})=0$ 表示；则应力空间中 $F(\sigma_{ij})=0$ 将表示一个曲面，称为屈服曲面。

7. 应力空间

以 σ_1、σ_2、σ_3 作为坐标轴的空间，称为应力空间。由初始各向同性假定，屈服曲线不随坐标轴的改变而变化。若(s_1，s_2，s_3)是屈服曲线上的一点，则(s_1，s_3，s_2)也必是屈服曲线上的一点。进一步假设材料拉伸和压缩时的屈服极限相等，若(s_1，s_2，s_3)是屈服曲线上一点，则($-s_1$，$-s_2$，$-s_3$)也是屈服曲线上一点，则屈服曲线有 6 条对称线，只需实验确定 π 平面上 30°范围内的屈服曲线，然后利用对称性，就可以确定整个屈服曲线。

8. Tresca 屈服条件

最大剪应力达到某一极限值 k 时，材料发生屈服，这就是材料力学中的第三强度理论。该理论假设材料一旦达到屈服，就算达到强度极限。其在 π 平面上是正六角形，在主应力空间中是一个正六边形柱面，柱面的母线平行于等倾线。k 的确定方法用简单拉伸试验来定：$k=\dfrac{\sigma_s}{2}$；用纯剪试验来定：$k=\tau_s$。

在 π 平面上，如果在简单拉伸时，两种屈服条件重合，则 Tresca 六边形将内接于 Mises 圆。并有

$$\text{Mises}: J'_2=\frac{\sigma_s^2}{3} \quad \text{Tresca}: \tau_{\max}=\frac{\sigma_s}{2}$$

纯剪实验时，两种屈服条件重合，则 Tresca 六边形将外切于 Mises 圆，并有

$$\text{Mises}: J'_2=\tau_s^2 \quad \text{Tresca}: \tau_{\max}=\tau_s$$

9. 加载方式

(1)简单加载。简单加载是指加载过程中应力张量各分量与某一参数 t 成比例增大，这样在加载过程中，不但各应力分量成比例地增大，且应力主轴方向保持不变，这时应变分量也成比例增大，应变主轴也保持不变，故也是“简单变形”的情况。

(2)复杂加载。复杂加载是指加载过程中应力分量之间无一定关系，这时应力分量的比值和应力主轴的方向就随着荷载变化而改变。

10. 加载准则

(1)理想塑性材料的加卸载准则。理想塑性材料的加载面和屈服面是一样的，由于屈服

面不能扩大，$d\sigma$ 不能指向屈服面外。总之，只要应力增量保持在屈服面上就称为加载，返到屈服面以内就称为卸载。

(2)理想塑性材料的加卸载准则。对于强化材料，加载面在应力空间中将不断变化，与理想塑性不同之处是加载面允许向外扩张。

11. 增量理论

塑性本构关系与弹性本构关系的最大区别在于应力与应变之间一般不再存在一一对应关系，只能建立应力与应变增量之间的关系，这种用增量形式表示的塑性本构关系称为增量理论或流动理论。

12. 列维—米塞斯增量理论

$$\dot{\varepsilon}_{ij}^{p}=\dot{\boldsymbol{\lambda}}s_{ij},\dot{\boldsymbol{\lambda}}=\frac{3}{2}\frac{\dot{\varepsilon}_{i}^{p}}{\sigma_{i}}$$

13. 理想弹塑性材料的普朗特—罗伊斯增量理论

这一理论是针对理想弹塑性材料建立的，并且认为小弹塑性变形时，即弹性应变与塑性应变相比属于同量级时，弹性应变不能忽略，本构方程中应当计入弹性应变部分。

$$\dot{e}_{ij}=\frac{1}{2G}\dot{s}_{ij}+\frac{3}{2}\frac{\dot{\varepsilon}_{i}^{p}}{\sigma_{i}}s_{ij} \tag{2.45}$$

14. 强化材料的增量本构关系

引用沿着应变路径 L 积分的等效塑性应变总量 $\int_{L}d\varepsilon_{i}^{p}$ 来描述强化程度，即有函数 E 的关系式：$\sigma_{i}=E\left(\int_{L}d\varepsilon_{i}^{p}\right)$ 这一函数 E 也可以由单一曲线假设的单向拉伸或纯剪切实验加以确定。

15. 全量理论(形变理论)

该理论认为应力和应变之间存在一一对应的关系，因为由应力 σ_{ij} 和应变的终值(全量) ε_{ij} 建立起来的塑性本构方程称为全量理论，或成为形变理论。

全量理论的应力与应变关系可写成：$\dot{s}_{ij}=\dfrac{2\sigma_{i}(\varepsilon_{i})}{3\varepsilon_{i}}e_{ij},\sigma_{kk}=\dfrac{E}{1-2\nu}\varepsilon_{kk}$，这组关系称为伊留申理论。

16. 简单加载定理

简单加载是指单元体的应力张量各分量之间的比值保持不变，按同一参数单调增长。不满足这一条件的称为复杂加载。

2.3.2 非线性材料本构关系模型

列车碰撞仿真中，商用有限元软件能提供的材料模型众多。以 LS-DYNA 为例，材料库中有超过 200 多种材料模型可供选择，如弹性弹塑性、超弹性、泡沫、玻璃、地质、土壤、混凝土、流体、复合材料、炸药及起爆燃烧、刚性及用户自定义材料，并可考虑材料失效、损伤、黏性、蠕变、与温度相关、与应变率相关等性质。这些材料模型可以用来模拟金属、混凝土、合成材料、泡沫、玻璃、水、橡胶、织物和土壤等各种材质。对于这些典型的材料，软件中有标准的材料模型算法。此外，如果用户认为软件本身所提供的材料模型不能充分地描述所使用的材料的特性，可以通过二次开发定义新的材料模型。

(1)双线性弹塑性模型

材料达到屈服应力后，沿线性硬化，材料的应力应变行为表现为具有两种斜率的线段，如图 2.29 所示。该种材料模型需要定义的参数包括密度、泊松比、弹性模量、切向模量和屈服应力。

(2)多段线性弹塑性模型

材料达到屈服应力后硬化曲线由多段线段组成，有不同的应力应变曲线。该模型是一个很常用的塑性准则，特别用于钢。采用这个材料模型，也可根据塑性应变定义失效。该种材料模型需要定义的参数包括密度、泊松比、弹性模量、屈服应力和有效应力应变曲线，如图 2.30 所示。

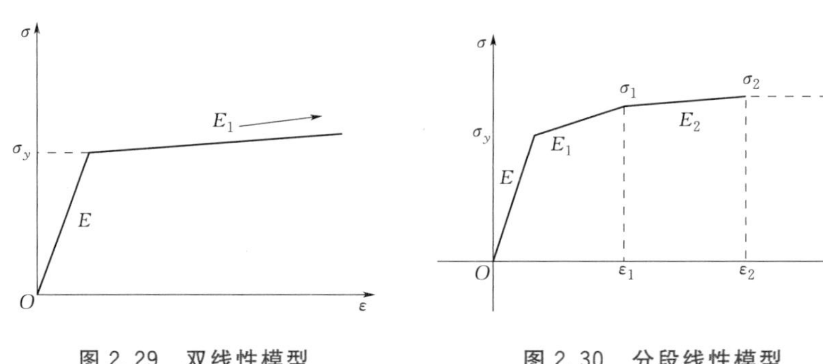

图 2.29 双线性模型　　图 2.30 分段线性模型

(3)指数硬化弹塑性模型

材料达到屈服应力后按指数关系塑性硬化。该种材料模型需要定义的参数包括密度、泊松比、弹性模量强化系数 k 和硬化指数 n。屈服后应力和应变的关系见式(2.46)，其中 e 为材料的有效塑性应变。

$$\sigma = k\varepsilon_e^n \tag{2.46}$$

2.3.3 应变率的影响

大部分金属材料的动态试验结果表明，应变率增高时，屈服应力和瞬时应力都会增大因此在仿真计算时，也要考虑应变率对材料特性的影响。LS-DYNA 提供两类常用方式来考虑应变率的影响，一类为采用拟合公式的方法，另一类为用户根据试验数据输入的方法，下面分别介绍。

(1)拟合公式方法

该方法通过定义一个函数直接表征屈服应力和应变率的关系或者表征准静态屈服应力和对应应变率下屈服应力的对应关系，具体的表征公式有多种，如 Cowper-Symonds 方式、幂指数方式、Johnson-Cook 方式等。式(2.47)是采用 Cowper-Symonds 方式屈服应力的计算公式，其中 C 和 P 为应变率参数，$\varepsilon_{\text{eff}}^P$ 为有效塑性应变，E_P 为塑性硬化模量；β 为硬化模式的参数，通过 β 取值的变化(0 和 1 之间)来确定各向同性、随动硬化或各向同性和随动硬化的混合，β 取 0 为仅随动硬化，取 1 为仅各向同性硬化。

$$\sigma_y=\left[1+\left(\frac{\dot{\boldsymbol{\varepsilon}}}{C}\right)^{\frac{1}{p}}\right](\sigma_0+\beta E_P\varepsilon_{\text{eff}}^P) \tag{2.47}$$

(2)输入曲线方法

根据材料动态试验的结果，把不同应变率下材料的有效应力应变曲线直接输入，来考虑应变率的影响，如图 2.31 所示。

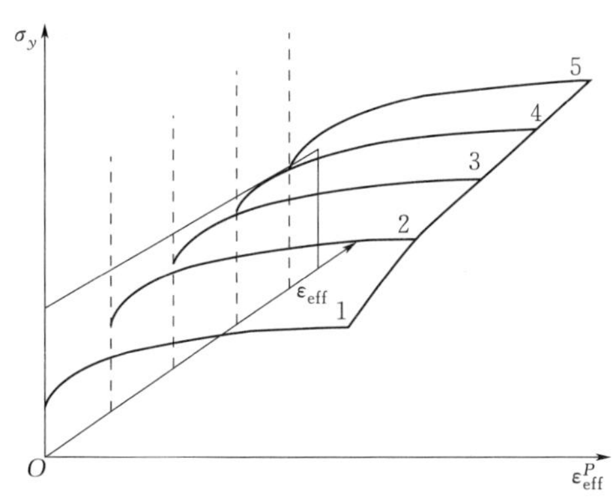

图 2.31　不同应变率下的材料模型

2.4　几何非线性问题的本构关系

2.4.1　几何非线性问题的应变、应力度量

为了完全理解平面应力和平面应变三角单元的建立和应用，必须了解二维应力应变状态和平面应力及平面应变的应力—应变关系。因此我们简短地概括二维应力应变的基本概念。二维应力状态如图 2.32 所示。该无限小单元边长为 dx 和 dy，在 x，y 方向(作用于垂直平面和水平平面)分别作用有法向应力 σ_x 和 σ_y。剪应力 τ_{xy} 作用在 x 边(垂直面)，指向 y 方向。剪应力 τ_{yx} 作用在 y 边(水平面)，指向 x 方向。由该单元的力矩平衡得出在数值上等于 τ_n。因此存在三个独立的应力，用矢量列矩阵表示为

$$|\boldsymbol{\sigma}|=\begin{Bmatrix}\sigma_x\\ \sigma_y\\ \sigma_{xy}\end{Bmatrix} \tag{2.48}$$

方程中给出的应力将用节点位移自由度表示。因此，一旦确定了节点位移，就可直接计算应力。

从材料力学可知，主应力为二维平面的最大和最小法应力。

$$\sigma_1=\frac{\sigma_x+\sigma_y}{2}+\sqrt{\left(\frac{\sigma_x-\sigma_y}{2}\right)^2+\tau_{xy}^2}=\sigma_{\max} \tag{2.49}$$

$$\sigma_2=\frac{\sigma_x+\sigma_y}{2}-\sqrt{\left(\frac{\sigma_x-\sigma_y}{2}\right)^2+\tau_{xy}^2}=\sigma_{\min} \tag{2.50}$$

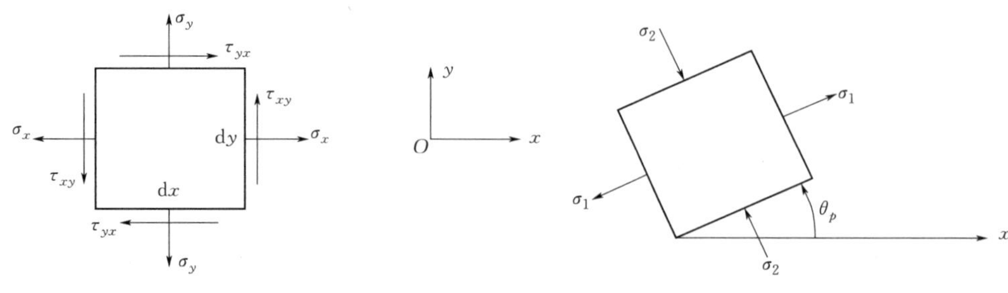

图 2.32 二维应力状态　　　　图 2.33 主应力及其方向

主应力角度 θ_p 确定垂直于最大或最小主应力作用平面的法线。

$$\tan 2\theta_p = \frac{2\tau_{xy}}{\sigma_x - \sigma_y} \tag{2.51}$$

图 2.33 表示主应力 σ_1、σ_2 和角度 θ_p，主法应力(最大和最小主应力)作用平面上的剪应力为零。

用一个无限小的单元代表结构中某点的一般二维应变状态(图 2.34)。该单元的 A 点在 x 和 y 方向的位移量为 u 和 n，沿线 AB 在 x 方向增加了一个附加的位移量 $\frac{\partial u}{\partial x}\mathrm{d}x$，沿线 AC 在 y 方向增加了一个附加的位移量 $\frac{\partial v}{\partial y}\mathrm{d}y$，可以看到点 y 相对于 A 向上移动了一个量 $\frac{\partial v}{\partial x}\mathrm{d}x$，点 C 相对于 A 向右移动了一个量 $\frac{\partial u}{\partial y}\mathrm{d}y$。

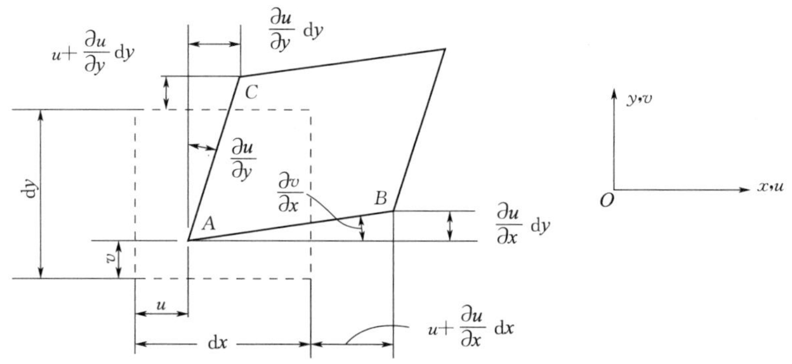

图 2.34 平面内单元的位移和转动

由法应变和剪应变的一般定义并利用图 2.33 得出

$$\varepsilon_x = \frac{\partial u}{\partial x}, \varepsilon_y = \frac{\partial v}{\partial y}, \gamma_{xy} = \frac{\partial u}{\partial y} + \frac{\partial v}{\partial x} \tag{2.52}$$

2.4.2 大位移、大转动、小应变问题的本构关系

本章所有公式基于逆时针系统标记节点，尽管公式的建立也可以使用顺时针系统标记节点。注意在整个物体中要使用一致的标记方法，以避免在计算中出现诸如负单元面积等问题。图 2.35基本三角形单元节点 i、j 和 m 的已知节点坐标分别为(x_i，y_i)、(x_j，y_j)和(x_m，y_m)。

节点位移矩阵由式(2.53)给出。

$$|\boldsymbol{d}| = \begin{Bmatrix} \vec{d_i} \\ \vec{d_j} \\ \vec{d_m} \end{Bmatrix} = \begin{Bmatrix} u_i \\ v_i \\ u_j \\ v_j \\ u_m \\ v_m \end{Bmatrix} \tag{2.53}$$

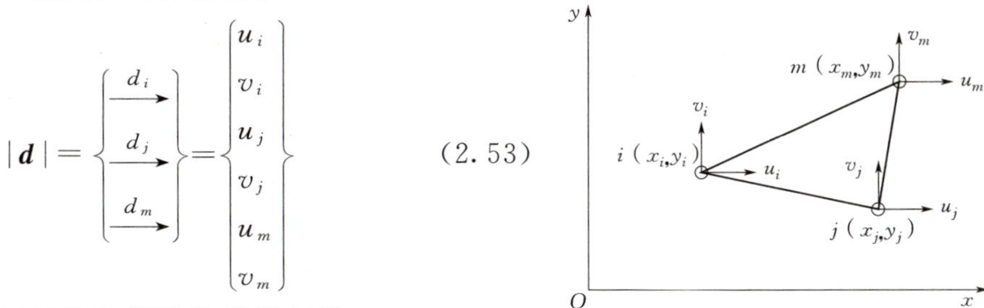

图 2.35　基本三角形单元

选择每一单元的位移函数为线性函数。

$$u(x,y)=a_1+a_2x+a_3y \tag{2.54}$$

$$v(x,y)=a_4+a_5x+a_6y \tag{2.55}$$

式中,$u(x,y)$和 $v(x,y)$描述单元内部任何一点(x_i,y_i)的位移。

广义矩阵函数可以表示为

$$\boldsymbol{\psi}=\begin{bmatrix} a_1+a_2x+a_3y \\ a_4+a_5x+a_6y \end{bmatrix}=\begin{bmatrix} 1 & x & y & 0 & 0 & 0 \\ 0 & 0 & 0 & 1 & x & y \end{bmatrix}\begin{bmatrix} a_1 \\ a_2 \\ a_3 \\ a_4 \\ a_5 \\ a_6 \end{bmatrix} \tag{2.56}$$

将方程表示为减缩矩阵的形式,得出

$$\boldsymbol{\psi}=\boldsymbol{Nd} \tag{2.57}$$

式(2.57)中的 $\boldsymbol{N}$ 由式(2.58)给出。

$$\boldsymbol{N}=\begin{bmatrix} N_i & 0 & N_j & 0 & N_m & 0 \\ 0 & N_i & 0 & N_j & 0 & N_m \end{bmatrix} \tag{2.58}$$

与二维单元相关的应变由式(2.59)给出。

$$\boldsymbol{\varepsilon}=\begin{bmatrix} \varepsilon_x \\ \varepsilon_y \\ \gamma_{xy} \end{bmatrix}=\begin{bmatrix} \dfrac{\partial u}{\partial x} \\ \dfrac{\partial v}{\partial y} \\ \dfrac{\partial u}{\partial \gamma}+\dfrac{\partial v}{\partial x} \end{bmatrix} \tag{2.59}$$

最后得出

$$\frac{\partial u}{\partial x}=u_x=\frac{\partial}{\partial x}(N_iu_i+N_ju_j+N_mu_m) \tag{2.60}$$

2.5　碰撞接触非线性问题

在列车碰撞模拟计算中对接触问题的处理是一个重点。接触不仅发生在列车与外界环境之间、列车的各个部件之间,而且列车的某一个部件都可能发生自身的接触碰撞。

2.5.1 碰撞接触界面算法

1. 接触类型

(1)主(master)和从(slave)

在接触定义中,一个接触对中有主面和从面,接触搜索算法中检查从面的节点(slave nodes)是否和主面的段(master segment)产生相互作用(穿透或滑动),从而产生接触力。因此从节点的连接方式(或从面的网格单元形式)一般并不太重要。

非对称接触算法中主、从定义的一般原则如下。

①粗网格表面定义为主面,细网格表面为从面。

②主、从面相关材料刚度相差悬殊,材料刚度大的面为主面。

③平直或凹面为主面,凸面为从面。

有一点值得注意的是,如有刚体包含在接触界面的从面中,刚体的网格也必须适当,不可过粗。

(2)段(segment)

在接触定义中,段的概念类似于"面",对于壳单元由单元的 3 或 4 个节点组成,对于体单元则需要指定单元的某一个面上的 3 或 4 个节点。

碰撞动力学问题中常用接触类型有 40 多种,主要分类见表 2.4。

表 2.4 常用碰撞接触类型

序号	接触类型	接触算法
1	单向接触	惩罚函数法或约束法
2	双向接触	
3	自动接触	
4	单面接触	
5	实体	
6	固连	固连约束法

单向接触仅检查从节点对柱面的穿透,计算效率高。双向接触既检查从节点对主面的穿透,又检查柱面节点对从面的接触,因此对于主从表面的定义是任意的,对主从表面的网格粗细不作要求,但是双向接触的计算量相对单向接触增加 1 倍。

自动接触是新开发的接触类型,主要是针对壳单元接触中的方向问题,接触在壳单元的两侧都发生,非自动接触则只在壳单元的法向发生。

单面接触是 LS-DYNA 中应用最为广泛的接触类型,尤其在碰撞仿真分析应用中。单面接触中,从面一般定义为 Part 或 Part Set ID。各 Part 间及自身 Part 间的接触都考虑。如果建模精确,该接触是可信、精确的。在单面接触中,壳厚偏置总是被考虑,因此建模时不能有初始穿透存在。

2. 接触算法

在 LS-DYNA 中有 3 种不同的算法处理碰撞、滑动接触界面,即动态约束法(kinematic

constraint method)、分布参数法(distributed parameter method)、惩罚函数法(penalty method)。

(1)动态约束法

动态约束法是最早采用的接触算法,由 Hughes 等于 1976 年提出,同年被 Hillquit 首先应用在 DYNA2D 中,后来扩展应用到 DYNA3D 中。该算法的基本原理是在每一时间步 Δt 修正构形之前,搜索所有未与主面(master surface)接触的从节点(slave node),看是否在此 Δt 内穿透了主面。如是,则缩小 Δ,使那些穿透主面的从节点都不贯穿主面,而使其正好到达主面。在计算下一个 Δt 之前,对所有已经与主面接触的从节点都施加约束条件,以保持从节点与主面接触而贯穿透。此外还应检查那些和主面接触的从节点所属单元是否受到拉应力作用。如受到拉应力,则施加释放条件,使从节点脱离主面。

由于该算法比较复杂,目前在 LS-DYNA 程序中仅用于固连与固连断开类型的接触界面(统称固连界面),主要用来将结构网格的两个不协调部分联结起来,即只有约束条件,没有释放条件。

(2)分布参数法

分配参数法也是发展较早的一种接触界面算法,Wilkins 在 1964 年将该算法成功地应用到 HEMP 程序中,Burton 等在 1982 年将其应用于 TENSOR 分析程序中。该算法仅用于有相对滑动没有分离的滑动处理,如炸药爆炸的气体对结构的压力作用等。

该方法的基本原理是将每一个正在接触的从单元(slave element)的一半质量分配到被接触的主面面积上,同时根据每个正在接触的从单元的内应力确定作用在接受质量分配的主面面积上的分布压力。在完成质量和压力的分配后,修正主面的加速度。然后对从节点的加速度和速度施加约束,以保证从节点在主面上滑动,不允许从节点穿透主面,从而避免了反弹现象。

(3)惩罚函数法

惩罚函数法是 LS-DYNA 接触的缺省算法,该算法于 1981 年由 Huag 等提出,1982 年 8 月开始用于 DYNA2D 中。目前,惩罚函数法已发展为一种常用的接触界面算法,在数值计算中被广泛应用。

惩罚函数法的基本原理是在每一个时间步首先检查各从节点是否穿透主面,如没有穿透不作任何处理。如果穿透,则在该从节点与被穿透主面间引入一个较大的界面接触力,其大小与穿透深度、主面的刚度成正比。这在物理上相当于在两者之间放置一法向弹簧,以限制从节点对主面的穿透。接触力称为惩罚函数值,计算公式为

$$F = k\delta \tag{2.61}$$

其中,k 为接触界面刚度(由单元尺寸和材料特性确定);δ 为穿透量。

对称惩罚函数法则是同时对每个主节点做类似上述处理。对称惩罚函数法由于具有对称性、动量守恒准确,不需要碰撞和释放条件,因此很少引起 Hourglass 效应,噪声小,为包括 LS-DYNA 在内的众多显式有限元软件的默认接触算法。

2.5.2 接触摩擦力的计算

若从节点 n_s 的法向接触力为 f_s,则最大摩擦力为 $F_Y = \mu \mid f_s \mid$,μ 为摩擦系数。设在上

一时刻(t_n)从节点 n_s 的摩擦力为 F^n ,则现时刻(t_{n+1})可能的摩擦力(试探摩擦力) F^* 为 $F^* = F^n - k\Delta a$,k 为界面刚度,$\Delta a = r^{n+1}(\xi_c^{n+1},\eta_c^{n+1}) - r^{n+1}(\xi_c^n,\eta_c^n)$ 。现时刻的摩擦力为

$$F^{n+1} = \begin{cases} F^* & 若\ |F^*| \leqslant F_Y \\ \dfrac{F_y F^*}{|F^*|} & 若\ |F^*| > F_Y \end{cases} \tag{2.62}$$

按照作用力与反作用力原理,计算单元面上各节点的摩擦力。若静摩擦系数为 μ_s ,动摩擦系数为 μ_d ,用指数插值函数将其进行平滑处理得到:

$$\mu = \mu_d + (\mu_s - \mu_d)c^{-c|v|} \tag{2.63}$$

式中,$v = \Delta e/\Delta t_v$,Δt 为时间步长;C 为衰减因子。

2.6 常用有限元软件

目前在模拟列车碰撞方面,国外的研究机构和大学推出了许多软件,但在实际应用中常采用的有限元软件有 LS-DYNA、PAM-CRASH、RADIOSS、ABAQUAS 和MSC/DYTRAN。上述软件的核心部分都是以美国 Lawrence Livermore National Lab. 在 20 世纪 70 年代开发出的 DYNA 公开版本的理论为基础。通过实际应用表明,它们在分析和研究结构三维动态大变形方面具有较强的功能,特别是在列车被动安全领域的研究十分成功。

1. LS-DYNA

DYNA 程序系列最初是 1976 年在美国 Lawrence Livermore National Lab. 由 J. O. Hallquist 博士主持开发完成的,其主要目的是为武器设计提供分析工具,后经多个版本的功能扩充和改进,成为国际著名的非线性动力分析软件,在武器结构设计、内弹道和终点弹道、军用材料研制等方面得到了广泛的应用。

1988 年,J. O. Hallquist 博士自己创建了 LSTC 公司,推出 LS-DYNA 程序系列,主要包括显式 LS-DYNA2D、LS-DYNA3D、隐式 LS-NIKE2D、LS-NIKE3D、热分析 LS-TOPAZ2D、LS-TOPAZ3D、前后处理 LS-MAZE、LS-ORION、LS-INGRID、LS-TAURUS 等商用程序,进一步规范和完善 DYNA 的研究成果,陆续推出各级版本。随着 950 版中列车安全性分析(列车碰撞、气囊、安全带、假人)、薄板冲压成形过程模拟以及流体与固体耦合(ALE 和 Euler 算法)等新功能的增加,LS-DYNA 程序系统在国防和民用领域的应用范围进一步扩大,并形成了完备的质量保证体系。该软件具有于 CAL3D 和 MADYMO 等多刚体软件的接口,并允许用户输入自定义的材料特性,此外该软件还可在 VAX/VMS、IBM、Unix、Windows 等多种操作系统下使用,更增强了它的使用范围。

1986 年,LS-DYNA3D 首次成功地模拟了整车的碰撞大变形过程,1991 年 MVMA(美国机动车制造者协会)的 TB. Khalil 和 LTC 公司的 J. O. Hallquist 等计算了有限元模型的气袋与人体的接触过程,其中人体是采用多刚体的模型。在以后为了研究人体在碰撞过程中的损伤,采用 LS-DYNA3D 软件建立了人体各个不同部位的有限元模型,如以制造模型人而闻名的美国 FTSS(first technology safety systems)和 Arup(Ove Arup & Partners International Limited)在 1995 年联合使用 LS-DYNA3D 软件建立了 HybridⅢ假人的模型并通过了试验的验证。

1997 年，LSTC 公司将 LS-DYNA2D、LS-DYNA3D、LS-TOPAZ2D、LS-TOPAZ3D 等程序合成一个软件包称为 LS-DYNA。LSDYNA 目前最新版本为 2004 年推出的 970 版，比 960 版在功能上有许多提高，性能也更趋完善。970 版具有功能齐全的几何非线性(大位移、大转动和大应变)、材料非线性(160 多种材料动态模型)和接触非线性(50 多种接触类型)程序。

2. PAM-CRASH

PAM-CRASH 软件起源于法国，从 1982 年起被用来进行列车耐撞性的研究，在1985 年首次成功地模拟了整车碰撞过程。1986 年开发出世界上第一个商业版本的碰撞模拟软件 PAM-CRASH，2002 年推出第二代列车碰撞模拟仿真系统 PAM-CRASH2G。PAM-CRASH 列车碰撞分析软件已经在列车被动安全领域得到广泛的应用。PAM-CRASH 是基于显式有限元算法的计算机三维碰撞冲击仿真模拟系统，能够对大位移、大旋转、大应变、接触碰撞等问题进行仿真计算。在耐撞性和乘员安全性及车身优化方面，作为世界领先的虚拟工程软件及服务供应商 ESI 还有成熟的产品 PAM-SAFE 等。

PAM-CRASH 的特点在于其在软件内部集成了很多成熟的模块和工具，如各类假人模型、安全带生成工具、座椅放置假人后预模拟等，非常方便列车安全工程师的使用。

3. 其他

RADIOSS 软件包于 1987 年第一次推出，适用于模拟高速动力计算，例如超高速撞击研究。另外，在冲击波模拟及在列车、航空、铁路和航海工业里的碰撞研究中，也得到了广泛的应用。RADIOSS 软件包括一些可以应用于各行业的通用模块，以及一些专用模块，例如 RADIOSS Crash 模块，以解决一些碰撞、冲击、被动安全、冲压和液压成形的问题；RADIOSS ALE-CFD-SPH 用来进行模拟流体结构耦合，液体流动以及产生于流体结构交互作用的噪声源问题。RADIOSS 软件也是列车工业广泛使用的软件。

MSC/DYTRAN 软件也是由 DYNA 的基本理论发展起来的，其拥有的用户不如 LS-DYNA 和 PAM-CRASH 多，在安全气囊的模拟方面有其独特之处，当气体进入到气囊中时，可以建立其可分离的有限元模型，与气囊膜单元之间相互作用，这样可较好地模拟气体快速充入到气囊内的惯性特性。

2.7　高性能并行计算系统

列车碰撞是一种非常典型的冲击接触问题，这类问题的计算非常耗时。随着计算机硬件的迅速发展，现在可以使用低成本高性能的网络集群并行计算系统来完成，硬件依托并行环境，软件采用并行算法。

目前，高性能并行机主要可分为对称多处理并行机(symmetric mult-processing，SMP)、分布共享存储并行机(distributed shared memory，DSM)、大规模并行机(massively parallel processors，MPP)和微机机群(beowulf Pc-cluster)四类。

SMP 模式将多个处理器与一个集中的存储器相连。在 SMP 模式下，所有处理器都可以访问同一个系统物理存储器，共享总线的带宽。同时 SMP 系统只运行操作系统的一个复制。DSM 以节点为基本组成单位，每个节点包含多个微处理器、局部存储器和集线器，在物理上实现了分布存储，避免了 SMP 访问总线的带宽瓶颈，增强了并行机的可扩展能力。MPP 模式则是一种分布式存储器模式，能够将更多的处理器纳入一个系统的存储器。一个分布式存储器模式具有多个节点，每个节点都有自己的存储器，单个的节点相互连接起来就形成了一个总系统。Beowulf 采用多台高性能微机或工作站通过网络交换机相互连接，并拥有各自独立的硬件体系、操作系统，构成集群的计算节点。

并行计算的四个阶段可分为：划分、通信、组合、映射。

划分为将任务整体分解成小的任务，开拓并发性。先进行数据分解，将数据分解成大致相等的小数据，划分时考虑数据上的响应操作。再进行功能分解，将计算划分为不同的任务。数据集和计算集互不相交。划分阶段忽略处理器数目和目标机器的体系结构。

通信为任务间的数据交换，划分产生的任务集合一般不能完全独立执行，需要在任务间进行数据交换。

组合为将任务组合成更大的任务，并在一类并行机上有效执行。组合后的任务数应小于或等于处理器数。

映射为将每个任务分配到具体处理器上。任务数大于处理器数时，存在负载平衡和任务调度问题。映射的目标是减少算法的执行时间。

3 列车碰撞动力学有限元仿真分析

开展列车碰撞动力学有限元仿真分析，要求建立详细的车体及其前端的防爬结构、吸能结构的有限元计算模型，同时考虑各车间连接关系（车钩）、转向架与车体连接关系。

3.1 碰撞动力学模型的建立

建立车辆有限元模型，首先导入CAD三维模型，再对复杂车辆模型进行几何清理、网格绘制，然后按照各部件间相应的连接方式、接触类型、边界条件和控制参数等进行设置。有限元数学模型建立成功之后即可导入计算。

3.1.1 车辆有限元力学模型

1. 基本模型建立

（1）模型转化

将车辆结构几何CAD模型转化为能够导入Hypermesh格式文件。Hypermsh支持的CAD数据类型较多，常见的三维CAD软件导出的格式都可支持，如UG、PRO/E、CATIA、IGES、STEP等。导入后的几何模型需要进行检查，如有相对位置错误、几何形状不完整等问题则需进一步进行几何清理。

（2）网格划分

鉴于车体结构用型材及板材在厚度方向上的尺寸远小于在长度和宽度方向上的尺寸，有限元模型建模主要以板壳单元为主，通过实常数定义不同板壳的厚度。综合考虑计算资源、计算精度，分别采用不同的网格尺寸，头车碰撞区域网格尺寸较小、中间车尺寸较大。

为了在划分和建立有限元单元时为提高计算效率、节约计算时间、提高计算精度，需对一些部件及其连接关系进行模型简化处理。简化原则基本如下。

①简化后要能够正确反映部件的特性和运动关系。

②在能够反映真实力学响应关系的前提下尽可能采用shell单元，少用solid单元。

③对碰撞影响较小的部件可以省略或使用一维弹簧、阻尼、铰链等代替。

④对在真实碰撞中基本不变形的部件（发动机、转向架轮对等）可用刚性单元代替，对大部件为保持其外形和周围部件碰撞、接触的真实性，可以用其表面网格代替整个部件，在必要的时候可以对其单独赋予速度和转动惯量。

（3）部件的装配连接

将整车CAD模型转换为有限元模型不但要涉及网格划分，还要涉及各种连接、运动和其他功能部件的简化和建模。在整车模型搭建中主要涉及的连接、运动和其他功能部件的简化和建模分别如下。

①相对静止部件的连接建模

不同部件的连接简化模型一般分为以下三类：可变形体(柔性体)之间连接；可变形体与刚性体的连接；刚性体之间连接。其中刚性体为在计算中不可变形，节点间相对位置不能够被改变的单元。一般包括材料类型定义为 MAT20 或不带材料属性的 component单元，其中包括 rigid、rigidbody、weld、rigidink 等。可变形体为在计算中可变形，节点间相对位置能够被拉伸、压缩和扭转的单元，一般包括由 MAT24 或弹性塑性材料本构模型定义的 component，其中包括 spring、beam、seatbelt 和由 MAT100 和 MAT196 定义的焊点等。

可变形体之间可以通过可变形体共节点连接，也可以通过增加一个刚性体，让刚性体两端的节点和要连接的可变形体节点重合(共节点)来实现连接，还可以用 interface 中定义 Contact Spot Weld 类型的接触来实现连接。

②运动件的连接建模

在车辆模型中能够相对运动的部件的连接主要有铰接连接。在 Hypermesh 中可以建立球铰(spherica)、转动铰(revolute)、柱铰(cylindrical)、平面铰(planar)、万向铰(universal)、平动铰(translation)、固定铰(locking)等。

由于铰链要实现其自身的转动关系，所以在运动过程中铰链自身不能变形，即要求铰链所有节点为刚性体节点。所以在刚性体上建立铰链可以利用刚性体自身的节点，在可变形体上建立铰链则一般需要使用 rigidbody，或其他刚性体网格来连接铰链节点和可变形体网格节点。在可变形体上建立铰链通常也可将部分可变形网格转化为刚性体网格，然后在转化后的网格上建立铰链。

③焊点的连接建模

在 Hypermesh 中，可变形单元间的电焊可以通过用于可变形体之前的 weld 焊点或 rigid 单元模拟。

为了保持模型总质量和重心位置与实车一致，则需要使用配重的方法进行调整。通过一维质量单元可以调节整车质量重心的位置。

将车辆车身所有零部件网格划分完成以后，需要按照各零部件的实际材料以及厚度参数在有限元软件中进行设置，然后按照各自零件在整车中的实际位置尺寸进行装配，在部件的相互连接中建议尽量使用单元直接连接，建立整车模型。

完成装配后车辆车身的有限元模型如图 3.1 所示。

图 3.1 车辆有限元模型

④CAE 的精细装配

CAD 全部转化为 CAE 后，在 CAD 初步装配的基础上进行精细装配，主要是参照实物将零部件经过挪动、缩放、旋转等方式放置到比较准确的空间坐标中。其中要特别仔细地装配将来要发生大变形的区域,保证变形模式的准确性。非变形区域零部件装配关系的要求可以降低一些。

2. 设置物理属性

(1)量纲选择

在 LS-DYNA 中对量纲的选择并没有明确的限定,而是通过各物理量单位之间的关系来自动匹配的。因此在 LS-DYNA 中使用的量纲必须相互之间匹配,否则将会产生错误的计算结果。在 LS-DYNA 中一些常用的量纲组合见表 3.1。

表 3.1 常用的量纲组合

质量	长度	时间	温度	力	应力	软材料参数	
						密度	弹性模量
kg	m	s	K	N	Pa	7.83×10^{3} kg/m^3	2.07×10^{11} Pa
kg	mm	ms	K	kN	GPa	7.83×10^{-6} kg/m^3	2.07×10^{2} GPa
t	mm	s	K	N	MPa	7.83×10^{-9} kg/m^3	2.07×10^{5} MPa

(2)材料模型和参数

有限元软件 LS-DYNA 提供的材料模型中,较常用于列车结构分析的材料见表 3.2。车辆模型中转向架轮对等,采用刚体材料;车身采用的材料主要为拉延性较好的低碳钢薄钢板,采用分段线性塑性材料模型模拟。

表 3.2 LS-DYNA 中较常用于结构分析的部分材料

材料名称	材料编号	注释
MAT_ELASTIC_OPTION	MAT1	弹性材料
MAT_PLASTIC_KINEMATIC	MAT3	塑性材料,可定义运动学特性
MAT_PIECEWISE_LINEAR_PLASTICITY	MAT24	分段线性塑性材料
MAT_RIGID	MAT20	刚体材料

根据整车生产厂提供的零部件材料和厚度数据清单,对相应零件属性在模型中进行设置,包括对应不同材料及厚度的壳单元、体单元以及梁单元。

3. 模型调整

(1)初始穿透的调整

初始穿透是指 LS-DYNA 软件在计算开始前先检查各个单元的位置,由于车辆结构件的所有壳单元都具有一定厚度,如果两个单元之间的距离小于其厚度之和的一半,LS-DYNA 计算中将会认为一个单元穿透了另一个单元,将会导致后面计算的不稳定。出现初始穿透(图 3.2)的原因包含 CAD 模型中面抽取的不准确,网格划分时倒角等细节特征的简化等。

图 3.2 初始穿透示意

在建立有限元模型中,可能会存在模型之间有初始穿透问题。程序在开始计算时会自动检查初始渗透，若有初始渗透，程序提出警告，并把这些节点移动到可能接触的界面上，在这过程中，系统要对之做功，导致负的滑动界面能产生。

解决方法有：

①在建立模型时应当花费时间和精力避免有初始穿透，尽量保持接触对中的接触空隙（考虑壳单元的厚度），但对于复杂的模型，不可避免会出现初始穿透，此时可根据第一次递交后程序给出的穿透信息（在 MESSAGE 和 D3HSP 文件中有详细记录），按照提示移动相关节点，调整计算模型，消除穿透。

②对于比较小的初始穿透问题，可以通过减小接触厚度来解决，对应于 CONTACT 关键字中的 SFST 和 SFMT，该方法只对很小的初始渗透效果好，对于大的初始穿透，可能会导致错误的结果。

③对于初始穿透问题，LSTC 公司在 LS-DYNA960 中增加了相关控制参数来处理该问题，在关键字* CONTROL CONTACT 中有参数 IGNORE 设置，可以忽略所有的初始穿透，对应 CONTACT 关键字中都有相同参数可以对单个的接触对进行处理。

(2)模型质量以及重心的调整

①调整原因

在碰撞模拟计算中，车辆模型的重心位置由于车辆模型与实车相比，对车辆模型进行了必要的简化，例如散热器、蓄电池、车灯、仪表板等附件。因此车辆模型的重心位置应尽可能接近其实际位置。

②调整方法

在调整模型重心的过程中，需要在进行简化的位置增加适当的配重质量点，最终使得车辆模型重心调整到与实车相接近的位置。

4. 控制选项和输出信息

通过对 LS-DYNA 中控制卡片的定义，来控制计算的碰撞时间、沙漏能选项、输出 D3PLOT 动画文件的信息、输出的节点和单元信息的数据文件等。

为节约计算时间，提高计算效率，大多数积分计算均采用积分类型进行积分计算。采用部分积分类型有可能出现沙漏，当沙漏较大时会导致模型能量不守恒，影响计算精度甚至导致计算结果不可信，所以必须对计算沙漏进行相关控制。其中沙漏控制分为对单个件的局部沙漏控制和对整体的总体沙漏控制两种。

模型的控制卡片主要参数设置见表 3.3。

表 3.3　控制卡片主要参数设置

项　目	参　数
计算的碰撞时间	1～3 s
沙漏能选项	标准沙漏黏性种类、沙漏系数 0.05
数据文件输出时间间隔	0.5 ms
动画文件输出时间间隔	10 ms

3.1.2 转向架有限元力学模型

转向架有限元力学模型如图 3.3 所示，转向架涉及众多运动件的相互连接和约束关系。在整车碰撞模型搭建过程中，为了准确模拟这些运动关系，须对相应部件进行简化和等效处理。

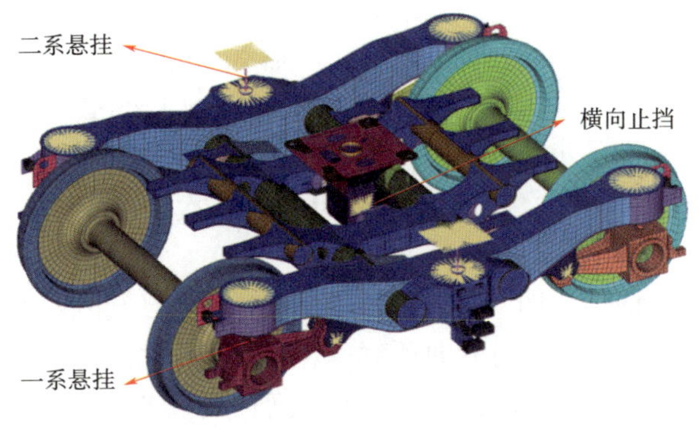

图 3.3 转向架有限元力学模型

转向架弹性悬挂装置是连接车身和底盘的关键承载件，其作用是传递作用在车轮和车身之间的力和力矩，缓冲由不平路面传给车身的冲击力，并衰减由此引起的振动。悬挂参数按实际情况调整各部件的质量，采用弹簧阻尼单元模拟一系悬挂装置、二系悬挂装置、抗蛇行减振器、横向止挡、横向阻尼装置以及牵引杆，并且模型中考虑了一、二系悬挂的阻尼特性；采用梁单元不仅可以模拟弹簧 3 个方向的刚度，还可以模拟弹簧的预压；采用 SDMAT8 材料模拟构架与牵引座间的横向阻挡。

构架或侧架及轮对等是车辆的主要承力件之一，其各组件材料较厚、强度较高，在整车碰撞中除弹簧外其他部件基本不会变形，所以在仿真建模中，一般采用不带屈服强度的线弹性材料模型或刚体模型模拟。

3.1.3 列车连接装置有限元力学模型

车端连接装置是车辆最基本的也是最重要的部件组合之一，其作用是连接机车车辆、减缓列车的纵向冲击力。车端连接装置主要包括车钩、缓冲器、风挡、车端阻尼装置、车端电气连接装置等，车钩按照牵引连挂装置的连接方式，可分为自动车钩和非自动车钩。在车钩缓冲装置中，车钩的作用是用来实现车辆之间的连挂和传递牵引力及冲击力，并使车辆之间保持一定的距离；缓冲器是用来缓解列车运行及调车作业时车辆之间的冲撞，吸收冲击动能，减小车辆相互冲击时所产生的动力作用，是整车碰撞模型搭建过程中的重要部件。

对于连接装置的模拟，LS-DYNA 软件提供了各种类型的材料模型，一般采用 6 自由度离散梁来模拟。用梁单元模拟头钩缓冲器和压溃管的力学特性，车钩仅使用梁单元表征其全部特性，通过定义车钩的加载卸载曲线模拟其力学特性。

*MAT_GENERAL_NONLINEAR_6DOF_DISCRETE_BEAM 是一种通用的弹簧—阻尼模型，可以定义 6 个自由度方向的特性曲线，支持不同的卸载模式，可以通过设置合适

的加载、卸载特性曲线，实现不同的材料特性需求。

卸载模式 0：加载曲线与卸载曲线重合。当 beam 梁处于加载状态时，beam 梁根据加载曲线进行加载，卸载时直接沿着加载曲线的反方向进行。

卸载模式 1：可分别定义加载曲线和卸载曲线。beam 梁加载时沿加载曲线进行，卸载时沿着卸载曲线进行。如果卸载曲线没有定义的话，则卸载曲线默认为加载曲线，这种情况与卸载模式 0 基本一致。

卸载模式 2：分别定义加载曲线和卸载曲线。加载时沿着加载曲线进行，卸载时首先沿着卸载斜率从加载曲线走到卸载曲线，再沿着卸载曲线进行卸载。加载曲线和卸载曲线只允许在原点处交叉。

卸载模式 3：只需定义加载曲线，卸载曲线为一条二次曲线，根据最大压缩量/最大拉伸量和平移系数决定。

4 种卸载模式的详细特性如图 3.4 所示。其中 beam 梁的卸载模式 0 可用于机车一系、二系弹簧的模拟，可以分别定义不同方向的弹簧刚度，较为方便简单。卸载模式 1 和卸载模式 2 通过定义合适的加载卸载曲线可以满足吸能元件的特性要求，可用于钩缓吸能装置的模拟，二者之间的主要区别在于卸载模式 1 不需要定义卸载斜率，当发生卸载时，卸载曲线通过平移至与加载曲线的最大拉伸/压缩处交叉，然后沿着卸载曲线卸载；而卸载模式 2 则需单独定义卸载斜率。关于卸载模式 3 的使用较少。

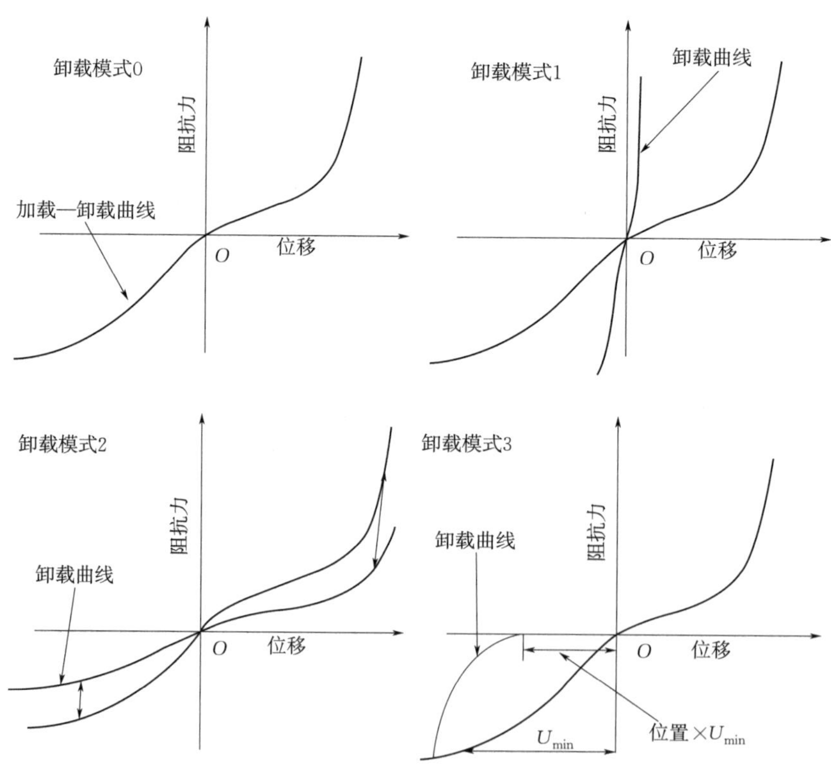

图 3.4 beam 梁加载卸载特性曲线

3.1.4 碰撞障碍物力学模型

1. 碰撞障碍物力学模型一

欧洲标准 EN 15227 碰撞标准第 5 款“设计撞击情形”提出考虑与不同类型铁路车辆的前端冲击。碰撞场景 2 描述代表在混合交通环境中运行时与现行带有传统缓冲的轨道车辆（或者与缓冲器挡块）之间的撞击。考虑中国标准动车组为固定编著电动客车，属于标准 EN 15227车辆分类中的 C-Ⅰ类，故碰撞场景 2 定义了列车与典型的 80 t 货车（装有侧缓冲器）相撞，碰撞发生在直线、平整轨道上，列车初始速度为 36 km/h。

欧洲铁路车体防撞性标准 EN 15227 附件 C1 中规定：对于一个列车单元和侧缓冲式货车之间的撞击（图 3.5），货车应由 80 t 的质量来代表，它在平移的 x 轴上只有一个自由度，端墙假定为刚性的，配有侧缓冲器，缓冲器初始尺寸如图 3.5 所示，具有 105 mm 的冲程，力—位移特性曲线如图 3.6 所示。

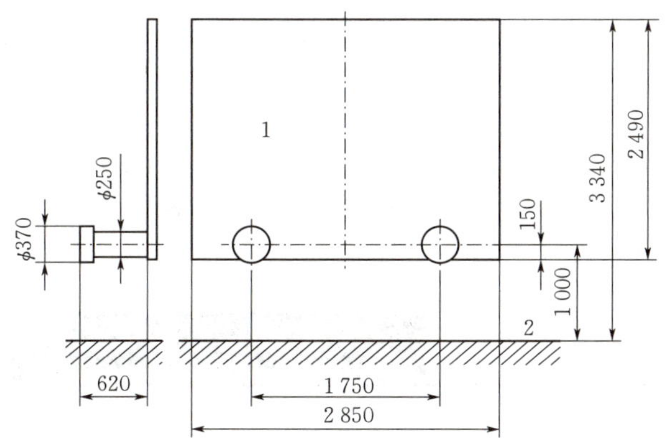

图 3.5 缓冲式货车

1—货车端部；2—轨面

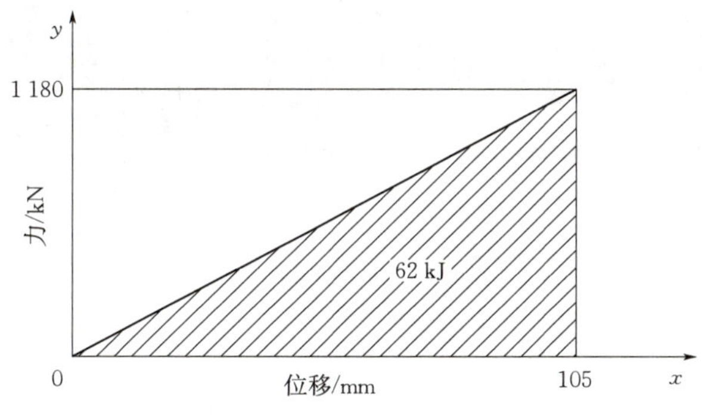

图 3.6 货车缓冲器特性曲线

建立的货车障碍物有限元模型如图 3.7 所示，并且货车障碍物只有沿轨道长度方向的平移自由度，因此按要求约束其他方向的自由度。通过调整力—压缩量曲线来调整缓冲器性能，使其满足标准要求。

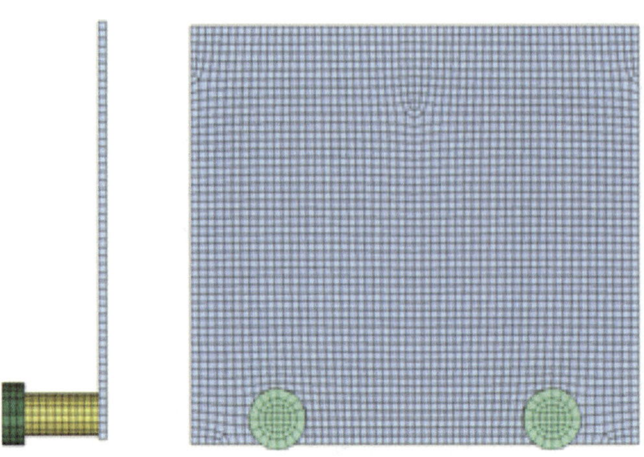

图 3.7 障碍物有限元模型

2. 碰撞障碍物力学模型二

欧洲标准 EN 15227 碰撞标准中第 5 款“设计撞击情形”提出考虑列车单元与平交路口大型道路车辆的前端冲击。考虑中国标准动车组为固定编组电动客车，属于标准 EN 15227 碰撞标准中车辆分类中的 C-Ⅰ类，对于设计在 TEN 路线、国际国内和区域网络(具有平交路口)上运行的车辆，碰撞场景 3 定义碰撞列车与 15 t 大型障碍物相撞，碰撞发生在直线、平整的轨道上，列车初始速度为 110 km/h，如图 3.8 所示。

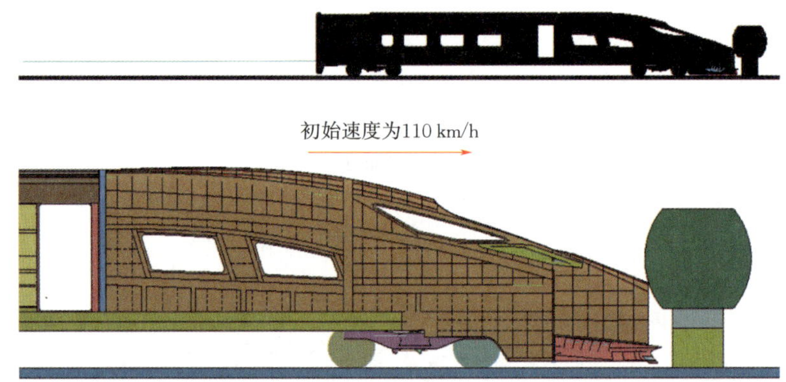

图 3.8 碰撞场景 3

对于在平交路口上，一个列车单元和一个大而重的障碍物之间的撞击，相等可变形障碍物在 EN 15227 碰撞标准中附录 C3 中有明确规定。

(1)几何图形，如图 3.9 所示。

(2)质量为 15 000 kg。

(3)质量中心在轨面上方 1 750 mm 处。

(4)A 部和 B 部可以用也可以不用盖板来塑模。

(5)轴向持续均匀的密度和刚度。

(6)与地面零摩擦。

(7)如果障碍物表面的摩擦进行了塑模，应取 0.2。

(8)列车司机室端的中央车钩应在该障碍物的仿真中略去。

其中:障碍物密度可以在 z 轴上变化,x 轴上的刚度应达到指定性能。

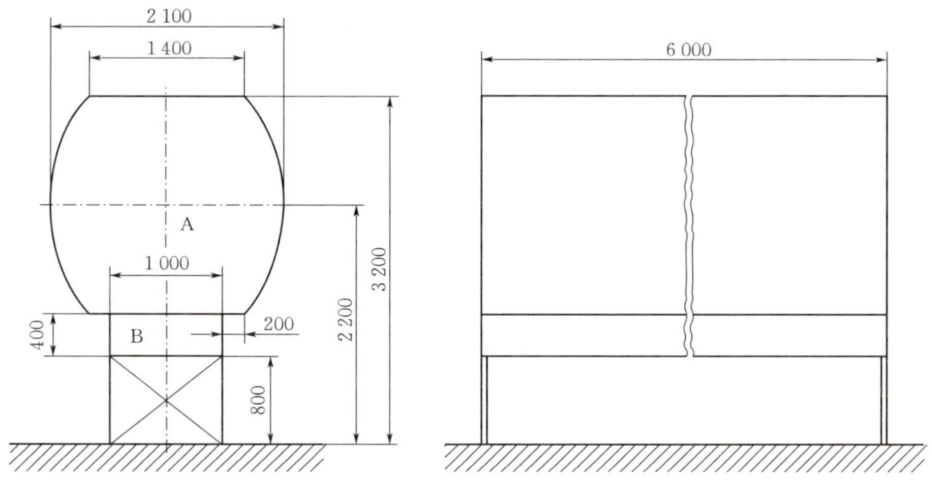

图 3.9 可变形障碍物几何示意

根据 EN 15227 碰撞标准中给定的材料特性,如图 3.10 所示。大型障碍物模拟油罐拖车,15 t 大型障碍物的数值模型按照 EN 15227 碰撞标准中附录 C3 建立,模型行为的校核按照标准中描述的数值试验程序进行。

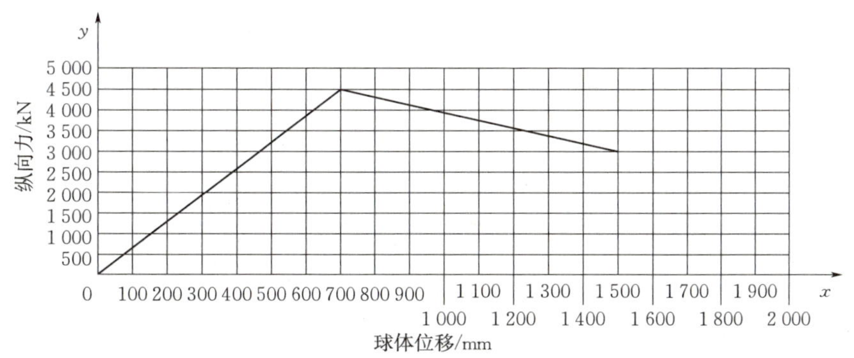

图 3.10 可变形障碍物刚度

为验证该障碍物模型其刚度是否能符合标准的要求,进行了实心球与障碍物的碰撞冲击有限元模拟,其有限元模型如图 3.11 所示。仿真结果与标准规定的对比曲线如图 3.12 所示,可以看出该障碍物的纵向力位移特性曲线明显位于标准中给定的曲线之上,故本书中所建立大变形障碍物模型是符合标准要求的。

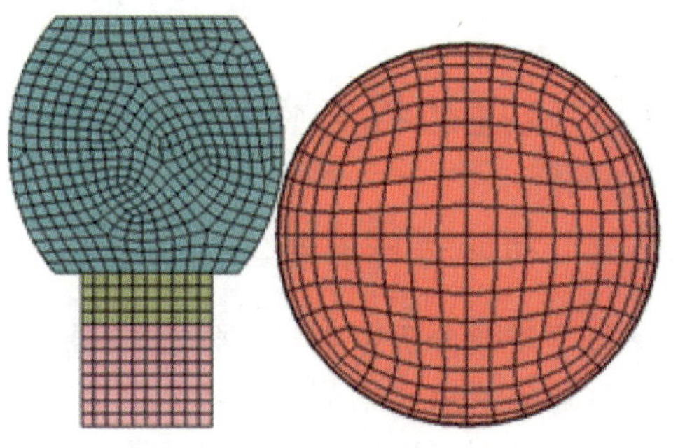

图 3.11 障碍物有限元模型

3. 碰撞障碍物力学模型三

由 EN 15227:2008+A1:2010《铁路应用

铁路车辆车体耐碰撞性要求》中 6.5 款关于 C-I 型列车要求可知，排障器所能承受载荷大小为分别为 300 kN、250 kN，载荷施加位置及区域如图 3.13 所示。

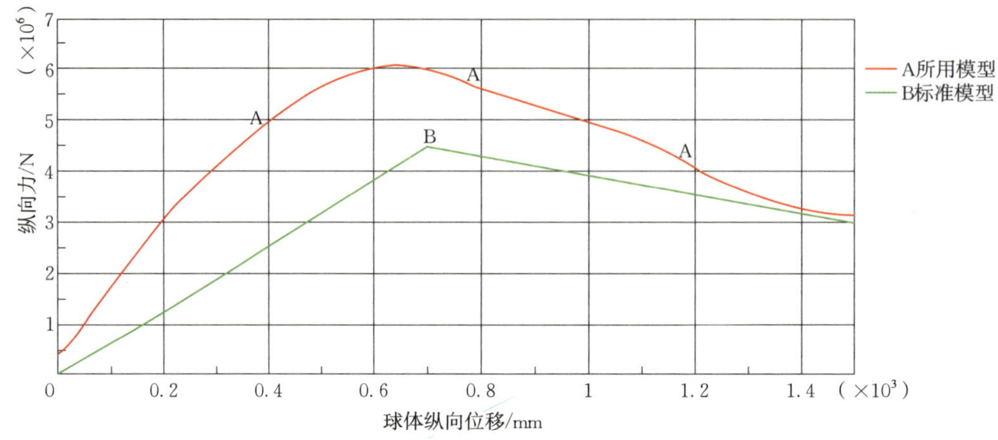

图 3.12 可变形障碍物的刚度特征对比曲线

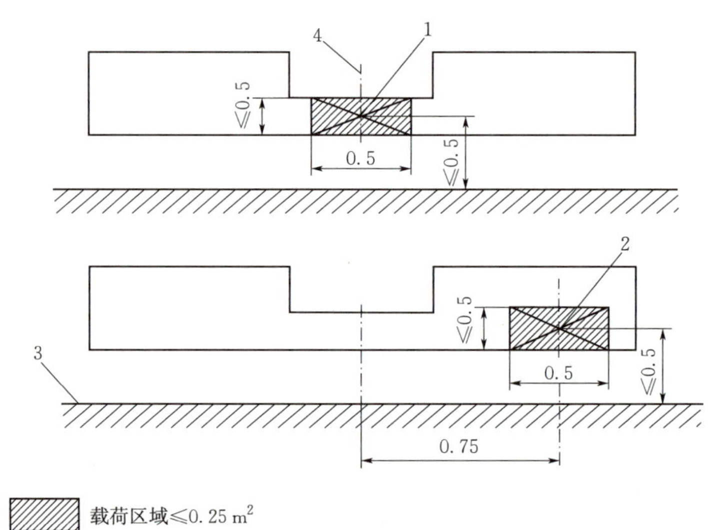

图 3.13 排障器载荷施加区域示意

1—中心合力位置；2—侧向合力位置(两侧)；3—铁轨上表面；4—车钩中心线位置

3.2 碰撞边界条件

3.2.1 初始边界条件

整车碰撞分析中，需根据具体工况情况，对模型施加初始速度。在 HyperMesh 中，可以对所有运动节点建立节点集，通过* INITIAL_VELOCITY 命令给模型施加初速度。此外，INITIAL_VELOCIT_GENERATION 可定义任意方向的平动和转动初速度，具体应用请参考《LS-DYNA Version 970 Keyword User's Manual》的说明。

列车实际运行过程中会受到重力影响，因此整车碰撞分析中需给有限元分析模型施加重力加速度，在 HyperMesh 中，通过* LOAD_BODY 命令来实现，同时需要列车轨道进行全约束。

3.2.2 接触边界条件

接触为两个相邻面间相互关系的定义方式，如果不定义相关接触，相邻面上的节点将会发生无阻力穿透。在定义接触前，首先要明确几个概念。

1. 单向接触与双向接触

单向接触只检查从结点(属于 SLAVER 的结点)对主面(属于 MASTER)的穿透，它包括各种 NODES_TO_SURFACE 的组合。

双向接触不仅检查从结点对主面的穿透，又检查主面结点对从面的穿透，它包括各种 SURFACE_TO_SURFACE 的组合，如图 3.14 所示。

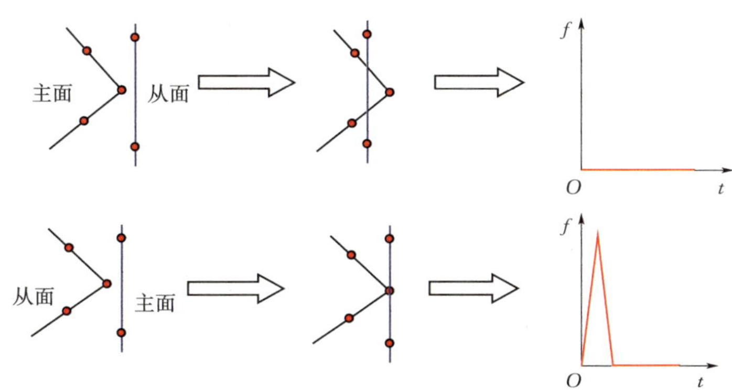

图 3.14 单向接触与双向接触

2. 自动接触与非自动接触(图 3.15)

不管单向还是双向，都有自动(AUTOMATIC)与非自动的区别，自动接触主要是针对 shell 单元接触中方向的问题，如图 3.15 所示。在很多复杂情况下不可能保证 shell 单元法向与接触方向一致，这时应用自动接触后求解器(LS-DYNA)能自动处理单元法向与接触方向的问题。

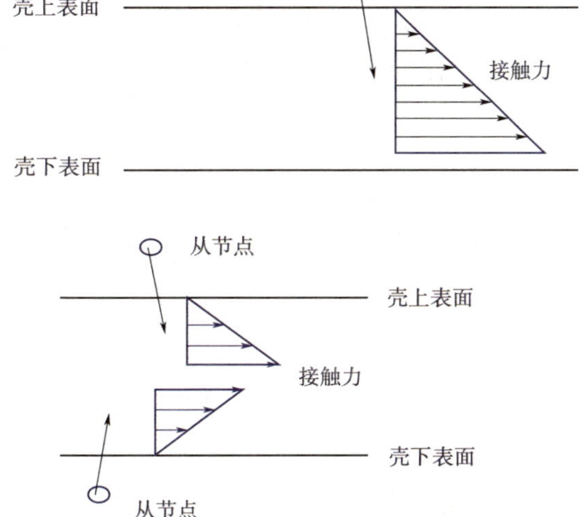

图 3.15 自动接触与非自动接触

LS-DYNA 处理接触问题一般采用三种不同的算法，分别是动力约束法、分配参数法以及对称惩罚函数法。其中对称惩罚函数法算法简单，很少激起网格的沙漏效应，不需要碰撞和释放条件，是 LS-DYNA 的默认算法。

LS-DYNA 中对三维空间的接触一般通过主从面法来判断。在这种接触搜索算法中，接触界面总是定义为两个面的接触。其中一个面指定为从平面，另一面指定为主平面，主从接触面上的节点和单元被称为主从接触点和主从接触段。一旦定义了接触对，程序将会检查从面的节点是否穿透了主面的段，从而判断是否需要对从节点施加接触力。

在 LS-DYNA970 中定义了大量的接触类型，最基本的接触类型有单面接触(CONTACT SINGLE SURFACE)，面与面的接触(CONTACT_SURFACE_TO _SURFACE)，节点与面的接触(CONTACT NODES_TO SURFACE)等。

如果接触定义不合理一般将会导致大量的冗余计算时间，有时还会出现负体积和节点速度过高等错误，导致计算不能正常进行。接触不但包括单面接触与面面接触，其中焊点接触也是一种特殊的接触方法，其同样具有接触所包含的所有特征。

在列车碰撞模拟计算中，我们需要定义会发生变形的零件的单面接触—自身的接触，以及相互连接的零件面与面的接触或者是相应节点对面的接触。

LS-DYNA 中的 SINGLE SURFACE 接触类型广泛应用在列车碰撞分析中，该类型的接触定义能够简化接触的建模，将所有列车部件可能发生的接触都包含进来，同时具有较高的数值计算稳定性和计算效率。LS-DYNA 中的 AUTOMATIC 接触类型能够自动从壳单元的两边进行接触检测，所以适合各种复杂的接触行为，尤其是列车碰撞过程中，很难人工判断壳单元发生接触的方向。因此 CONTACT_AUTOMATIC_SINGLE SURFACE 是种非常稳定、精确而且方便的接触类型，因此在该车型的侧面碰撞模拟计算中采用该种接触类型。

在列车碰撞有限元模型中，发生碰撞时，首先列车前端结构(包括前端车钩、防爬器)与相撞的列车发生面面接触，若列车前端结构产生大变形还会发生自身接触，此外，模型中还考虑了轮轨之间的接触。具体接触如图 3.16 所示：列车前端结构间的面面接触；列车轮对与轨道的面面接触；列车自身结构单面接触。

(a) 列车前端结构间面面接触

图 3.16　列车碰撞接触

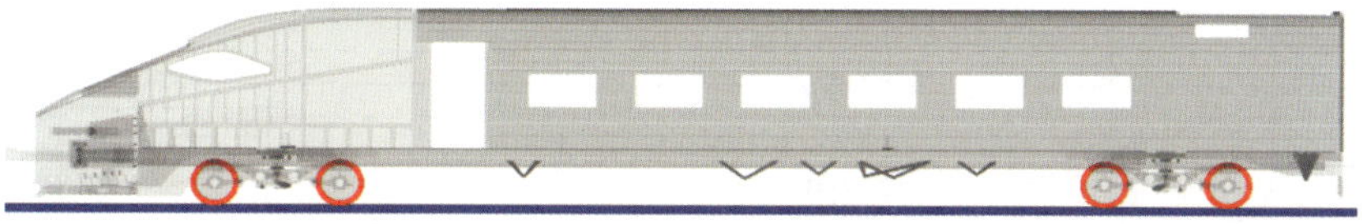

（b）车辆轮轨间面面接触

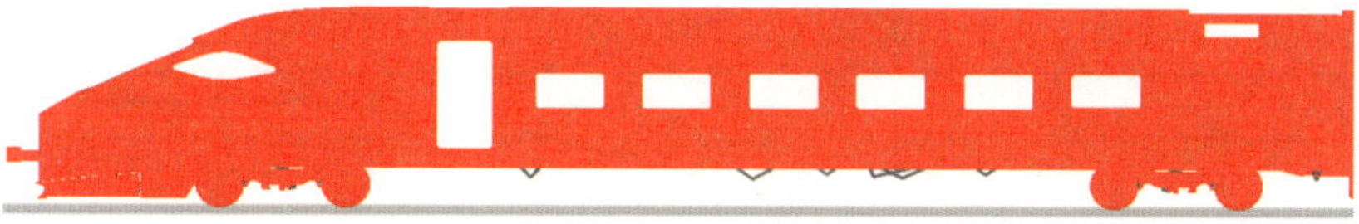

（c）列车车体自身接触

图 3.16 列车碰撞接触（续）

3.3 列车碰撞动力学响应分析

完成整车建模、设置好相应的测试单元，并核对模型整车情况与试验完全一致后即可将模型提交计算，完成计算后即可对结果进行分析。列车碰撞仿真分析内容主要包括：仿真计算可信性分析、整车和关键部件变形分析、车辆加速度分析、车辆生存空间分析、车辆加速度分析、车辆车轮抬升量分析等。

3.3.1 仿真计算可信性分析

在整车碰撞仿真中虽然顺利完成计算，但由于有以下三个原因的存在并不能保证该计算结果完全准确可靠。

（1）在有限元仿真计算中涉及多种积分算法和不同的接触算法，系统为保证计算正常进行有时会自动增加某些部件的质量，如果该质量增加太多则会导致后期计算结果不可信。

（2）为节约计算时间，计算中更多时候采用了非全积分的积分算法，这时将有可能在计算中发生沙漏，导致系统总体能量不守恒。

（3）在接触计算中如果接触设置不合理，将有可能产生较大的界面滑移能，这也是导致系统总能量不守恒的重要因素。

所以在顺利完成仿真计算后，需要对计算结果进行分析，只有由于上述因素导致的质量增加和能量变化在可接受的范围内，才能认为该模型仿真计算结果是可信的，值得分析的。

打开[illegible]输出的 glstat 文件或 binout 文件的 glstat 选项，可以方便查看模型计算中涉及的以[illegible]素变化曲线，质量增加和能量变化查看内容为 added mass、energy ratio，一般要求最[illegible]量增加和能量变化不得超过 5%，通常计算中初始质量增加在 10 kg 以内，随着计算[illegible]行整车质量还将有所增加。

[illegible]关于能量变化曲线一般查看沙漏能（hourglass energy）、内能（internal energy）、动能（[illegible]inetic energy）、滑移能（sliding_interface energy）、总能（total energy）这五项，通常情况这五条曲线形状大致如图 3.17 所示。

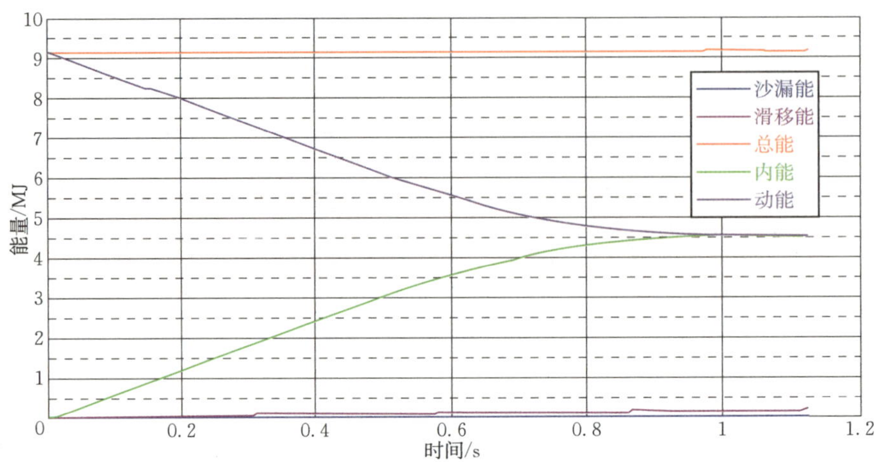

图 3.17 能量时间曲线

图 3.17 中几条曲线一般应该为光滑过渡，如果在某位置发生突变则有可能是这个位置发生了较大的沙漏或质量增加。

3.3.2 整车和关键部件变形分析

在完成计算并确认计算结果可信的前提下，可通过动画方式来分析整车和关键部件的变形模式，分析内容主要包括车辆外观变形情况和变形过程分析，整车碰撞变形情况分析如图 3.18 所示。在进行整车和关键部件的变形分析中如果有异议，还可读取相关位置设置的速度、加速度，力和力矩的测量单元测得的数据来辅助进行分析。

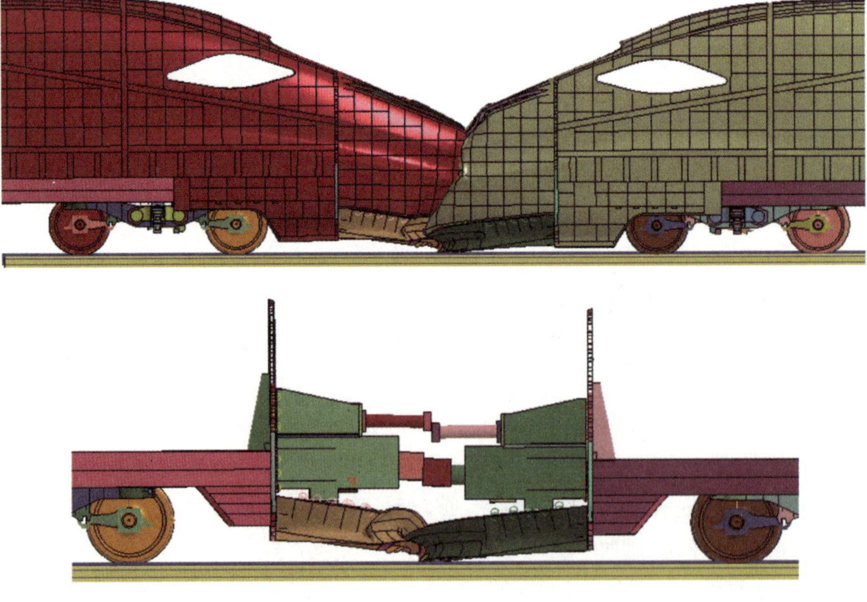

图 3.18 整车碰撞变形示意

对于关键部件的受力情况，在 LS-DYNA 的后处理软件 LS-PREPOST 中，可以得到应力应变云图、节点位移和速度云图壳单元的减薄率云图等各种云图，图 3.19 是某一部件的应力应变云图。

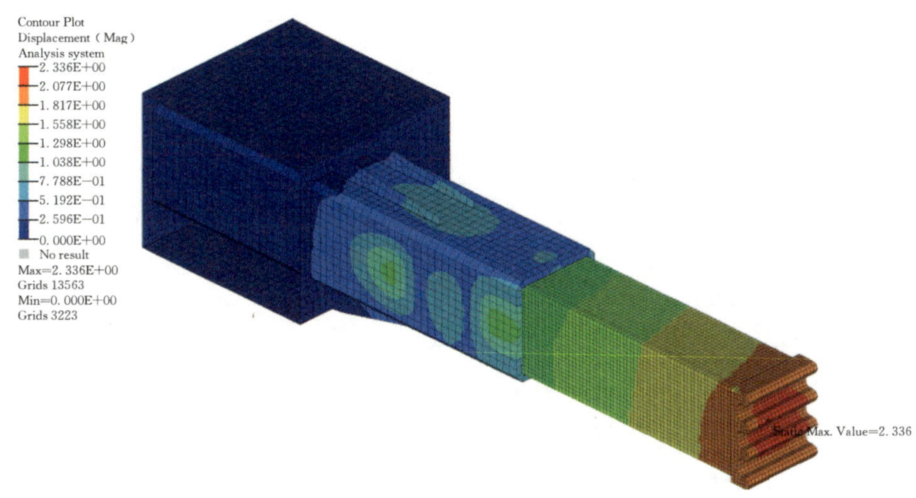

图 3.19 应力—应变云图

3.3.3 相关的历史变量分析

在后处理软件中打开计算输出的 ASCII 文件或 binout 文件中的 reforce 选项，可以方便查看模型计算中的撞击界面力大小随时间变化情况。如图 3.20 所示，20 ms 时，截面力稳定在 1 500 kN 左右。180 ms 时，界面力上升并出现几次界面力突然下降的情况，碰撞过程中最大截面力达到 4 150 kN。

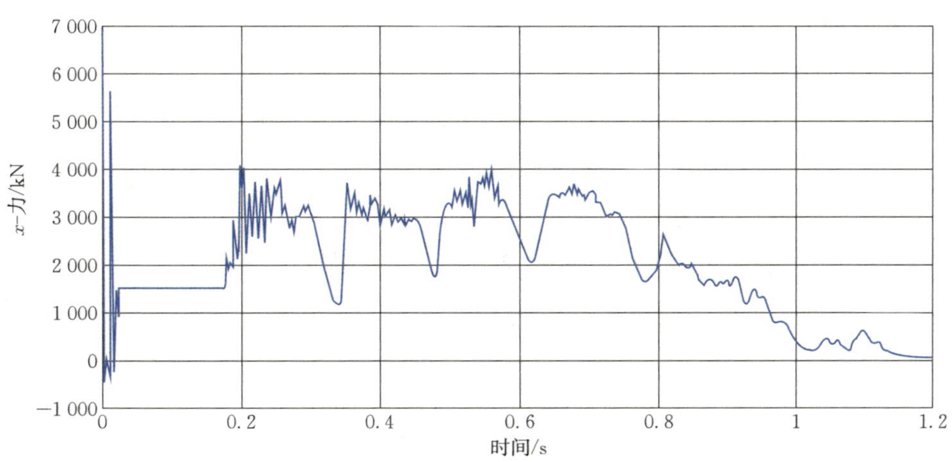

图 3.20 撞击力时间曲线

打开计算输出的 ASCII 文件或 binout 文件中的 nodout 选项，可以方便查看模型计算中的车辆减速度随时间变化情况，如图 3.21 所示，该车辆在碰撞过程中在 0～0.38 s 时，减速度较小在 0 上下波动，最大只有 0.3g，0.38 s 后减速度开始变大，在 0.35～0.61 s 之间，平均加速度达到最大值为 0.58g。

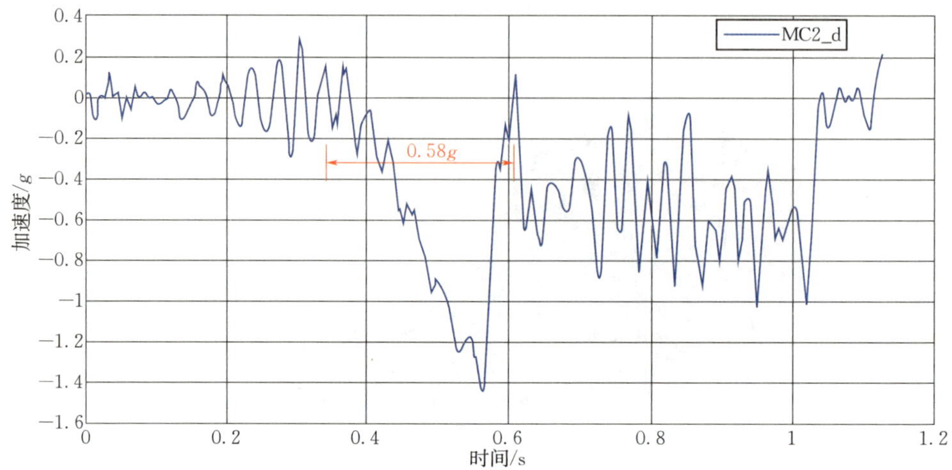

图 3.21 加速度—时间曲线

打开计算输出的 ASCII 文件或 binout 文件中的 nodout 选项，可以方便查看模型计算中车轮垂向位移随时间变化情况，如图 3.22 所示。

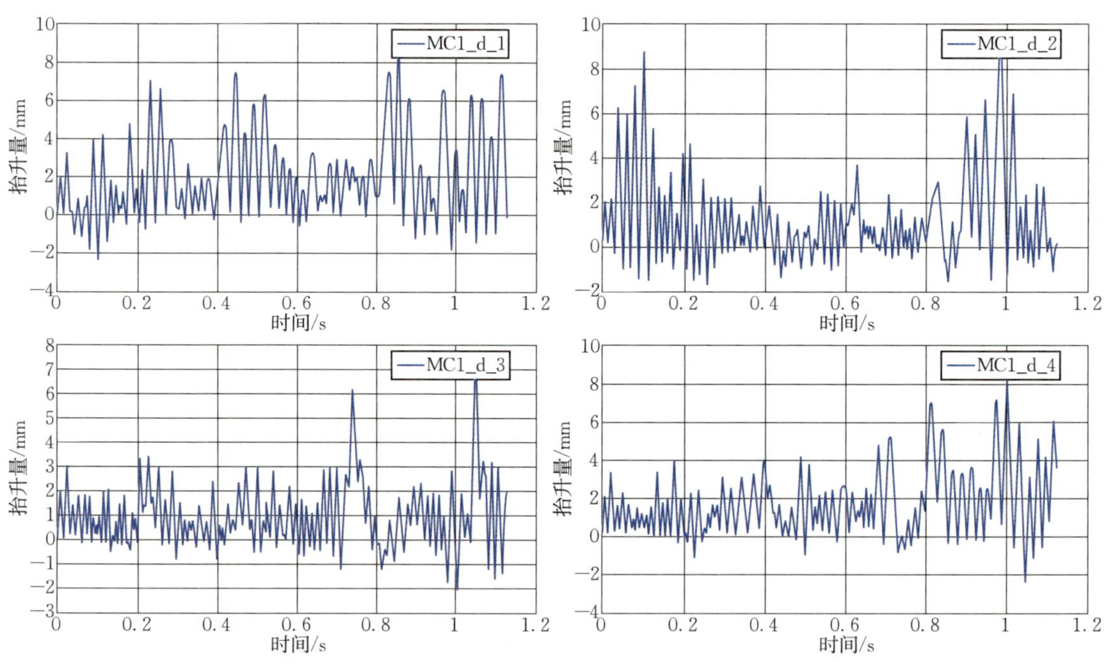

图 3.22 抬升量—时间曲线

3.3.4 数据处理和指标计算

后处理软件中一般都提供对数据的各种滤波算法，以及对数据的加、减、乘、除等操作，并可以将数据输出设定为标准格式。通过打开计算输出的 ASCII 文件或 binout 文件中的

nodout 选项，选取数据点进行减运算得出车辆垂、纵向生存空间减少量随时间变化情况，如图 3.23 所示。

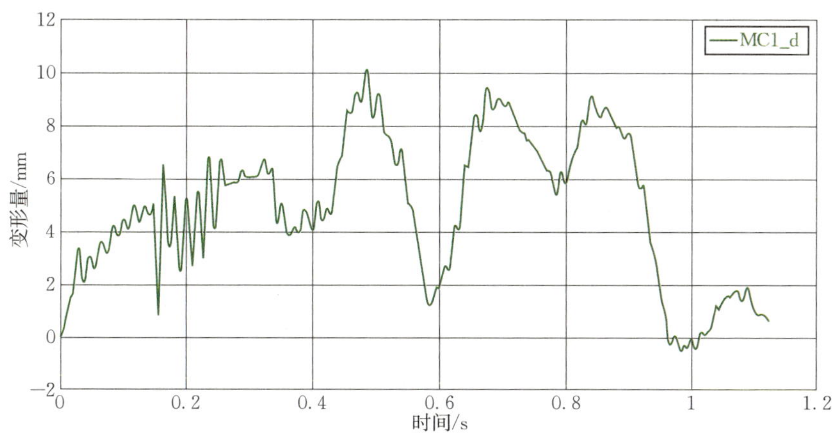

图 3.23　变形量时间曲线

3.3.5　切片显示

如果需要观察复杂部件变形过程的内部过程，则可以对其进行切片操作，获得切面上的各种输出力。

3.4　列车耐撞击特性评估

根据 *Railway applications—Crashworthiness requirements for railway vehicle bodies* (EN 15227:2008+A1:2010)标准的要求，该碰撞场景发生后应满足以下要求。

3.4.1　生存空间要求

EN 15227 碰撞标准中 6.3 款就碰撞车辆生存空间进行了明确要求，具体如下。

构成逃生空间的结构应保持完整性，并且能抵制吸能单元整个压溃过程中其所受到的最大力，如可以证明车体的局部塑性变形和局部屈曲受到限制，不会使生存空间减少到下文所规定的限定值之外，则局部塑性变形和局部弯曲是可以接受的。

当列车处于所规定的碰撞场景中时，对于车辆中乘客逃生空间，其任意 5 m 长度上的减小量不允许超过 50 mm 或者该区域的塑性应变限制在 0.1 以内；对于车辆端部，允许其 5 m 长度上的最大减小量为100 mm；对于用于缓冲作用的乘客临时占用区，诸如门厅贯通道，横向尺寸大于 250 mm 的区域，其纵向净空长度减小值不能超过原有尺寸的 30%。

对于司机(以及其他司机室同乘人员)同样应有一定的逃生空间，具体如下。

在每个固定座椅的前方(沿其中心线测量)周围应有图 3.24(座椅在中间位置)所示的最小净空空间；在临近主要乘坐位置上应保持至少 0.75 m 的长宽尺寸，以及标称地板和顶棚之间高度至少保持在原尺寸的 80%以上。

3.4.2 减速度要求

EN 15227 碰撞标准中 6.4 款就碰撞车辆的减速度进行了明确要求：对于碰撞场景 1、2，生存空间的纵向平均减速度应限定在 5g 以内，对于碰撞场景 3 其纵向平均减速度应限定在 7.5g 以内；在确定列车编组中每辆考察车辆的（纵向）平均加速度的方法上，其（取值时间间隔）应与车辆静接触力超过零开始到再次下降到零的时间相对应。

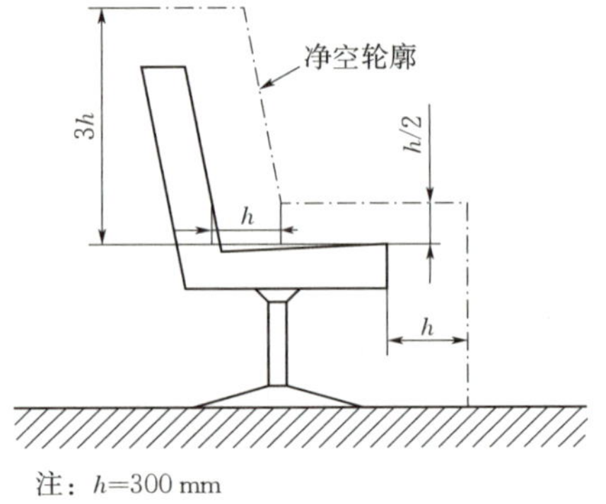

图 3.24 司机室座椅净空区域

3.4.3 爬车要求

EN 15227 碰撞标准中 6.2 款就碰撞车辆的爬车限定进行了明确要求，具体如下。

列车端部及构成列车编组的各辆车辆间不应产生重叠（爬车）行为，重叠（防爬）限制应能够契合相撞两列车的垂向偏移。

对于碰撞场景 1 车辆重叠（爬车）限制判定准则可通过车辆加速度及救生空间的碰撞性能指标进行评价，相应的验证过程（仿真模拟）为：碰撞场景 1 中相撞两列车于撞击面于初始时刻存在 40 mm 的垂向错位（其中静止列车垂向位置低于撞击列车）。

另外在整个碰撞仿真模拟过程中每个转向架至少有一个轮对应保持与轨道的有效接触，即于碰撞过程中车辆每个转向架中至少存在一个轮对，其针对轨道平面的垂向抬升量不高于其轮缘高度的 75%。

如果碰撞仿真模拟过程中防爬单元能够充分关联，使相撞车辆间产生稳定互锁并可承受碰撞过程中所产生的最大（撞击）界面力，则上述轮对抬升量允许值可达 100 mm；如同后续吸能模块，应对防爬单元吸收能量进行验证以证明其能够吸收所要求的能量。

应采用详细的车辆端部褶皱缓冲区模型计算进行验证工作，并且在计算过程中可采用等效质量及等效刚度模型来模拟车辆其他部位（生存空间），但该等效模型须能够正确反映生存空间结构响应行为。

4 乘员二次碰撞动力学仿真分析

乘员二次碰撞动力学分析着眼于列车碰撞中冲击荷载对人体损伤的影响，采用冲击发生时与人体产生同样响应的碰撞假人和计算机模型开展工作，其理论基础源于碰撞生物力学，属于生物力学研究领域的一个分支。

4.1 生物力学

生物力学是应用力学原理和方法对生物体中的力学问题定量研究的生物物理学分支，研究基础是能量守恒、动量定律、质量守恒三大定律并加上描写物性的本构方程，研究重点是与生理学、医学有关的力学问题，研究范围从生物整体到系统、器官（包括血液、体液、脏器、骨骼等），可分为生物流体力学、生物固体力学和运动生物力学等。

生物流体力学是研究动物和人体内生理流体（如血液、气体、尿液、淋巴液和其他体液等）的流动、植物生理流动、动物运动中的流体力学问题、人工脏器中的流体力学问题以及生物技术（如生物反应器）中的流体力学问题等的学科。生物流体力学同固体力学密切结合，生理流体力学问题常为流体运动与边界变形运动的耦合；其过程同物理和生化过程紧密联系，例如毛细血管里流动现象总是同其他传质过程和生化反应相联系；生物流体动力学同细胞生长密切相关，例如血液流动同血管内皮细胞的生长和形态有关，生物反应器内的流动直接影响反应器内细胞的生长。当今生物流体力学主要研究人体的生理流动，尤其是循环系统和呼吸系统里的流体动力学问题。

生物固体力学是利用材料力学、弹塑性理论、断裂力学的基本理论和方法，研究生物组织和器官中与之相关的力学问题的学科。研究对象主要是构成生命体的各种生物固体，如骨骼、肌肉、血管和软组织等；其研究过程涉及生理学、医学、生物学等学科的交叉渗透，属于典型的边缘学科。其最终服务于生物医学工程、临床诊断与治疗、生物技术、特殊环境下的人体防护等领域。

运动生物力学是用静力学、运动学和动力学的基本原理结合解剖学、生理学研究人体运动的学科。在人体运动中，应用运动学和动力学的基本原理、方程去分析计算运动员跑、跳、投掷等多种运动项目的极限能力，在碰撞创伤生物力学方面，以动力学的观点应用有限元法，计算头部和颈部受冲击时的频率响应并建立创伤模型，从而改进头部和颈部的防护并可加快创伤的治疗。

目前，生物力学的研究，不仅涉及医学、体育运动方面，而且已深入交通安全、宇航、军事科学的有关方面。进行生物力学的研究首先要了解生物材料的几何特点，进而测定组织或材料的力学性质，确定本构方程、导出主要微分方程和积分方程、确定边界条件并求解。对于上述边界问题的解，需用生理实验去验证。若有必要，还需另立数学模型求解，以期理论与实验相一致。

4.2 碰撞生物力学

碰撞生物力学研究目的是防止冲击时人体受到损失或降低人体受伤程度，因此需要研究碰撞事故发生时人体的响应和损伤发生的过程，从统计学角度获得人体损伤发生的阈值和人体的耐受性。其研究内容包括损伤的定义、受伤机理的分析、人体冲击响应、损伤参数和损伤阈值量化确定等，而开展人体生物力学的响应和损伤机理研究，需要使用志愿者、尸体、动物、碰撞假人和计算机模型等碰撞生物力学模型。

4.2.1 碰撞生物力学模型分类

志愿者实验是在不产生损伤和疼痛的低负荷条件下开展的，可用来分析无损伤情况下人体的响应。志愿者实验的结果能在分析肌肉紧张对动态响应产生影响方面发挥作用，并且在开发碰撞假人和计算机模型时作为参考。需要注意的是，志愿者多为运动员等参加过训练的年轻人，并不能表现出儿童、老年人和女性等弱势群体的特征。志愿者实验在实施之前需要向伦理审查委员会提交实验计划书并得到其认可。伦理审查委员会是根据赫尔辛基宣言（以人为对象的医学研究的伦理原则）的宗旨成立的机构，它会从严格的伦理角度考虑被实验者，例如进行知情同意书的签署等。

由于尸体在几何学形状上与活体相同，所以有时也会被用于针对碰撞时人体响应的实验。此类实验必须要得到伦理审查委员会的严格审查和认可，并严格从伦理角度考虑捐献者的事前意愿以及家人的同意等。

动物实验的进行是为了得知在承受足够对人体的脑、脊髓和内脏等重要部位产生损伤程度的荷重时活体的反应。由于动物和人体解剖学形状及大小具有差异，所以要使动物实验的结果适用于人体存在一定困难。另外，此类实验也需要得到伦理审查委员会的严格审查和认可。

碰撞假人由金属或塑料制成的骨骼和模拟覆盖在骨骼表面的软组织的塑料或泡沫材料组成。在制作碰撞假人时应注重使其具有生物逼真度，即在形状、尺寸和质量分布方面与人体相同，且碰撞时的运动特性与人体相同。碰撞假人上安装有判断损伤所必须的测量加速度、力和挠度等数据的传感器。由于车辆的认证实验中要用到碰撞假人，因此碰撞假人必须要满足拥有在同一实验中能反馈相同响应的反复性和再现性这一必要条件。目前，尚未开发专业列车假人，可借用汽车碰撞试验中专用假人进行相关研究工作。

事故再现、安全车辆结构和安全装置设计的研究中要用到集中质量模型、多体模型和有限元模型等计算机模型，如图 4.1 所示。运用计算机模型可以获得试验中无法得到的相关力学参数信息，这些信息有助于了解人体响应和损伤发生的过程。另外作为车辆结构和安全装置的设计辅助工具也非常有效。计算机模型的精度对模型化的假定具有很强的依赖性，因此对模型的验证非常重要。

4.2.2 碰撞假人模型

由于车辆碰撞实车试验成本昂贵，志愿者试验只能严格控制在无损伤的范围内，尸体试

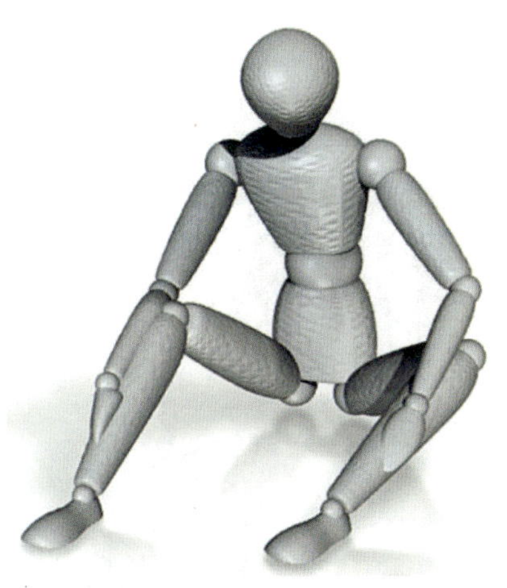

（a）多体模型

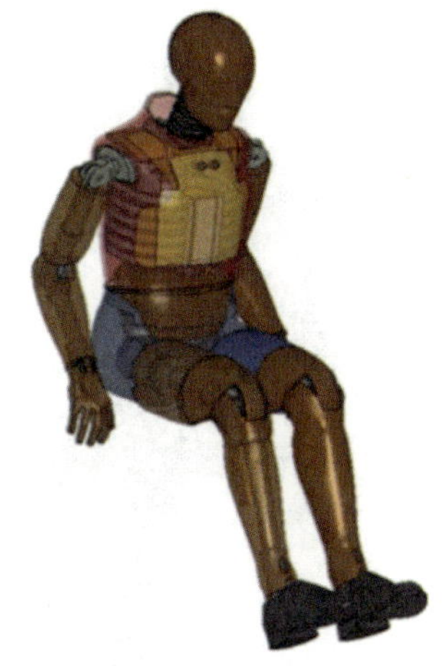

（b）有限元模型

图 4.1 计算机模型

验由于个体差异，影响因素较多，所以试验大部分都采用机械式人体替代物模型。早期仿真技术是基于刚体动力学的多体系统，后面逐步发展为连续介质力学的有限元方法，多体系统是将复杂结构压缩为一个或多个刚体单元，并用无质量单元（如弹簧和阻尼器）连接。随着计算机技术和数字化方法的不断发展，我们使用计算机模型模拟人体，建立与假人模型相同的有限元模型，用来研究人体的生物力学响应和可能的损伤机理。有限元法是将一个连续的系统简化为包含有精确定义的单元的离散数学模型。现有的假人及其应用的领域见表 4.1。

表 4.1 假人模型

应用	假人
前碰撞假人	Hybrid Ⅲ家族、THOR
侧碰撞假人	Euro-SID、Euro-SID2、SID、Euro-H Ⅲ、SID Ⅱ s、BioSID、World-SID
后碰撞假人	BioSID、RID2
行人假人	POLAR
儿童假人	P0、P3/4、P3、P6、P10、Q-dummies、CRAB1、Hybrid Ⅲ家族

关于碰撞用试验假人，迄今为止还没有统一的国际标准，各国使用最多的还是 Hybrid Ⅲ假人。Hybrid Ⅲ假人家族包括三岁、六岁、十岁儿童假人，小个成年女性假人（5 百分位），中等体型成年男性假人（50百分位）和高大的成年男性假人（95百分位）。

1. 男性

Hybrid Ⅲ男性假人模型包括 50百分位男性坐姿假人、50百分位男性站姿假人及 95百分位男性假人。Hybrid Ⅲ50百分位坐姿假人是运用最广泛的一类假人，如图 4.2 所示，并且是美国汽车安全法规规定的唯一碰撞试验用假人。其主要结构如下：

（1）具有一个铸铝颅骨及颅骨后盖，其表面覆以维尼龙（vinyl）皮肤，且颅骨后盖可以打

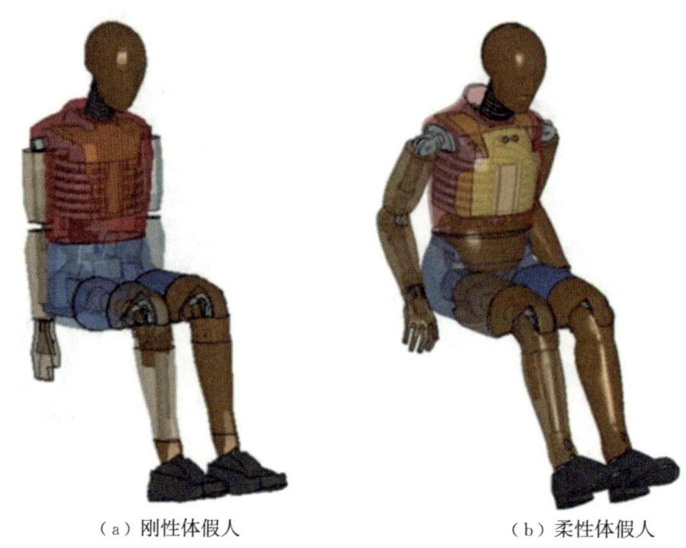

(a) 刚性体假人　　(b) 柔性体假人

图 4.2 Hybrid Ⅲ 50百分位坐姿假人

开以安放测试仪器。

(2)其颈部由异丁(烯)橡胶和铝合金分段结合而成,在动态前弯曲和后仰中能够伸缩。

(3)沿着颈部的轴线有一拉索,可以限制颈部的拉伸,从而控制其反应特性并增强其耐用性。

(4)其两个铝质锁骨和锁骨连接总成都由整体铸造的肩胛骨以同肩部连接。

(5)具有 6 个覆以 Polymer 缓冲材料的弹簧钢肋骨,以模拟人体胸部的力—变形特性。每根肋骨分成左右两部分,分别与胸椎骨和前胸骨联结。胸骨与胸部位移传感器的探头相接触,该传感器用于胸骨相对脊椎的变形。

(6)其胸部皮肤由维尼龙皮肤辅以维尼龙泡沫组成,其结构类似于一件短夹克,在后背处有一拉链,可以方便地拆卸安装。

(7)其向前弯曲的橡胶腰椎模拟乘员没精打采的坐姿。

(8)通常,腿骨总成和手臂总成是由钢管制成,并敷以维尼龙泡沫和维尼龙皮肤,根据需要,腿部总成亦可换成安装有各种传感器的特制结构。

(9)铝质膝盖骨表面安装有吸能的成形橡胶,膝盖滑动表面为钢表面,膝盖的特殊结构允许胫骨产生相对错移,以模拟韧带的损伤,在膝盖内可安装测试这种错移的位移传感器。

(10)多数钢制骨骼的连接端都采用铜或铝质连接,在主要关节连接处还加有用一种称为“Delrin”的材料做成的垫片,这种垫片能提高关节运动的平滑性,并使得关节处能保持一定的摩擦力。

按要求,该假人应使用下述材料:①颈部为异丁橡胶;②乙烯树脂皮肤胸罩包着乙烯树脂泡沫,在胸罩内侧还贴有 Ens01 映衬垫;③腰椎为聚丙烯酸酯材料;④膝盖中嵌有异丁橡胶。

在 Hybrid 的头部及胸部的重心位置有三轴或单轴加速度传感器的固定安装架及相应固定螺纹孔,大腿部可安装负荷计,在胸部安装有位移传感器,这些都是美国汽车安全技术法规 FMVSS No. 208 标准中要求的基本测试仪器。根据需要，还可选择安装以下主要传感器：

(1)颈部三轴力、三轴力矩传感器；

(2)颈部下端三轴力、三轴力矩传感器；

(3)胸部负荷计；

(4)胸椎三轴加速度、三轴力传感器；

(5)三轴腰椎负荷计；

(6)骨盆处三个单轴(或一个三轴)加速度传感器；

(7)上股骨三轴力传感器；

(8)股骨三轴加速度、三轴力传感器；

(9)股骨—胫骨位移传感器。

Hybrid Ⅲ 50 百分位男性站姿假人(刚性体)是在 Hybrid Ⅲ 50百分位男性坐姿假人(刚性体)的基础上得到，腹部与大腿形状不同，如图 4.3 所示。

图 4.3 男性站姿假人(刚性体)

Hybrid Ⅲ 95百分位假人代表了体型较大的成年人，是 Hybrid Ⅲ 50百分位的缩放版本，如图 4.4 所示。

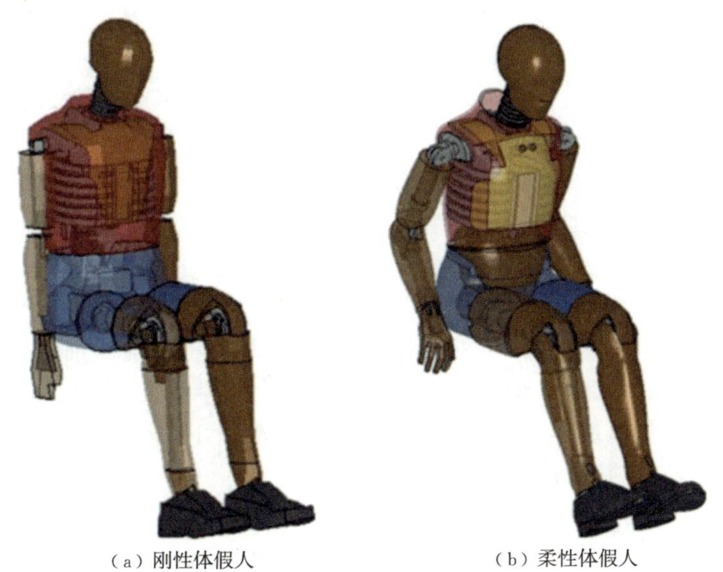

(a) 刚性体假人　　(b) 柔性体假人

图 4.4 Hybrid Ⅲ 95百分位坐姿假人

2. 女性

第 5 百分位女性假人是由 FTSS 公司、汽车工程师协会(SAE)、生物力学委员会、疾病预防控制中心及俄亥俄州立大学研制，虚拟身材较小的部分成年人。由 Hybrid Ⅲ 50百分位的假人缩放而成，如图 4.5 所示。原形产生于 1988 年，在 1991 年进行了升级，以评估安全带和碰撞下潜。在 1997 年进行了再次升级，以改善部分性能，评估安全气囊，特别是为司机接近方向盘提供试验条件。

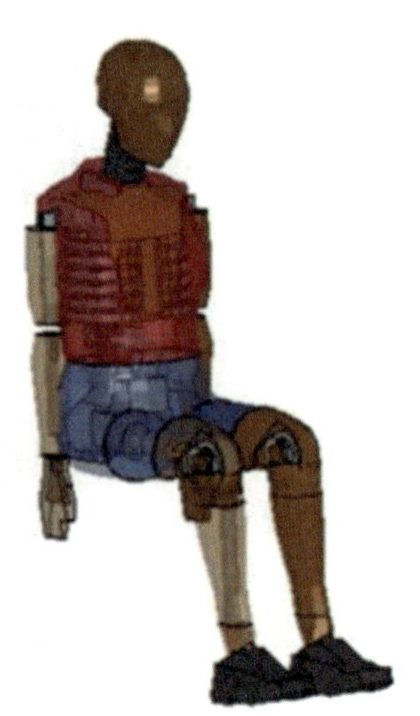

（a）刚性体假人

（b）柔性体假人

图 4.5 Hybrid Ⅲ5百分位坐姿假人

Hybrid Ⅲ5百分位女性假人是进行动态设置测试的重要假人，并证明满足最新的测试条件，包括衡量胸部的黏性标准。其主要结构如下。

(1)头部及颈部。头骨是铸铝零件，颈部由一个分割的橡胶和铝制成。它准确地模拟了人类的动态旋转弯曲的反应。

(2)上躯干。高强度弹簧刚肋骨与聚合物基阻尼材料附加到脊柱方块来模拟人类的胸部，匹配人类的挠度特点。加速度计安装在与胸骨平行的位置，即使在高压缩率的情况下，也能精确测量黏性标准。在急性安全气囊下加载有低摩擦的抑制垂直运动的肋骨，并防止撞到过量压缩的肋骨上面。

(3)下躯干。圆柱形丁基橡胶腰椎安装在骨盆腔，其中有一个 6 轴腰椎力传感器。骨盆是一个乙烯基皮肤、聚氨酯泡沫塑造的铝铸件。球结合股骨附件，表明人类的髋关节的旋转特性。腹部配备 6 个负荷螺栓传感器来衡量负荷点，测量下潜量。双腿安装有膝盖和胫骨的位移和力传感器，以评估下肢损伤。

3. 儿童

在 20 世纪 70 年代后期，ECE 委员会起草了儿童约束系统的法规，即《关于批准驾驶车内儿童乘员约束装置的统一规定》(以下简称:《规定》)，由此公路列车研究学会(TNO)最先开发了儿童假人模型，来评估车辆内部的约束装置。1982 年，ECE-R44 开始执行此《规定》，该《规定》中最初描述了 4 种假人:P3/4、P3、P6 和 P10，分别代表 9 个月婴儿，3 岁、6 岁和 10 岁儿童；1988 年，又开发了一个简单的 P0 假人代表刚出生的婴儿；1995 年，在 ECE-R44 中又规定 P1.5 假人，代表 18 个月儿童。

安全气囊却使用一系列更加新的假人:CRABI12 个月的婴儿，Hybrid Ⅲ的 3 岁儿童，Hybrid Ⅲ的 6 岁儿童。最新发展的假人是Hybrid Ⅲ的 10 岁儿童，它用来测试调节器和其他为年龄稍大的儿童设计的产品。除了新生儿和 9 个月婴儿的模型外，所有的假人都装备有相应的器械，例如装有用于测量加速度和外力的传感器。

(1)CRABI 婴儿假人

CRABI 12 个月假人模型，是直立混合Ⅲ型 50百分位假人模型比例缩小后得到的模型。该假人的物理参数(几何测量和质量分布)的信息都来源于人体测量学。CRABI 儿童假人用于评估气囊展开时，对 12 个月婴儿在离位状态下的伤害程度。这种假人已经包含在 FMVSS 208 法规中，并在国际标准化的离位(OOP)试验中，推荐使用这种假人代替 12 个月婴儿。

(2)Q3 儿童假人

1993 年，一个特殊的儿童假人工作组(包括了欧洲的一些 CRS 生产商、研究所和试验站)，着手开发 Q 系列儿童假人，取代 P 系列假人。3 岁假人模型 Q3 是 Q 系列最早的假人，其潜在的应用领域(包括侧面碰撞试验)、生物逼真性和损伤评估能力都比 TNOP3 假人要好。

(3)Hybrid Ⅲ系列儿童假人

Hybrid Ⅲ儿童假人有 3 岁、6 岁和 10 岁三种型号。该系列儿童假人是在Hybrid Ⅲ50百分位男性假人的基础上开发的，结构相似，其有限元模型也比较接近。除了头部、胸部和盆骨具有相应的加速度传感器，同时还拥有脊椎和躯干加速度传感器，具有很高的损伤评价能力。这是一款相对比较完善的儿童假人，如图 4.6 所示。

图 4.6 6 岁儿童假人

4.3 碰撞损伤基准

在碰撞试验或仿真过程中，我们可以获得假人模型相关力、位移、速度、加速度参数，但这些参数不足以直观表现出乘员损伤的程度，故有必要了解人体受到冲击时的响应和损伤发生的过程，从统计学角度获得人体损伤发生的阈值和乘员受到伤害的生物力学损伤程度指数，从而建立相关损伤评价指标，直观判断碰撞中乘员损伤的严重程度。基于此对碰撞中施加给人体的冲击力加以控制，设计研制不超过损伤发生阈值的车辆和约束装置。

4.3.1 损伤及损伤分级

损伤是指人体产生生物力学响应后，活体上发生无法恢复的变形，导致解剖学组织和结构受损，正常机能无法完成。损伤分为穿透伤和钝性伤。穿透伤是指活体被小刀之类的尖锐物体或者弹丸般的高速发射物贯穿所引起的损伤，其特征是造成损伤的力学能量都集中在局部区域。钝性伤是指活体与钝器接触，大面积受到载荷时产生的损伤。损伤机理十分复杂，人体各部分的惯性、弹性以及黏性性质都会对载荷分布与损伤的产生造成影响。以下 3 点被认为是损伤产生的原因。

(1)因压迫导致力超过组织弹性阻力而引发的损伤。不论速度较慢的变形(压溃)或是高速的变形都可能引发。

(2)虽然内脏等会对速度产生黏性阻力，但是相应地，内脏会因此受到巨大的压力。在冲击速度较高的情况下，体内会产生冲击波，一旦超过黏滞阻力，内脏等部位就会产生损伤。即使没有较大的外部变形，这种损伤也会发生。

(3)因惯性力导致内部组织断裂。

损伤可通过损伤严重程度表示,与其相关的物理量或其函数被称为损伤准则或者损伤值。其中经常会用到一些物理量,可通过使用碰撞假人等活体替代品进行实验来测定,如人体各部位的平移加速度、受力大小、力矩以及挠度等物理参数。当损伤准则超过阈值时,损伤将发生。此阈值被称为损伤耐限或损伤基准值(injury assessment reference value,IARV)。由于损伤耐限在个体间存在很大差异,因此判断研究对象的损伤耐限时要用到统计学的分析方法。在此基础上提出损伤分级,将损伤的种类和严重程度通过数值的方式表达。

损伤分级的分类方法大致分为三类。

①解剖学分级

解剖学分级注重对损伤的解剖学部位、损伤内容和严重程度等损伤本身的特征进行评估,而不针对损伤结果,因而不涉及机能障碍和后遗症方面的内容。

②生理学分级

生理学分级用来评估受伤后人体生理学机能的变化。与解剖学分级中一种损伤只配有一个分数不同,生理学分级的特征是其分数会随着治疗期间人体生理学状态的变化而变化,因此常被用于临床实践中。

③机能障碍、能力障碍与社会性受损

机能障碍、能力障碍与社会性受损分级评估的既不是损伤本身的特征,也不是人体受伤后生理学机能的变化,而是从长期预测后和生活质量的角度对损伤进行经济价值方面的评估。例如损伤主导指标(injury priority rating,IPR)、危害概念和损伤成本分级(injury cost scale,ICS)。

碰撞生物力学中最常用到的是解剖学分级中的简明损伤准则(abbreviated injury scale,AIS)。AIS分级的代号表示活体受损伤风险的定性值,数值本身并不具有定量的含义,如图4.7所示。在AIS中,一处损伤只配有单一的AIS代号,通过整数部分的6位数字和表示损伤程度的小数点后一位,共7位数来表示(表4.2、表4.3)。

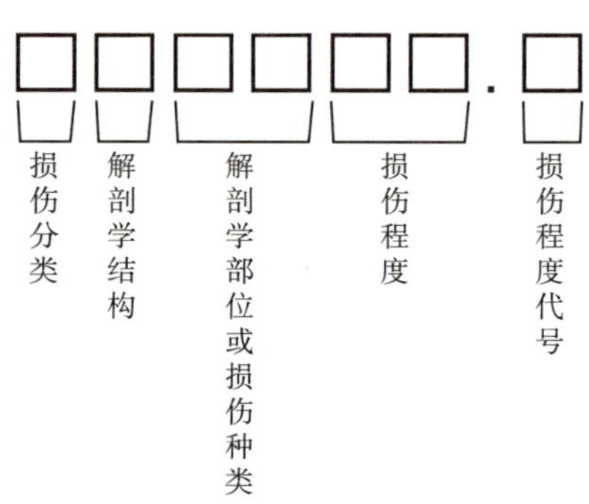

图4.7　AIS代号组成

表4.2　AIS分级代号

AIS分级代号	损伤程度	AIS分级代号	损伤程度
1	轻度创伤	4	严重创伤
2	中度创伤	5	危重创伤
3	重度创伤	6	当场死亡

表4.3　人体各部位的AIS示例

AIS	头部	胸部	腹部及骨盆内脏器	脊椎	四肢和骨盆
1	头痛或眩晕	1根肋骨骨折	腹壁的浅表裂伤	扭伤(不伴随急性骨折和脱臼等)	脚趾骨折

续上表

AIS	头部	胸部	腹部及骨盆内脏器	脊椎	四肢和骨盆
2	不满1h的意识丧失,颅骨线性骨折	2～3根肋骨骨折,胸骨骨折	脾脏、肾脏或肝脏的裂伤或挫伤	不伴随脊髓损伤的轻度骨折	胫骨、腓骨、骨盆、髌骨单纯骨折
3	1～6 h的意识丧失,颅骨凹陷性骨折	4根以上肋骨骨折,伴随血胸或气胸的2～3根肋骨骨折	脾脏或肾脏的显著裂伤	伴随神经根损伤的椎间盘损伤	股骨骨折
4	6～24 h的意识丧失,颅骨开放性骨折	伴随血胸或气胸的4根以上肋骨骨折,伴随肺挫伤的连枷胸	肝脏的显著裂伤	不全麻痹	膝盖以上的切断翻书型骨盆骨折(出血量在全血液量的20%以下)
5	超过24 h的意识丧失,超过30 ml的脑内血肿弥漫性轴索损伤	主动脉裂伤,张力性气胸	肾脏、肝脏、结肠破裂	完全麻痹	翻书型骨盆骨折(出血量超过全血液量的20%)

AIS代码的第1位数字表示损伤的分类,分别为1:头部;2:面部;3:颈部;4:胸部;5:腹部及骨盆内脏器;6:脊椎;7:上肢;8:下肢;9:其他。

第2位数字表示损伤部位的解剖学结构,基本分为1:全域;2:血管;3:神经;4:内脏;5:骨骼;6:意识丧失。第3、第4位数字表示解剖学部位或损伤种类,第5、第6位数字对应各部位的损伤程度。小数点后的数值表示所有部位共同的损伤程度,AIS分数分为1～6,分别为1:轻度创伤;2:中度创伤;3:重度创伤;4:严重创伤;5:危重创伤;6:当场死亡。

AIS是对应一处损伤的代号,无法用来评估同一人遭受多发性创伤的损伤程度。因此,选取人体各部位中AIS分数最高的值表示综合的损伤程度,其值为MAIS。但是,即使MAIS相同,死亡率也有可能受到AIS分级第二高的因素影响而发生变化,因此MAIS仅限在外伤的研究中使用。损伤严重程度评分(injury severity score,ISS)经常被用作评估多发性创伤的指标。ISS将人体分为以下6个部位,1:头颈部;2:面部;3:胸部;4:腹部及骨盆内脏器;5:四肢或骨盆;6:皮肤。ISS是将6个部位的AIS分数中最高3个值的平方合计得出的值。但需要注意的是,只要有1个部位AIS代号为6,ISS的值便为最高值75(相当于3个部位为AIS5的情况)。ISS与死亡率的相关性非常高。

4.3.2 碰撞损伤评价

为了评价碰撞事故中乘员的损伤程度,世界各发达国家都进行了很多损伤生物力学及乘员危险判据的研究。在相对成熟的汽车行业已经取得许多进展并已形成了较为完整的标准或法规,其中最具有代表性的是美国联邦机动车安全法规FMVSS(federal motor vehicle safety standard)和欧洲经济委员会制定的汽车正碰乘员保护标准ECE。我国汽车评价标准C-NCAP制定了对乘员碰撞损伤的性能指标和评分办法。轨道车辆领域对该课题的研究相对较晚,目前也有相关标准,如英国标准ATOC Vehicles Standard AV/ST 9001及美国公共交通委员会颁布的通勤列车座椅标准 *Standard for Row-to-Row Seating in Commuter*

Rail Cars,但这些标准对乘员安全性判据的规定也是通过借鉴汽车领域的研究成果得出的。

通过碰撞假人和计算机模型也可得到生物力学响应并评估出损伤,将此损伤基准水平换算成人体的损伤是碰撞生物力学领域的重要课题。此时,碰撞假人和计算机模型是否能产生与人体相同的响应,即二者是否具有生物逼真度是非常关键的问题。生物逼真度是通过比较模型的响应与志愿者实验和尸体实验的结果来判定。

1. 头部损伤评价

与头部发生接触造成的冲击不一定伴随头部运动,它分为在接触部位发生的局部接触损伤和远隔接触损伤。局部接触损伤包括头皮损伤、颅骨骨折(线型或是凹陷)、硬膜外血肿和直达性挫伤。颅骨骨折是否发生是由接触力大小、接触力分布面积、局部颅骨材料特性及厚度共同决定的。硬膜外血肿为硬膜血管的断裂,在颅骨骨折和颅骨变形造成硬膜血管损伤时产生。由于颅骨内侧的弯曲变形、凹陷骨折或颅骨反弹会通过头盖骨直接对脑产生压缩和拉伸,因而造成脑挫伤的发生。远隔接触损伤包括远离接触位置部位的颅盖骨折、颅底骨折以及对冲性损伤。当碰撞发生在颅骨较厚的地方,即使局部载荷低于破坏水平,也会被传递至脑颅和颅底,一旦应力超过骨的极限强度,即使是远离载荷作用点的部位也会发生远隔骨折。另外,面部受到冲击也会造成颅底骨折(特别是横骨折)的发生。

当头部受到平移加速度的作用时,脑组织在颅内发生位移。其结果是一侧的脑会呈正压状态产生压缩应变,而对侧的脑会变成负压状态产生拉伸应变(对冲效果),由此造成脑挫伤和脑内血肿。如果同时有角加速度作用于头部,颅骨则会围绕脑发生旋转,如图 4.8 所示。这时的颅骨和脑便会产生相对位移,使脑和颅骨间的结合要素-桥静脉受到拉力作用。桥静脉断裂是急性硬膜下血肿发生的重要原因。此外,旋转还会使力从脑的表层向深层传递,伴随脑的剪断变形,神经细胞的轴索受到剪切力或拉力的作用发生损伤,从而引起弥漫性脑损伤。由此可见,头部产生平移加速度是局灶性脑损伤发生的重要原因,而产生角加速度则是局灶性脑损伤和弥漫性脑损伤发生的重要原因。

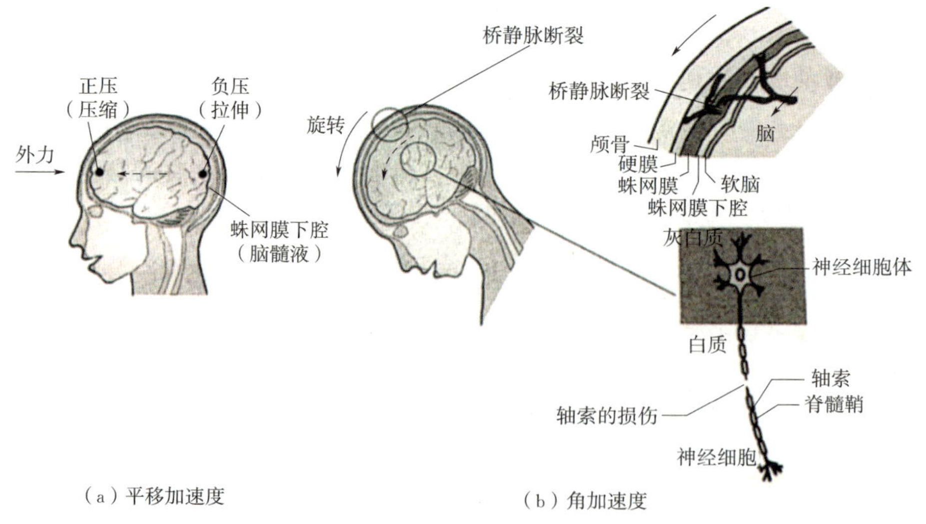

(a) 平移加速度　　(b) 角加速度

图 4.8 伴随头部加速度的脑的运动及损伤

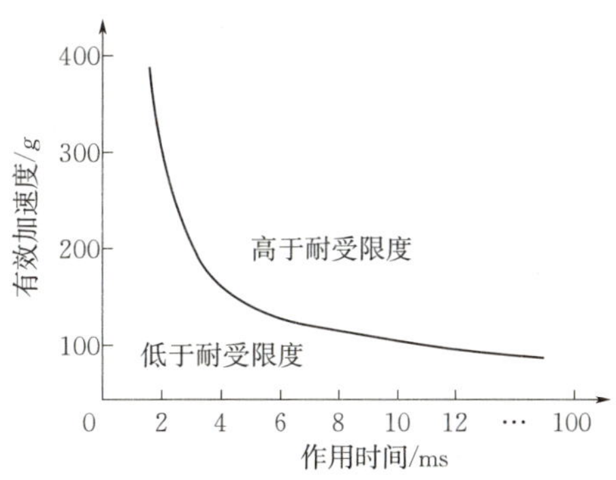

图 4.9 Wayne State 耐受曲线

最早对头部碰撞耐受值进行广义量化的是由美国韦恩州立大学提出的 Wayne State 耐受曲线(wayne state tolerance curve，WSTC)。在头部接触碰撞过程中，WSTC 给出了作用于头部的加速度大小和加速度波形持续时间之间的关系，如图 4.9 所示。

从该曲线可知：作用在头部的测量值位于 WSTC 曲线上将会超过头部的耐受程度而导致较大的头部伤害，位于该曲线之下则在头部可以承受的范围之内；要想使头部能够承受较大的加速度作用，势必要减短头部的加速度持续时间，相反如果要延长作用于头部的加速度持续时间，则要通过降低加速度大小办法来实现。这是首次将人体头部损伤耐受极限量化，目前 WSTC 仍然是国内外研究头部碰撞损伤准则的基础，其中头部损伤准则 HIC 也是在此基础上形成的。

经后来研究发现 WSTC 曲线有一定的缺陷。因为实验用防腐尸体，实验碰撞部分在头部前端，而传感器安装在头部的后端，同时人体特性因人而异，并且在碰撞中工况复杂多变，因此 WSTC 曲线只能在一定程度上反映头部耐受程度，并不能与实际情况完全符合。同时研究也发现 WSTC 曲线过于复杂不利于判断。研究人员为了解决 WSTC 曲线存在的问题，提出了头部冲击剧烈指数 SI。

$$\mathrm{SI}=\int_{T}^{0} a^{2.5}(t)\mathrm{d}t \tag{4.1}$$

式中 T ——作用时间，ms；

$a(t)$ ——头部加速度时间曲线，m/s。

这一指数在不同碰撞场景中，阈值不同。在前碰中，SI 达到 1 000，则表示可能发生脑震荡；若为未接触碰撞，SI 需达到 1 500。但头部冲击剧烈指数 SI 只考虑了线性加速度，也存在一定缺陷。因此，研究人员结合了 WSTC 曲线和 SI，提出新的评价标准 HIC(head injury creteria)，它目前也是应用最为广泛的头部损伤判据，常被用来评价易受伤害碰撞事故中的头部损伤严重程度，计算公式见 4.2。

$$\mathrm{HIC}=(t_2-t_1)\left[\frac{1}{t_2-t_1}\int_{t_1}^{t_2} a\,\mathrm{d}t\right]^{2.5} \tag{4.2}$$

式中 a ——碰撞过程头部质心合成加速度；

t_2-t_1 ——头部损伤指标(HIC)为最大值时的时间间隔。

通常头部通常乘员碰撞时间间隔取 36 ms，行人碰撞结合韦恩头部耐受曲线 WSTC 和头部冲击剧烈指数 SI 取 15 ms。采用英国的标准 ATOC Vehicles Standard AV/ST 9001 推荐的加速度曲线和加速度值时，乘员头部损伤参数 HIC 许用值为 500；采用美国 Volpe 国家交通系统中心的三角形脉冲冲击加速度时，HIC_{36} 值不得超过 1 000，HIC_{15} 的值不得超过 700。

美国国际标准化组织(U. S. ISO Delegation)推荐的伤害关系曲线如图 4.10 所示，该曲线以 50百分位男性人体为对象，反映了生命伤害百分比与头部伤害指标(HIC)伤害阈值之间的关系，曲线表明 HIC 伤害阈值越大，人体生命伤害百分比越高，譬如当 HIC 值达到 1 000时表明将近 18%的人员会危及生命，这也不能被理解为其余的 82%安然无恙，其余的 82%可能会受到伤害，但是并不危及生命。该曲线还将人体的伤害程度分为 0～6 等级（Level0～Level6），Level0 表明没有人员伤害，Level1 表明受到轻伤，以此类推，Level6 表明受到不可医治而几乎不可能生存的严重伤害。

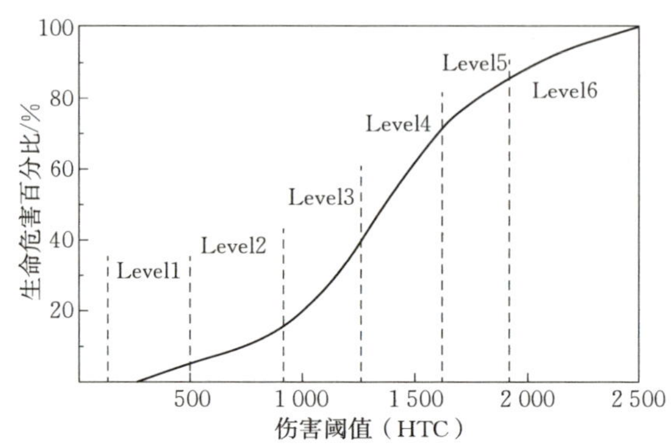

图 4.10 死亡概率与伤害阈值关系

头部损伤指标 HIC_{36}与 AIS 损伤等级关系见表 4.4。

表 4.4 头部损伤指标 HIC_{36}与 AIS 损伤等级关系

AIS 等级	HIC	损伤评估情况
1	135～519	轻微头疼头晕
2	520～899	短时间(1 h)失去意识、线性骨折
3	900～1 254	中等时间(1～6 h)失去意思、凹陷骨折
4	1 255～1 574	长时间(6～24 h)失去意识、开放性骨折
5	1 574～1 854	昏迷超过 24 h、大面积出血
6	＞1 860	无抢救希望或直接死亡

2. 颈部损伤评价

生物力学颈部损伤预测 N_{ij} 是一种由于载荷从枕骨传到局部引起损伤的测量方法。N_{ij} 的损伤使用铰约束载荷信号进行计算。

颈部受到正面冲击时，由于颈部屈曲而产生的颈部旋转阻力如图 4.11 所示。将头颈部的运动看作平面运动。设头部的质量为 m，I_G 为重心 G 对 y 轴的转动惯量。F_O 和 T_O 分别表示颈部向枕髁 O 施加的力以及绕 y 轴方向上的力矩，F_C 表示下颌与胸部的接触时下颌作用于头部的力，g 为重力加速度。若头部重心的加速度为 a_G，则头部的运动方程式为

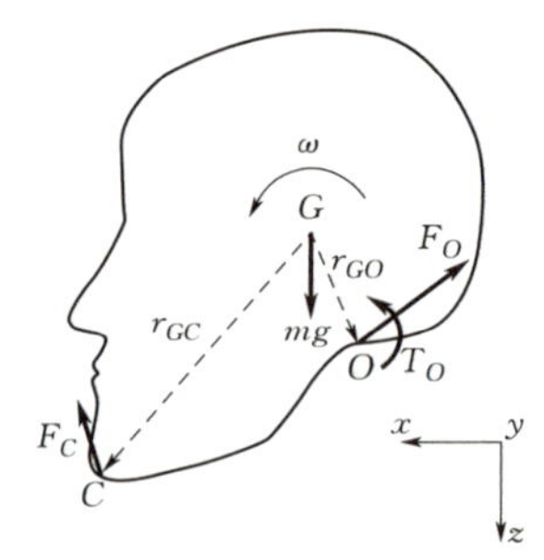

图 4.11 施加于头部的力

$$ma_G = F_O + F_C + mg \tag{4.3}$$

式中，ω 表示绕 y 轴的旋转角速度，则围绕与 y 轴平行的过头部重心的轴旋转运动方程式为

$$I_G\dot{\boldsymbol{\omega}} = T_O + [r_{GO} \times F_O + r_{GC} \times F_C]_y \tag{4.4}$$

根据式(4.3)和式(4.4)将 F_O 消去，可以得到式(4.5)。

$$\begin{aligned} I_G\dot{\boldsymbol{\omega}} &= T_O + [r_{GO} \times (ma_G - F_C - mg) + r_{GC} \times F_C]_y \\ &= T_O + [(r_{GC} - r_{GO}) \times F_C + r_{GO} \times ma_G - r_{GO} \times mg]_y \end{aligned} \tag{4.5}$$

通过在 T_O 上加上下颌与胸部接触产生的力矩 $r_{GC} \times F_C$ 定义枕髁关节的旋转阻力得到 T_R

$$T_R = T_O + [r_{GC} \times F_C]_y \tag{4.6}$$

联立得到

$$T_R = I_G\dot{\boldsymbol{\omega}} + [r_{GO} \times ma_G - r_{GO} \times mg]_y \tag{4.7}$$

可以计算出枕髁关节的旋转阻力得到 T_R 。

在碰撞中颈部受到的轴向力可能是拉力或者压力，在枕骨骨节处受到的弯矩可能是向后延展力或者向前弯曲力。因此，颈部损伤预测 N_{ij} 可能出现四种载荷组合情况：拉力—延展力(NTE)、拉力—弯曲力(NTF)、压力—延展力(NCE)和压力—弯曲力(NCF)。在每个时间点，上述四种载荷组合只会出现一个，可以通过如下公式计算得到对应载荷组合的颈部损伤预测 N_{ij} ，将其余三种载荷组合视为 0。N_{ij} 由枕髁处测量出的轴力和弯矩组合而成。

$$N_{ij} = \frac{F_z}{F_{\text{int}}} + \frac{M_y}{M_{\text{int}}} \tag{4.8}$$

式中，F_z 是轴力；M_y 是屈曲、伸展的弯矩。其中颈部的载荷状况分为 4 种，分别为 NTE—拉伸伸展；NTF—拉伸屈曲；NCE—压缩伸展；NCF—压缩屈曲。下标“int”指荷重和力矩分别与轴相交的“截距”。FMVSS 208 中规定的截距见表 4.5。其中，N_{ij} 的损伤阈值为 1。

表 4.5　N_{ij} (FMVSS 208)

类型	M_y(屈曲)/(N·m)	M_y(伸展)/(N·m)	F_z(压缩·拉伸)/N
AM50	310	125	4 500
AF05	155	62	3 370
6 岁	93	39	2 800
3 岁	68	27	2 120

3. 胸部损伤评价

碰撞过程中冲击力作用下驾驶员胸部产生的生物力学响应主要包括加速度对身体质量产生的惯性阻力、骨骼结构与软组织的压缩变形与组织的黏性响应。损伤机理主要表现为胸部在高载荷率下压缩产生变形导致骨骼与内部组织的损伤，当压缩胸部变形量超过胸腔耐受极限时，将会发生骨折及内部器官、血管等的挫伤或破裂。然而，在一些胸部冲击损伤中，存在内部组织器官损伤但没有肋骨骨折现象的损害，这类情况主要发生在高速载荷下，可以用人体组织的黏性生物力学响应及不同冲击速度下人体组织材料表现出的敏感率来解释，但是当组织变形超出耐受极限时，损伤就会产生。

低速碰撞时胸部吸收碰撞能量发生变形，胸部组织表现出黏弹性。阻尼结构产生的阻力随着胸部变形速度的增加而增大，胸部受压缩变形而产生损伤，而高速碰撞时碰撞能量以应力波的形式传向体内造成内脏的损伤。有效的乘员约束、安全系统和防护设备不仅能吸收碰撞能量，还能降低身体与碰撞接触面的速度。

胸部常用的损伤评价指标有:3 ms 或更长时间内作用在人体胸部的合成加速度、胸部压缩变形量,以及考虑胸部黏滞性的胸部黏性指数 VC 等。

(1)合成加速度

美国 FMVSS 208 乘员碰撞保护的标准为合成加速度不超过 60g,持续时间不超过3 ms 的间隔。AIS3 级以上胸部损伤概率与胸部压缩量和胸部 3 ms 合成加速度的计算公式为

$$P(\mathrm{AIS}_{3+})=\frac{1}{1+\mathrm{e}^{-C}} \tag{4.9}$$

式中,C 为假人的胸部压缩量 $C=6.43+0.07A_3+0.063$,其中 A_3 为胸部 3 ms 合成加速度(g)。

(2)胸部压缩量 C

Patrick 和 Kroell 等进行了大量的尸体胸部正面碰撞实验,深入研究胸部的损伤机理与组织耐受。Kroell 认为胸部最大压缩量能更好地预测胸部损伤程度。如图 4.12 所示为胸部压缩量与损伤概率之间的关系。

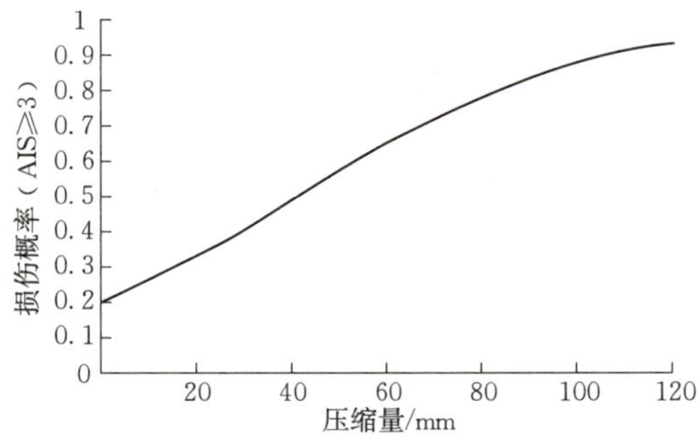

图 4.12 胸部压缩量与损伤概率之间的关系

在按照压缩量指标进行大量动物试验的过程中,研究人员发现胸部的损伤与压缩量有关,损伤的强度随着冲击速度的增加而增加。压缩量对于 50百分位的成年男性假人模型不应超过 76 mm,而对于 5百分位的成年女性假人模型则不应该超过 52 mm。

(3)胸部黏性指数 VC

大量的研究表明,胸部内脏软组织的损伤与速度有关,用黏性指数主要考虑速度的影响。胸部黏性指数不得大于 1.0 m/s。黏性指标主要用于高速碰撞下的软组织损伤评估,能较好地预测软组织相关的损伤,它以胸腔的变形速率与胸腔的挤压变形率的乘积来表示。

$$\mathrm{VC}=\frac{\mathrm{d}D(t)}{\mathrm{d}t}\times\frac{D(t)}{D(0)} \tag{4.10}$$

式中,$D(0)$ 为碰撞前原始胸腔厚度;$D(t)$ 为胸腔随时间变化的关系。研究表明速度与损伤的关系,$\mathrm{VC}_{max}=1.0$ m/s 可能造成 AIS3 级以上的损伤概率为 50%。

当胸部加速度过大时,胸部也会受到损伤。在人体耐受级别中对胸部遭受的加速度有定义:当胸部重心部位受大小不低于 60g 的冲击加速度且持续时间不低于 3 ms 时,便被认定胸部严重受损。$\mathrm{TC}_{3\,ms}$胸部加速度指标,是持续时间不小于 3 ms 的最大加速度。表 4.6 为 $\mathrm{TC}_{3\,ms}$与 AIS 损伤等级关系。

表 4.6 $TC_{3\,ms}$值与 AIS 损伤等级关系

AIS 等级	$TC_{3\,ms}$值/g	损伤描述
1	17～37	肌肉疼痛，单根肋骨骨折
2	38～54	线形骨折 2～3 根肋骨骨折；胸骨骨折
3	55～68	凹陷性骨折、≥3 根肋骨骨折；伴有血气胸
4	69～79	连枷胸、伴有血气胸；胸壁组织撕脱
5	80～90	双边连枷胸、多余三排骨两侧、大动脉断裂
6	>90	死亡无法抢救

4. 下肢损伤评价

下肢损伤评价对象主要有大腿、膝盖以及小腿。大腿用股骨压缩力指标评价，也就是大腿骨力。膝盖损伤通过膝盖滑移量指标评价，该指标评价膝盖受到冲击的严重程度，冲击过大将造成膝盖十字韧带断裂。小腿的损伤评价指标主要有两个：小腿压缩、胫骨系数 TI。

股骨压缩力被用作正面碰撞中膝关节、股骨、骨盆（髋臼）骨折的损伤基准。在 FMVSS 208中，基于尸体实验的结果，10 kN 压缩力被用作阈值。骨的力学特性与应变速度具有一定关系，应变速度越大，骨的强度越高。另外，若冲击持续时间短，骨骼能承受较大的载荷。因此，图 4.13 为股骨轴向压缩力关于负载持续时间的函数，并定义其为腿骨损伤基准(femur force criterion，FFC)。FFC 被 UN R94 采用，认为股骨压缩力的大小若小于该函数值，就不会发生髌骨、股骨和盆骨的骨折。

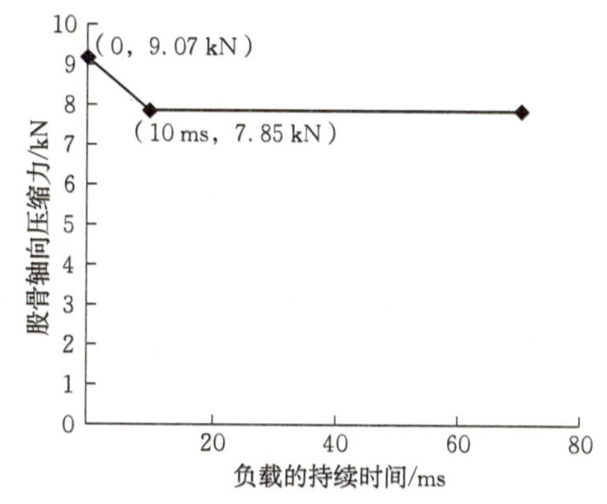

图 4.13 股骨载荷的损伤基准

膝盖滑移量是胫骨上部相对于髌骨在冲击方向(x 向)的位移量，位移量超过 6 mm 即产生韧带拉伤风险，可能产生永久性损伤。C-NCAP 和 E-NCAP 中膝盖滑移量的阈值取 15 mm。

由于小腿部分同时受到弯曲力矩和压缩力的作用，因此需要对这两者引起的载荷分别进行评估。股骨骨干部的最大应力可以认为是由作用于胫骨骨干边缘处的弯曲力和轴向力叠加引起的。因此，胫骨的最大拉伸(或是压缩)应力 σ 可以根据轴向力的拉伸(压缩)应力 σ_A 和弯曲应力 σ_B 来表示。

$$|\sigma|=|\sigma_A|+|\sigma_B| \tag{4.11}$$

如果认为以上值一旦超过骨折应力的阈值 σ_C 就会发生骨折，那么不发生骨折的条件就是

$$|\sigma_A|+|\sigma_B|\leqslant\sigma_C \tag{4.12}$$

或

$$\left|\frac{\sigma_A}{\sigma_C}\right|+\left|\frac{\sigma_B}{\sigma_C}\right|\leqslant 1 \tag{4.13}$$

如果用 M_C 表示胫骨的应力达到 σ_C 时的弯矩，F_C 表示轴向力，那么可通过式(4.14)定义的胫骨指数 TI(tibia index)对骨折风险进行评估。

$$\mathrm{TI}=\left|\frac{\sqrt{M_x^2+M_y^2}}{M_C}\right|+\left|\frac{F_z}{F_C}\right| \tag{4.14}$$

其中，M_C 和 F_C 分别为胫骨力矩和胫骨力的临界值。M_C 取 225 N·m，F_C 取 35.9 kN。当 TI 大于 1.0 时，被认为有胫骨骨干部骨折的风险。另外，为了防止胫骨膝关节面的骨折，胫骨压缩力需要满足小于 8 kN 这一条件。

5. 加权损伤评价指标

为了综合考虑上述各伤害值对人体产生的影响，整体评价乘员的损伤情况，1990 年美国通用公司引入完全伤害评价指标即加权损伤评价指标。该指标将头部、胸部和腿部的伤害统一为一个参数，加权损伤评价指标越大，说明乘员所受伤害越大。加权损伤评价指标计算公式见式(4.15)。

$$\mathrm{WIC}=0.6\left(\frac{\mathrm{HIC}_{36}}{1\ 000}\right)+0.35\left(\frac{C_{3\mathrm{ms}}}{60}+\frac{C_{\mathrm{comp}}}{0.076\ 2}\right)/2.0+0.05(\mathrm{FF}_{\mathrm{left}}+\mathrm{FF}_{\mathrm{right}})/20.0 \tag{4.15}$$

其中，HIC_{36} 为头部损伤评价指标；$C_{3\mathrm{ms}}$ 为胸部 3 ms 加速度损伤评价指标，单位为 g；C_{comp} 为胸部压缩量指标，单位为 m；$\mathrm{FF}_{\mathrm{left}}$ 和 $\mathrm{FF}_{\mathrm{right}}$ 分别表示大腿骨损伤指标，单位为 kN。

4.4 车辆内饰结构力学模型

基于此，设计出不超过损伤发生阈值的车辆和约束装置。故碰撞生物力学分析在车辆撞击事故中，乘员与车辆内饰装置间的二次碰撞是造成乘员损伤的主要原因，车辆内饰结构力学模型的建立成为研究基础。

司机室是驾驶员控制车辆设备运行、停止等各种动作的主要空间，是列车的控制中心。司机室的设计应保证一定的净空空间，不得有妨碍驾驶员驾驶动作或在紧急情况下阻碍驾驶员逃生的物体。为保证司机室的结构安全性能，司机室顶板、侧墙和地板的设计需要有较大的抗弯、抗压强度，在列车碰撞时尽可能保证司机室结构的完整，变形吸能由底架前端的吸能部件和司机室前端完成。司机室内部设备主要包括司机控制台、座椅及后部分的二级操作设备，在列车发生碰撞时驾驶员最可能与控制台及座椅发生二次碰撞，因此司机室内部设计除了考虑人机工程学以及设备的基本性能及外，还需要考虑其刚度和强度。

司机室控制台从结构方面可以分为两个部分：上部控制台台面和下部主体柜体。在上部控制台台面上固定用于司机操作的设备。列车碰撞时，驾驶员上身绕腰椎旋转前倾，胸部极易与控制台台面发生二次碰撞，手部、头部易与仪表盘发生碰撞。下部主体柜体用于安装电气设备和气动管路等，有左右两个部分，是整个控制台的支撑部件，大多采用铝合金材料制成。列车碰撞时，驾驶员胫骨、膝盖和股骨可能会与柜体发生二次碰撞。因此，驾驶员与控制台撞击产生的损伤大小与控制台的外形尺寸、结构以及材料吸能缓冲性能有很大关系。

控制台的外形尺寸按照国际铁路联盟 UIC 651 标准设计。在建立模型的过程中，为了提高后期仿真计算的速度，减小计算时间，忽略控制台台面及仪表盘对驾驶员碰撞损伤影响较小的细小结构，只考虑整体结构。操作台—座椅有限元模型如图 4.14 所示。

司机室座椅主要由坐垫、椅背、头枕、扶手以及座椅支撑构成，坐垫、椅背、头枕采用实体单元划分网格，采用具有高度压缩性能的低密度软泡沫材料模拟，且在软泡沫材料外包有一层共节点的薄壳单元；座椅支撑采用分段线性弹塑性材料模拟。

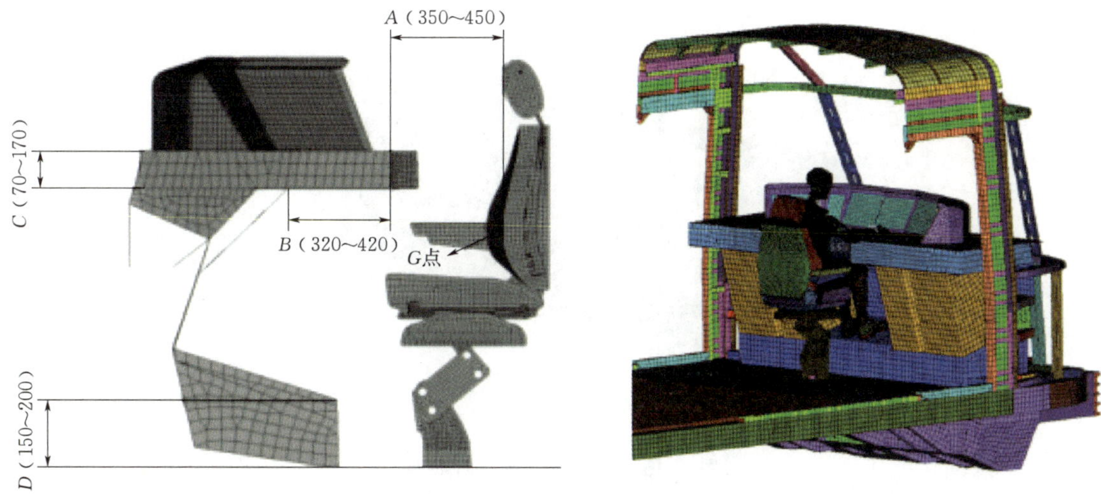

图 4.14 操控台—座椅有限元模型

目前我国高铁列车内一等座椅设定的座椅间距一般为 1 080～1 160 mm，选取 1 160 mm对座椅进行排列，力学模型如图 4.15 所示。座椅的坐垫、靠背、头枕和扶手等泡沫结构的建模选用实体单元，材料采用 LS-DYNA 中 57 号(*MAT_LOW_DENSITY_FOAM)低密度泡沫材料来模拟。底座骨架选用薄壳单元，底座骨架与坐垫间的弹性连接采用 LS-DYNA 中的弹簧单元(*MAT_SPRING_ELASTIC)，通过设置其相应的连接刚度来进行模拟。

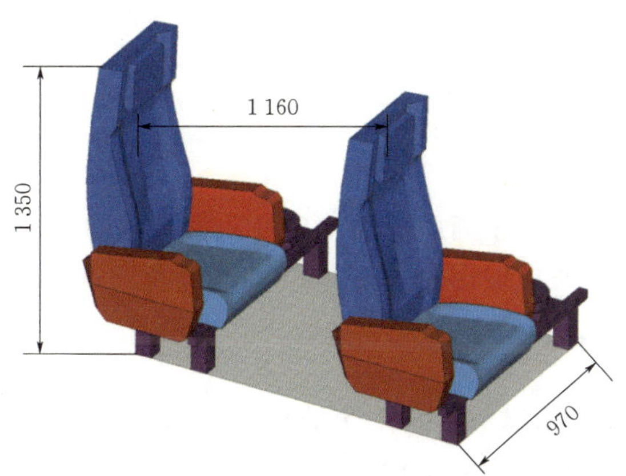

图 4.15 一等座椅有限元模型

我国高速列车座椅多采用同向布置，但是为了满足旅客在旅行中交谈、娱乐、私密保护等方面的需求，多数高速列车座椅具备可 360°自由旋转的功能。因此，座椅布置时需给座椅旋转留有足够的空间，以相邻座椅为例，前后两排座椅间的最小间距，应该能够避开座椅横向边缘的旋转路径，避免干涉；由于座椅具有旋转功能，列车在实际运营中，前后两排的乘客有三种基本乘坐姿态，即面对背、面对面和背对背，力学模型如图 4.16 所示，座椅包含不锈钢和塑料两种材料，并通过离散梁单元来模拟椅背受压时的力学特性。

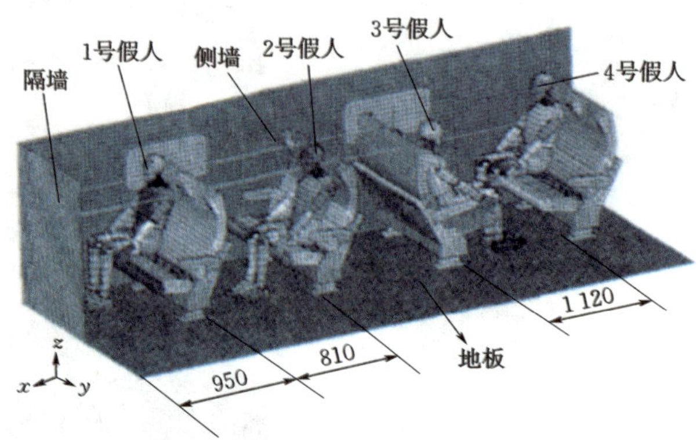

图 4.16 二等座椅有限元模型

某型动车组二等座座椅有限元模型如图 4.17 所示，前后座椅之间的间距为 1 000 mm，一般由骨架、软垫、座椅后部桌板等结构组成。骨架分为座椅靠背骨架、坐垫骨架，使用的是铝合金材料，采用壳单元模拟；座椅靠背及坐垫的软垫一般使用聚氨醋泡沫和纤维织物，采用实体单元模拟。座椅桌板使用的是塑料，采用壳单元模拟。仿真模型使用铰链单元模拟部件的绕轴旋转功能，活塞在仿真模型中采用弹簧单元实现，例如座椅靠背与椅架之间的液压活塞缸使用弹簧单元替代。

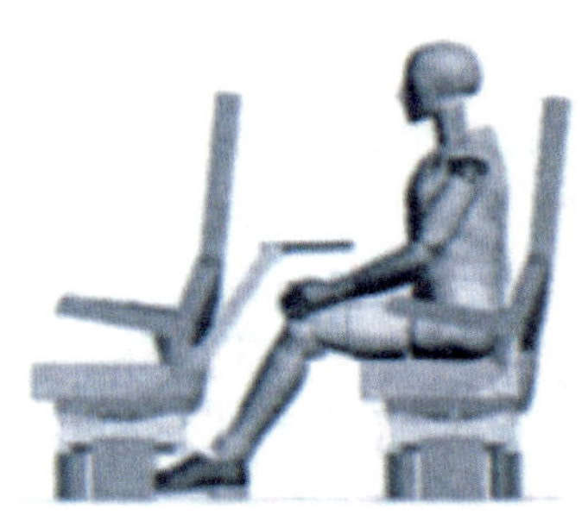

图 4.17 座椅有限元模型

4.5 乘员二次碰撞边界条件

在车辆撞击事故中，乘员与车辆内部部件以及乘员之间的二次碰撞是造成乘员损伤的主要原因，在影响乘员二次碰撞损伤程度的因素中，边界条件占据重要地位。

4.5.1 激励加速度边界条件

应用于轨道车辆乘员二次碰撞仿真采用的冲击加速度目前在国内没有相关标准，所以一般采用英国标准 ATOC Vehicles Standard AV/ST9001 推荐的加速度曲线(图 4.18)和加速度值(表 4.6)，该工况下的乘员头部损伤参数 HIC 许用值为 500。

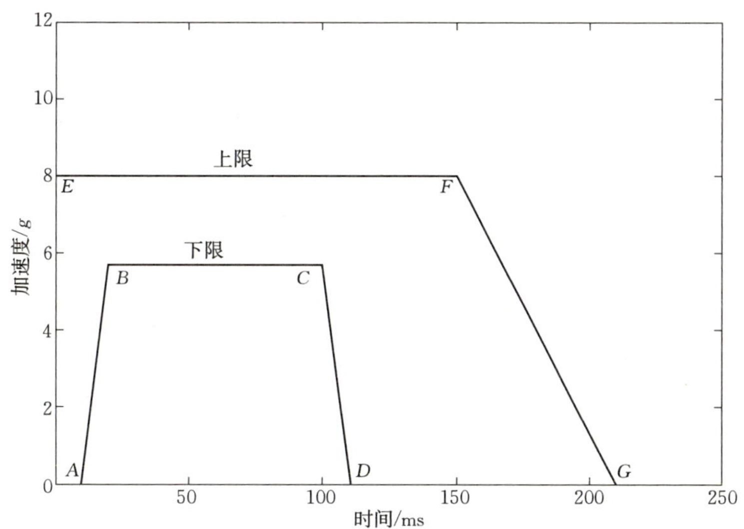

图 4.18 冲击加速度曲线

表 4.6 A-G 点对应的加速度值

	时间/ms	加速度/g
A	10	0.00
B	20	7.67
C	100	7.67
D	110	0.00
E	0	8.00
F	150	8.00
G	210	0.00

美国 Volpe 国家交通系统中心进行了大量的轨道车辆实车撞击试验和乘员二次撞击试验，在乘员损伤评估时采用的纵向冲击加速度曲线如图 4.19 所示，该冲击加速度为三角形脉冲，总持续时间 250 ms，在 125 ms 时达最大值 8g。

该工况下对应的乘员损伤参数及其许用值标准如表 4.7 所示。

表 4.7 乘员损伤参数标准

损伤参数	许用值
HIC_{15}	700
HIC_{36}	1 000
TC_{3ms}	60g

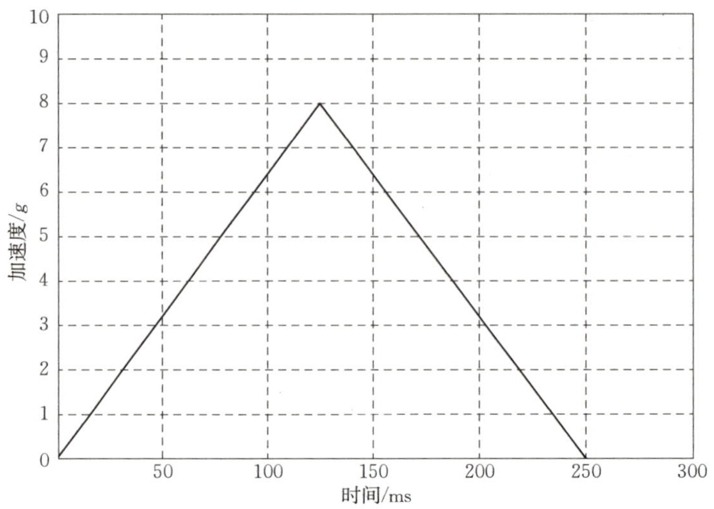

图 4.19 纵向冲击加速度

4.5.2 多车体耦合碰撞边界条件

利用多车体耦合碰撞结果获得不同车厢内乘员在碰撞过程中分别与座椅、桌子以及乘员间的二次碰撞速度，并作为分析乘员损伤的边界条件。

1. 多车体耦合碰撞

基于多体动力学软件 ADAMS 对多车体耦合碰撞进行仿真分析，如图 4.20 所示，建立 6 节编组的整列车与另一列 6 节编组的整列车撞击的模型，其中只虑车辆纵向方向的运动和变形。

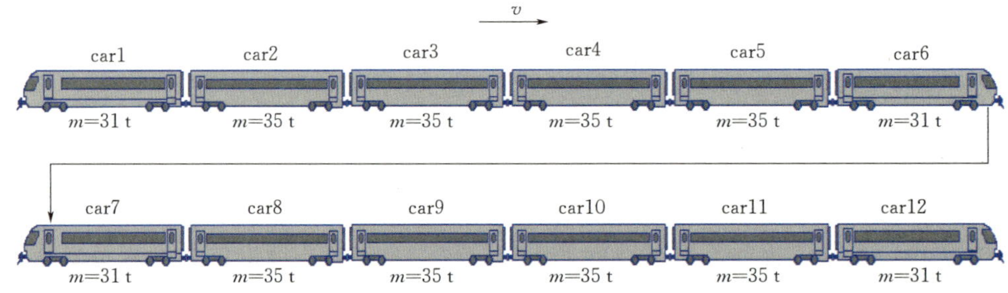

图 4.20 整列车撞击模型

同一列车中连接相邻车辆的车钩缓冲装置用非线性弹簧构建，同时考虑了车钩缓冲装置的加载卸载特性、压溃管及剪切装置的破坏特性；在车钩缓冲装置被完全破坏以后，车体端部的吸能装置（防爬器和吸能结构）开始纵向压缩变形，在建模中同样考虑端部吸能装置的纵向压缩特性；同时考虑车体与轨面间的静摩擦和动摩擦。

图 4.21 所示为 6 节编组的整列车以 10 m/s 的速度撞击另一列静止列车时各节车辆的速度—时间曲线，从曲线中可以看出，在撞击过程中由于两列车头车（car6 和 car7）先发生接触碰撞，所以 car6 和 car7 速度率先发生变化，撞击车 car6 的速度迅速减小，被撞车 car7 的速度迅速增加。

随着撞击时间和压缩行程的增加，各列车后面的车辆也相继与前面的车辆发生接触碰

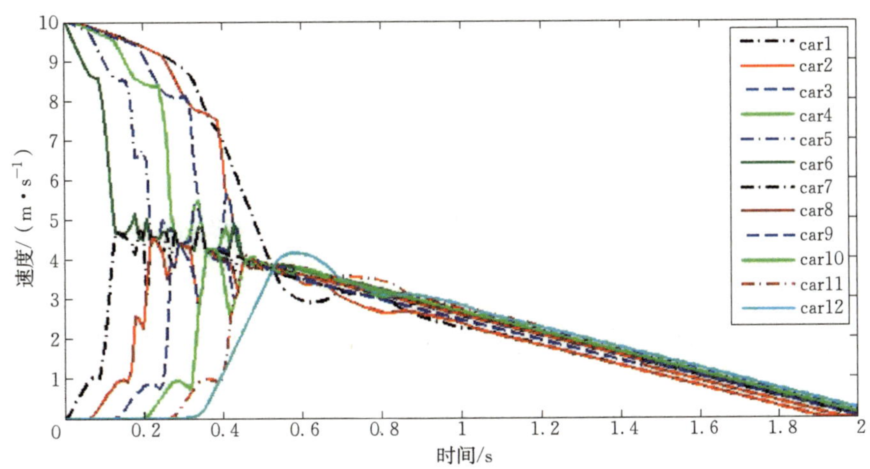

图 4.21 各车速度—时间曲线

撞,撞击列车的各车速度在撞击力和摩擦力的作用下相继降低,被撞击列车的各车速度相继上升,直到 0.53 s 时,两车相对速度为零,车辆停止撞击,两列车以相同的速度共同向前运行,由于接触摩擦力的作用,两列车匀减速运动直至停止。

2. 二次碰撞速度特性研究

通常人们将列车的碰撞称为“一次碰撞”,将车内乘员与车内设备的碰撞称为“二次碰撞”。前者使车体结构塑性变形产生破坏,车厢空间减小,后者使司机或乘员受到挤压造成伤亡事故。“二次碰撞”则是由于车内设备故障(未发生作用)或损坏导致乘员与车辆发生快速相对运动而造成的。二次碰撞不仅造成车内设备损坏,而且会造成更大的人员伤亡,因此,二次碰撞越来越受到重视。

二次碰撞速度(secondary impact velocity,SIV)是列车发生碰撞后撞击车发生减速运行或被撞车发生加速运行时,车内乘员与客室间发生相对运动继而碰撞时的速度。车内乘员与车内部件发生二次碰撞的损伤除受车内部件接触刚度的影响外,很大部分取决于二次碰撞速度 SIV,一般较大的二次碰撞速度 SIV 会导致较大的乘员二次碰撞损伤。

图 4.22 所示为列车撞击过程中非约束乘员与车体的速度特性曲线。在列车正面撞击过程中,非约束乘员在客室中的运动过程可描述为三个阶段。

(1)当列车以初始速度 v_0 撞上障碍物体开始减速运行,而乘员继续以近似为 v_0 的速度匀速运行,直至客室内乘员可移动的自由空间耗完,该过程为第Ⅰ阶段。

(2)当时间达到 t_1 时,乘员开始与客室结构表面发生接触,标志着第Ⅱ阶段的开始,此时刻乘员与车体客室的相对速度 v_r 即为乘员的二次碰撞速度 SIV,这一过程乘员速度急剧下降,直至与车体客室的相对速度为零。

(3)第Ⅲ阶段,假设乘员与客室结构的接触为理想的塑性接触,乘员继续与客室结构接触运行,直至共同运行到停止,否则乘员与客室结构作用一段时间后反弹,继续与其他结构发生接触碰撞产生更大的损伤。

图 4.22 中阴影部分为乘员与客室结构的相对位移。

如已知列车在撞击时的各车速度—时间曲线(图 4.21),可以相应求出乘员(occupant)

与客室发生相对运动时的相对速度—相对位移关系曲线，而一般车辆客室结构（座椅、桌子等）已经固定，乘员就坐后与这些结构以及乘员间的间距也就确定，这样就可以得到乘员与客室结构或乘员间发生二次碰撞的速度 SIV。

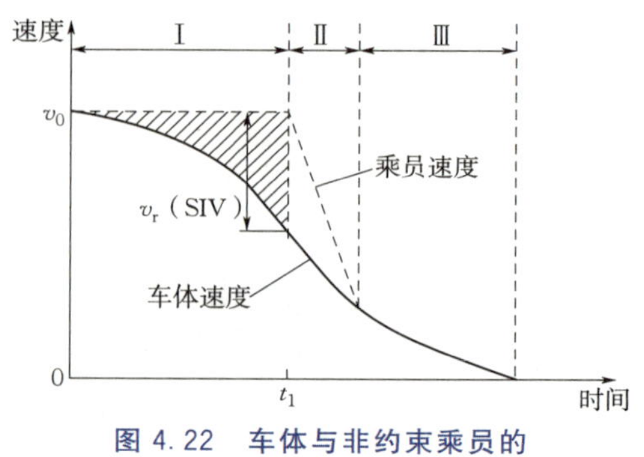

图 4.22 车体与非约束乘员的理想速度曲线（正面碰撞）

一般撞击时间比较短，且车辆客室空间有限使得乘员发生的相对位移比较小，这样在撞击过程中可以假设乘员在客室中运动的速度与车辆碰撞时的初速度相同，因此将车体的初速度减去碰撞后车体的瞬时速度即为乘员相对于车体客室的速度（图 4.23），对相对速度—时间曲线进行积分，就得到相对位移—时间曲线（图 4.24），进而可以得到乘员与车体客室间的相对速度—相对位移关系曲线。

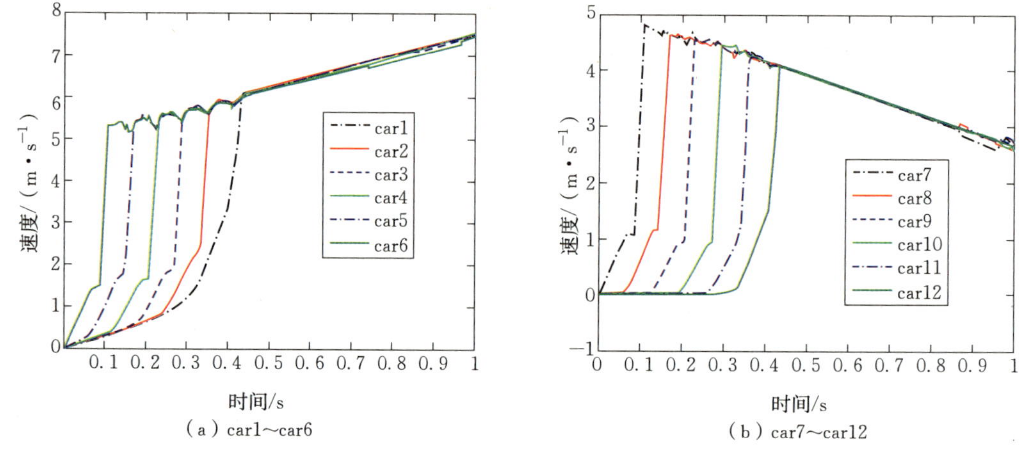

（a）car1～car6　（b）car7～car12

图 4.23 乘员与客室相对速度—时间关系

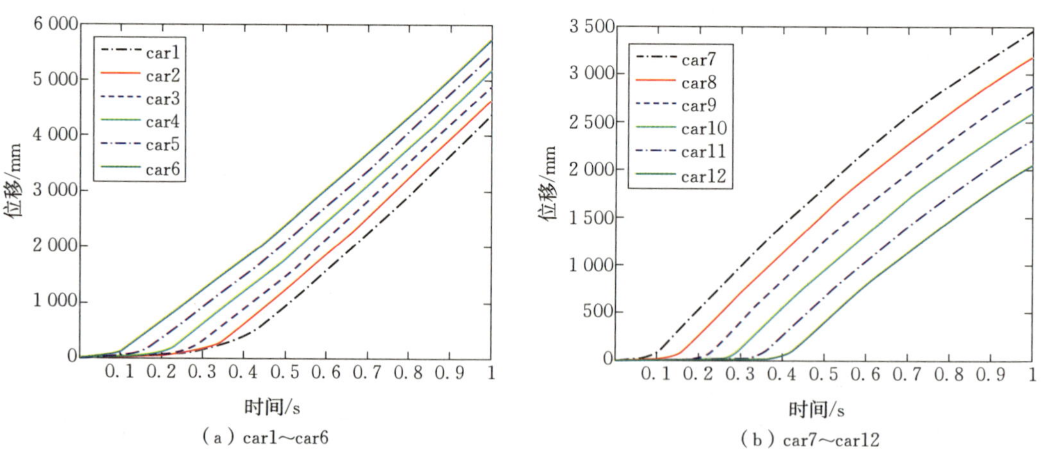

（a）car1～car6　（b）car7～car12

图 4.24 乘员与客室相对位移—时间关系

图 4.25 分别为分析得到的撞击车辆（car1～car6）和被撞车辆（car7～car12）的相对速

度—相对位移关系曲线。根据相对速度—相对位移关系曲线，可得出乘员发生二次撞击时的速度，一般乘客就座后可能会与桌子、座椅以及对面假人等发生碰撞，对于普通客车，乘客与桌子、座椅以及对面假人的相对位移为 315 mm、470 mm、330 mm，这样就可以推导出各车辆中乘客分别与桌子、座椅以及对面假人的二次撞击速度，见表 4.8。

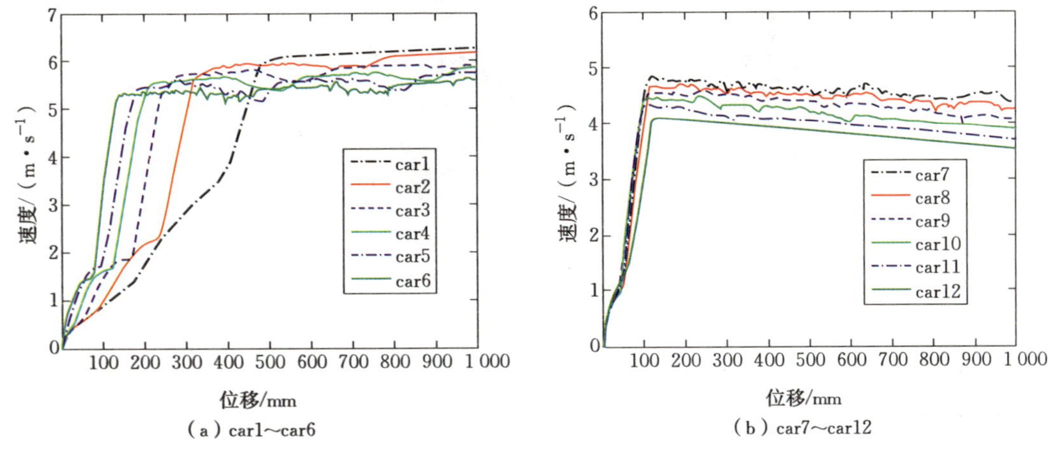

图 4.25 二次碰撞速度—相对位移关系

表 4.8 各辆车中乘员二次碰撞速度(单位:m/s)

	car1	car2	car3	car4	car5	car6
乘员—桌子	3.01	5.45	5.72	5.58	5.48	5.36
乘员—椅子	5.10	5.93	5.78	5.50	5.24	5.23
乘员—乘员	3.13	5.65	5.72	5.61	5.47	5.44
	car7	car8	car9	car10	car11	car12
乘员—桌子	4.70	4.60	4.50	4.33	4.03	3.99
乘员—椅子	4.62	4.51	4.41	4.24	4.05	3.91
乘员—乘员	4.71	4.60	4.49	4.32	4.14	3.98

4.5.3 车体—乘员耦合碰撞边界条件

将假人模型放入带有内饰的车体模型中，通过列车之间的碰撞，分析列车在碰撞过程中假人的损伤情况。初始假人为自然坐姿状态，将假人模型调入车体座椅模型时，需要调整假人姿势，使其自然地坐在座椅模型上。这里使用 LS-PrePost 后处理软件调整假人姿势。首先使用 Import 命令导入假人 k 文件，通过 Dummy Position interface 界面移动假人 H 点位置、角度，假人颈部、四肢、腿部角度，腰部前后角度改变假人姿势，调整之后的座椅—乘员耦合模型如图 4.26 所示。由于座椅底架材料为 MAT20 号刚性材料，因此采用 ConstRigidRbody 接触实现车体—座椅的固定连接，最终建立的车体—座椅—乘员耦合模型，如图 4.27 所示。

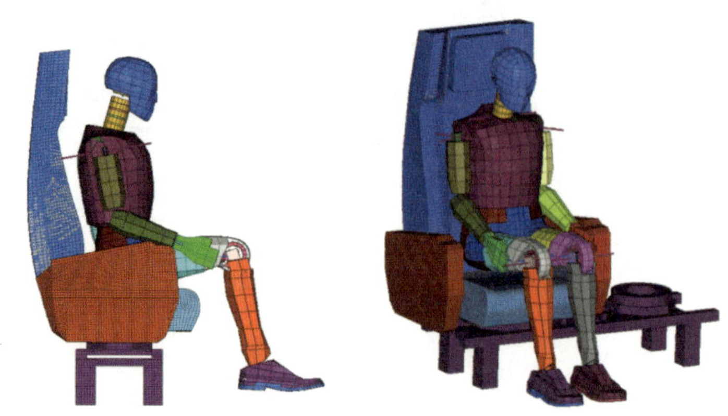

图 4.26 座椅—乘员耦合模型

图 4.27 车体—座椅—乘员耦合模型

4.6 乘员二次碰撞动力学响应分析及损伤评估

选取车体—座椅—乘员耦合碰撞边界条件下的乘员二次碰撞损伤进行具体说明。选用某高速列车正面碰撞工况进行分析，由于列车正面碰撞中损失的主体主要位于静止车和运动车头部，因此在这两节车厢相同位置设置座椅、假人模型，分析最危险车厢的乘员损伤情况，根据欧洲列车碰撞标准 EN 15227 规定，对列车 36 km/h 速度撞击同等质量的静止列车的碰撞场景进行模拟。建立的车体—座椅—乘员耦合碰撞模型如图 4.28 所示。

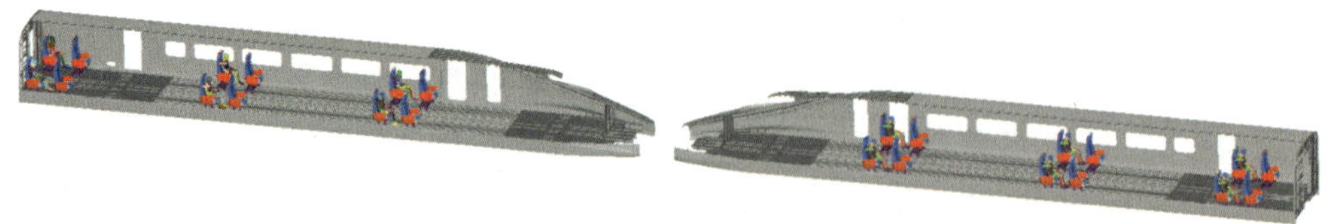

图 4.28 车体—座椅—乘员耦合碰撞模型

4.6.1 动力学响应分析

为了方便数据统计，对运动和静止列车中的所有假人进行编号，如图 4.29 所示。

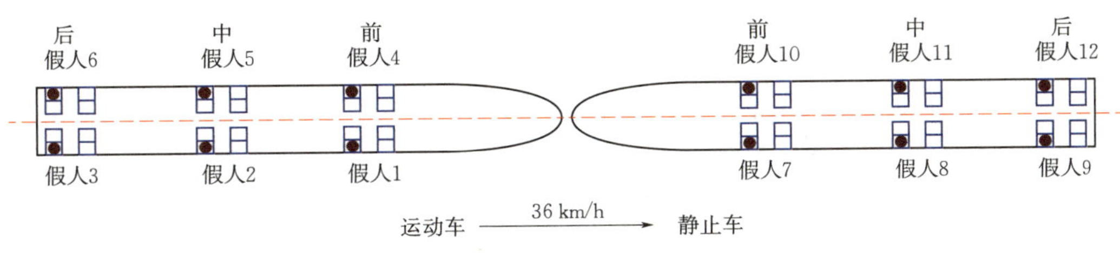

图 4.29　假人编号

(1)横向乘员动力学响应

计算结果显示,1 s 之后乘员响应结束,取 1 s 计算结果分析。同一列车中,车体横向乘员的动力学响应几乎同步,任意取一时刻显示,如图 4.30、图 4.31 所示。

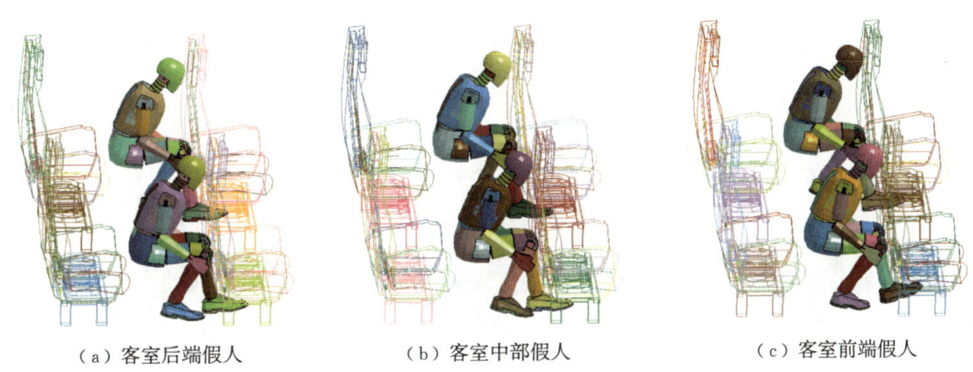

(a) 客室后端假人　(b) 客室中部假人　(c) 客室前端假人

图 4.30　0.27 s 运动车假人动力学响应

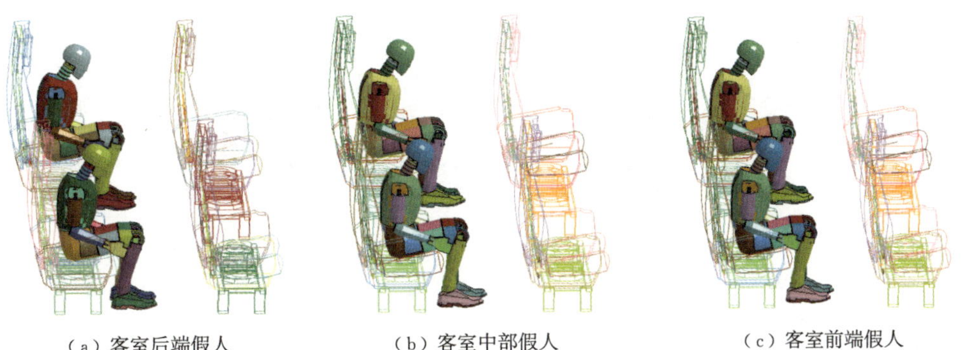

(a) 客室后端假人　(b) 客室中部假人　(c) 客室前端假人

图 4.31　0.45 s 静止车假人动力学响应

(2)运动车乘员姿态响应

这里取运动车假人 1 进行详细描述。初始时刻,列车与乘员以相同的速度向前运动,当碰撞发生之后,车体做减速运动而乘员由于惯性作用继续以初始速度向前运动,导致两者之间产生相对速度。

0.18 s 时,假人右脚踢到前方座椅底架,脚部发生弯曲,随后右小腿由于作用力向后弯曲,如图 4.32(a)所示;当运动到 0.22 s 时,假人开始离开坐垫,如图 4.32(b)所示;在 0.24 s 时,假人腿部首先与前方座椅靠背产生接触,挤压泡沫材料靠背产生凹陷,如图 4.32(c)所示;之后,假人膝盖抵住靠背持续压缩，并以撞击点为旋转中心，假人上部躯干开始向前弯曲，在 0.27 s 时头部前额撞击到前方靠背，如图 4.32(d)所示；头部持续撞击靠背，之后假人颈部开始向后伸展，在 0.28 s 时达到极限值，如图 4.32(e)所示；0.41 s 时，假人受靠背反作用力向后弹出，头部离开靠背完成整个头部、颈部二次碰撞过程，如图 4.32(f)所示；最后假人臀部在 0.55 s 时后弹接触坐垫，如图 4.32(g)所示；同时由于重力作用向两排座椅之间下滑，计算结束时，假人姿势如图 4.32(h)所示。

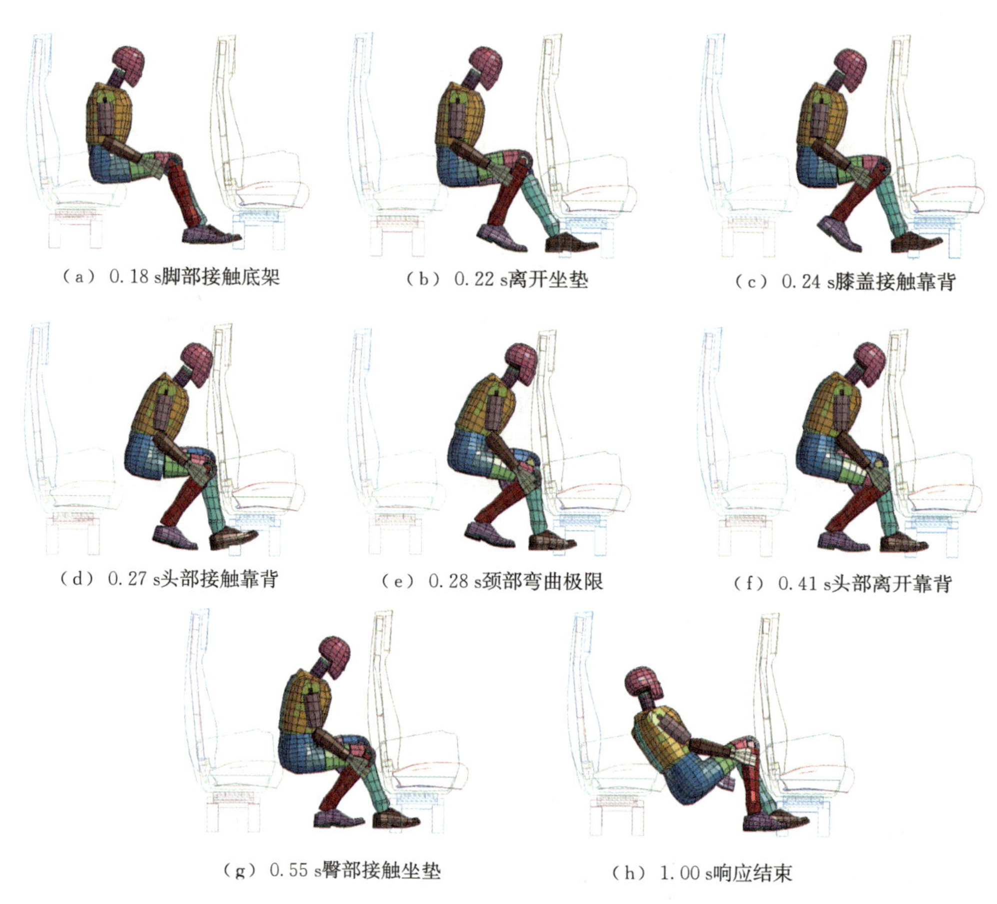

(a) 0.18 s脚部接触底架　(b) 0.22 s离开坐垫　(c) 0.24 s膝盖接触靠背

(d) 0.27 s头部接触靠背　(e) 0.28 s颈部弯曲极限　(f) 0.41 s头部离开靠背

(g) 0.55 s臀部接触坐垫　(h) 1.00 s响应结束

图 4.32　运动车假人 1 动力学响应过程

(3)静止车乘员姿态响应

这里取静止车假人 7 进行详细描述。初始时刻，列车与乘员处于静止状态，当发生碰撞时，静止车受到初始速度为 36 km/h 运动车的撞击力而向前推动，乘员由于惯性保持静止，两者之间产生相对速度，座椅推动假人发生后靠运动；0.14 s 时，假人胸部接触靠背，如图 4.33(a)所示；0.17 s 时，假人头部后脑勺与头枕发生碰撞，如图 4.33(b)所示；当运动到 0.19 s 时，假人小腿碰撞坐垫而上抬，如图 4.33(c)所示；随着假人对座椅的挤压，座椅靠背施加反作用力，将假人弹出，0.22 s 时，假人头部反弹离开头枕，如图 4.33(d)所示；假人受力后躯体持续前靠，在 0.45 s 时达到极限值，如图 4.33(e)所示；此时，脚部与地面产生的摩擦力大于弹力，使假人再次后靠，计算结束时，假人姿势如图 4.33(f)所示。

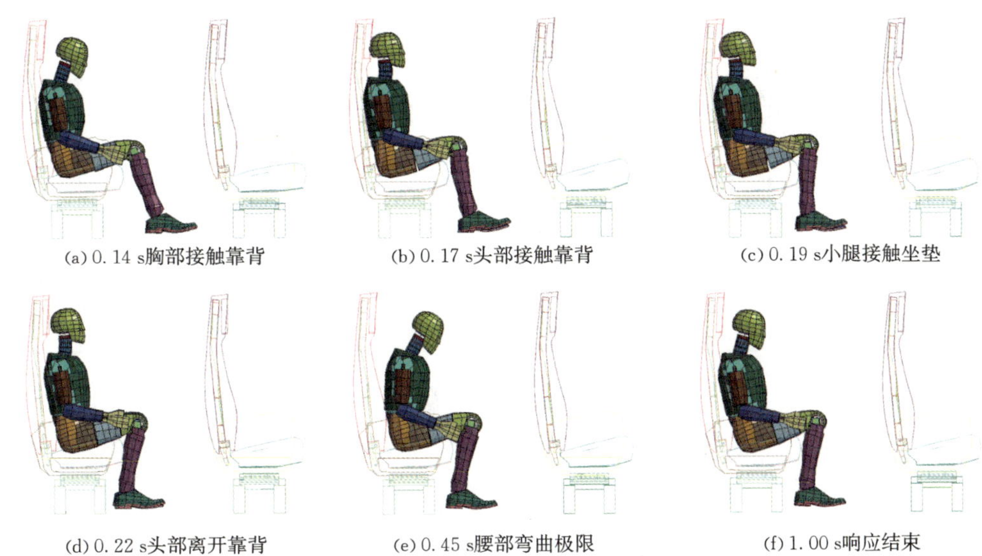

(a) 0.14 s胸部接触靠背　(b) 0.17 s头部接触靠背　(c) 0.19 s小腿接触坐垫

(d) 0.22 s头部离开靠背　(e) 0.45 s腰部弯曲极限　(f) 1.00 s响应结束

图 4.33　静止车假人 7 动力学响应过程

4.6.2　损伤评估

二次碰撞中，乘员的损伤形态多种多样，根据通用的头部、颈部、胸部和腿部损伤准则对乘员进行损伤评价。

运动车乘员头部、颈部、胸部和腿部损伤指标见表 4.9。

表 4.9　运动车假人各部位损伤值

	HIC	N_{ij}	CSI/g	D/mm	TI_{left}	TI_{right}	WIC
假人 1	355	1.56	16.62	2.79	0.27	0.63	0.39
假人 2	321	1.29	16.29	2.61	0.24	0.69	0.36
假人 3	408	1.51	15.28	2.67	0.30	0.40	0.43
假人 4	370	1.61	16.31	2.83	0.61	0.23	0.40
假人 5	315	1.24	15.69	2.62	0.71	0.22	0.36
假人 6	445	1.52	15.92	2.82	0.40	0.32	0.47

从表 4.9 中可以看出，运动车假人头部、胸部、小腿响应较小，颈部响应较大。头部 HIC 损伤值都没有超过 700 损伤极限，胸部 CSI 和腿部 TI 均远小于 60g 与 1.3 阈值，主要伤害出现在假人颈部，所有假人颈部损伤预测因子均大于 1。

静止车乘员头部、颈部、胸部和腿部损伤指标见表 4.10。

静止车乘员头部、腿部响应值较小，胸部、颈部响应较大。头部损伤均为 200 上下未超过 HIC 损伤力 700 极值，腿部响应较小远小于 1.3，主要伤害出现在假人胸部，胸部连续3 ms加速度值超过 60g，颈部同样超过损伤极限 1。静止车相比运动车的加权损伤更严重。

表 4.10 静止车假人各部位损伤值

	HIC	N_{ij}	CSI/g	D/mm	TI_{left}	TI_{right}	WIC
假人 7	201	1.05	88.64	−8.36	0.16	0.20	0.46
假人 8	231	1.27	124.3	−9.87	0.14	0.21	0.59
假人 9	255	0.93	124.0	−1.00	0.22	0.22	0.59
假人 10	208	1.07	92.74	−8.48	0.23	0.17	0.48
假人 11	260	1.33	125.5	−9.95	0.19	0.14	0.62
假人 12	266	0.92	121.8	−1.00	0.23	0.22	0.59

5 高速列车碰撞安全防护性能提升设计方法

5.1 列车碰撞能量分配管理设计

轨道列车的碰撞动能是以变形能方式耗散，并尽可能多的平稳有序地耗散动能，才能最大程度上减少事故发生导致的损失。因此，合理地配置能量缓冲装置能够有效提高列车的被动安全性。现代轨道交通列车吸能部件主要是车钩缓冲装置、吸能防爬装置以及车体端部结构，在列车发生碰撞时，能够逐级压溃，分级吸能。在同样的列车碰撞质量、编组形式和碰撞速度下，吸能部件配置不同，列车碰撞动力学响应完全不同，需要我们研究列车碰撞的能量管理问题。通过建立轨道列车碰撞模型，设计碰撞能量管理方法，使缓冲吸能装置以一种可控有序的方式吸收能量，为列车前期吸能装置的布置设计提供参考依据。当列车事故发生时，各级吸能结构能发挥出最佳的吸能效果，最大程度上减小对列车的损害，以保护乘员安全。这对提高列车的被动安全防护具有重大的工程意义。

5.1.1 列车碰撞能量分配管理主要内容

被撞列车在冲击载荷作用下，各节车辆不是同时承受冲击，而是由前向后传播，且由于结构的塑性变形，冲击载荷波在传播过程中会产生能量损失；另由于后续车辆的作用，后端冲击波由后向前传播，前后冲击波的交叉与耦合作用，使得各车辆所承受的撞击力、变形程度、撞击的初始速度、加速度以及吸收的动能等均不相同。因此列车碰撞能量分配管理的主要研究内容包括：

(1)确定整列车中参与产生塑性大变形吸收冲击能量的车辆数；

(2)确定不同编组位置的各车辆产生塑性变形的程度；

(3)确定各车辆及列车总的吸收能量情况；

(4)确定各车辆撞击过程中的撞击力、速度、减速度及撞击作用时间等一系列参数；

(5)研究多节车发生碰撞时“爬车”现象和横向屈曲失稳产生的机理及控制措施；

(6)确定最有利于控制列车塑性变形破坏区域、减缓乘员承受冲击减速度的整列车冲击能量分配模式以及结构的纵向压缩力—行程特性。

5.1.2 列车碰撞能量分配管理设计要求

在进行列车碰撞能量分配管理设计时，首先根据实际情况，满足列车吸能的相关标准。在耐撞性列车标准中，各国各地区有着不同的要求。美国对运行速度超过200 km/h的列车，要求在碰撞时吸收 13 MJ 的冲击能量，其中司机室端部吸收 5 MJ 能量、机车后端部吸收 3 MJ 能量，机车总共吸收8 MJ的能量，其余车辆吸收剩下的 5 MJ

的能量。两节相同的车辆以 48 km/h 的相对速度迎面发生碰撞时，冲击减速度小于 8*g*。欧盟提出了车辆端部的吸能要求，碰撞界面车辆的端部吸收 4.6 MJ，中间车端部吸收 0.7 MJ，通过三个阶段来完成，分别是车钩、安装在车钩上的易于更换装置的非结构变形、结构的塑性变形(仅限于冲击端)。

英国提出了列车多体耦合碰撞过程的数学模型。基于试验得到的车辆端部压溃特性，运用该模型得到了列车碰撞能量控制策略，即每节中间车的端部在 0.5 m 的变形范围内吸收 0.75 MJ，司机室端部在 1 m 的变形范围内吸收 1.5 MJ 的能量，同时将撞击力的峰值限制在 3 000 kN。这个策略可以使碰撞事故中的每节车辆都参与吸收其自身的能量，已经被两列 5 节编组的列车在 60 km/h 速度下的碰撞试验所证实。

英国铁路委员会在 GM/RT 2100 标准中增加了有关上述内容的条款，允许采用理论分析来确定各节车应吸收的冲击能量。法国、德国通过对单节车辆进行在线实车撞击试验及列车撞击理论分析，在高速列车设计时，将车辆两端部设计为可变形的、压皱吸能区，按整列车结构变形吸收 20 MJ 的冲击动能考虑，其中动车吸收 8 MJ 能量，紧靠动车的第一节拖车吸收 5 MJ 能量，其余拖车吸收 7 MJ 能量。

5.1.3 列车碰撞能量分配管理碰撞场景设计

在进行列车多体碰撞安全设计时，将列车车体结构设计成在任何碰撞、任何连接情况下都可以保证乘客安全是不现实的。车体结构设计目标只能是：在发生的典型碰撞事故中对乘客提供一定程度的保护。采用标准中的碰撞场景设计不包括所有可能实际发生的碰撞事故，但是可以代表那些最常发生的碰撞事故以及碰撞事故发生后造成的伤亡。因此设计者多采用标准中的碰撞场景进行多体碰撞能量分配管理设计。

国内外广泛采用欧盟标准 EN 15227：2008＋A1：2010*Railway applications—Crashworthiness requirements for railway vehicle bodies* 中规定的碰撞场景对列车车体结构进行评估。

对于高速列车、机车、客车和固定列车单元而言，车体质量按车辆整备状态加上 50％座席乘客质量计算，采用建立好的列车多体动力学模型以 36 km/h 的速度撞击另一列与其对称静止的列车多体动力学模型的碰撞性能进行分析应用方式；对于城轨车辆，需满足列车(AW0＋50％座席乘客状态)以 25 km/h 对撞的耐撞性要求，因此在采用建立好的列车多体动力学模型以 25 km/h 的速度撞击另一列与其对称静止的列车多体动力学模型。

5.1.4 典型列车碰撞能量分配管理碰撞设计

在一定编组列车上，头车端、尾车端和中间车端的吸能结构布置形式上会有不同。

在某 8 编组高速列车上(图 5.1)，头部车辆采用三级吸能结构，分别为车钩缓冲器，图 5.1(a)中 *OA* 段；可变形吸能元件，图 5.1(a)中 *AB* 段；主吸能结构，图 5.1(a)中 *CD* 段；车体载人区，图 5.1(a)中 *EF* 段。高速动车组中间车端使用二级吸能结构，分别为车钩缓冲器，图 5.1(b)中 *OA* 段；压溃管，图 5.1(b)中 *AB* 段；车体载人区，图 5.1(b)中 *CD* 段，两种曲线用于分析中力—位移曲线。根据多体动力学理论，建立 8 编组高速列车 36 km/h 的速度撞击另一列与其对称静止的 8 编组高速列车的碰撞模型，并对其碰撞性能进行分析，模型如图 5.2 所示。

计算时考虑滚动摩擦。车体质量按车辆整备状态加上 50%座席乘客质量计算，各车辆具有不同的质量。列车前端位置 8 和位置 9 处的吸能模块组由缓冲器、压溃管、防爬器、主吸能装置组成。头车车钩采用欧洲 10 型钩头，前端设置气液缓冲器，后端设置压溃管，是前端吸能装置的重要组成部分，吸能量为 95 MJ，中间车钩为半永久车钩，采用一端气液缓冲器、一端压溃管型式。列车端部防爬吸能装置在碰撞过程中能有效抑制爬车，采用双压溃管型式，长度为 615 mm。两者具有不同的力—位移曲线。

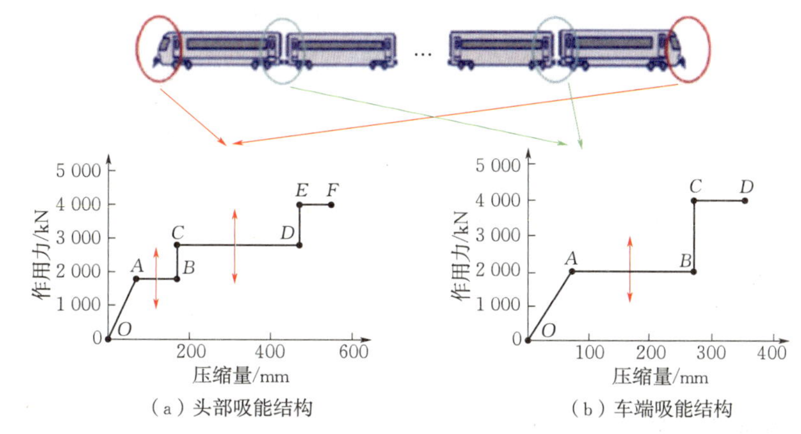

图 5.1 吸能结构作用力—位移示意

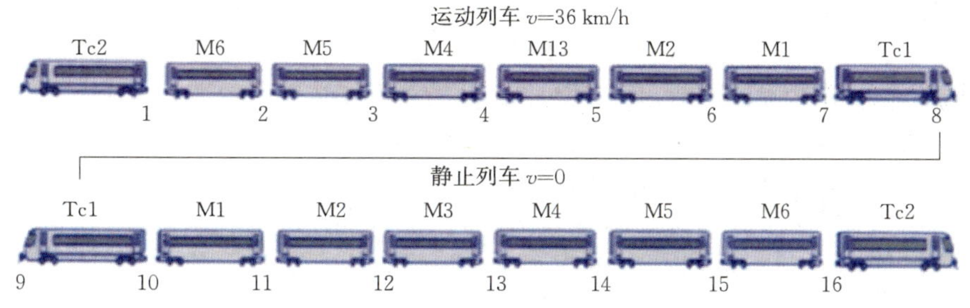

图 5.2 编组列车对撞多体建模

根据多体动力学理论计算得知，在 5 s 的数值计算过程中，运动列车首先推动静止列车 9～16 依次向前运动，由于静止列车阻挡的影响，车钩缓冲出现加载卸载振荡现象。撞击过程时，车钩的变形主要集中在位置 4～位置 13 上，其中位置 9、位置 10 处于碰撞界面上，因此变形比较大，不仅车钩缓冲器和压溃管被完全破坏，车端防爬器和吸能装置也参与了变形吸能。故碰撞过程中以碰撞界面为中点，压缩变形从大逐渐向两端减小。

碰撞之前撞击列车具有的动能为 22.39 MJ，两列列车从碰撞发生到最终以同一速度一起运行。在 5 s 的撞击过程中，16 节车辆剩余的总动能为 10.98 MJ，占到总能量的 49.21%；位置 1～位置 16 的 16 个车钩缓冲器、压溃管、防爬器及车体部分耗散的能量占总动能的 45.4%，其中位置 8 和位置 9 处耗散的能量最多。由冲击动能耗散在列车不同位置的分布情况可以看出，变形主要集中在靠近碰撞中页的位置 4～位置 13，其余位置吸收能量很少，说明能量耗散沿着碰撞由最大逐渐向两端减少。根据计算结果再进行相关标准下的改进设计。

对于城轨车辆而言，头车与尾车端常采用车钩缓冲装置、承载或专用吸能结构的吸能结构布置形式，中间车端则为半永久牵引杆、防爬吸能结构的吸能结构布置形式，具有不同的冲击力—位移曲线，但其分析设计过程与上述过程类似。

5.2　车体结构耐撞击性能优化设计

碰撞事故发生时，对于主要由金属板材焊接而成的列车车体结构，其动能是主要通过结构件的塑性大变形来吸收的，而这些塑性大变形将可能直接导致车体结构的破坏，车厢空间的变小，从而使司乘人员由于受挤压而造成严重的伤亡事故，这种车辆与其他车辆或障碍物之间的碰撞过程被称为“一次碰撞”。由于一次碰撞的过分激烈，会导致司乘人员与车辆之间快速地相对运动，造成司乘人员与车辆内部结构之间产生“二次碰撞”，包括由于司乘人员承受了过大的加减速度而造成的某些器官直接受损，或者司乘人员甚至直接被抛出车厢。因此，通过合理设计列车车体结构的缓冲、吸能性能，最大限度控制好碰撞发生时的剧烈程度，对提高机车车辆碰撞安全性能具有重要的意义。

5.2.1　车体结构优化

列车碰撞过程中需要耗散的总动能是巨大的。根据能量守恒原理，能量只能转移不能消失，因此需要采取措施转移这些冲击动能。在撞击过程中，尽管列车的制动力和运行阻力可以消耗一部分能量，但远不足以抵挡这一巨大的冲击动能。参考汽车、船舶上的吸能装置，研究车体结构耐撞性时，可以在车体上设置产生大塑性变形部位，使需要耗散的大部分冲击动能转变为车体变形能。考虑在撞击条件下通过以单节车为对象，车体产生塑性变形破坏对冲击动能的吸收，包括车体产生塑性变形的部位、载人区的受损程度、车体结构大变形的模式、车体结构所吸收的冲击动能、在变形过程中冲击力—变形行程的特性、冲击减速度等特性，这些特性是衡量轨道车辆耐撞性的关键指标。

在车体结构耐撞性的优化设计时，需要具体考虑以下环节。

(1)车体吸能区和载客区设置

在部分冲击动能通过车钩缓冲器、压溃管以及防爬器等结构的变形能进行耗散之后，相邻两车辆将直接接触，车体端部结构首先起作用。

对于动车组的拖车而言，车辆两端部为上下乘客的通过台，配电室、乘务室以及洗手间等附属设施也紧邻通过台设置，基本上覆盖了一、二位端枕梁到车体外端部之间的区域，为非载人区域；而载客区大致分布在车辆一、二位枕梁之间的中部区域；200 km/h 及以上速度等级运行的动力分散型动车组，列车为固定编组，列车两端为带流线型头部司机室的头车，头车中部为载客区，尾端为通过台。

从动车组的结构型式可以看出，客车车体的两端部、司机室操纵台前方的区域为非载人区，可以将该区域设计为吸能区，吸收冲击动能。从保护乘员的角度，要求客室载人区、司机室操纵台以及机器间在碰撞时仅仅发生弹性小变形，不能产生大的破坏，为弹变区。

对于动车组拖车，其吸能区和弹变区总体布置如图 5.3 所示，对于动车组头车，其吸能区和弹变区设置如图 5.4 所示。

吸能区的结构，在正常运行时需要有足够的强度和刚度满足相应规范规定要求；在较高

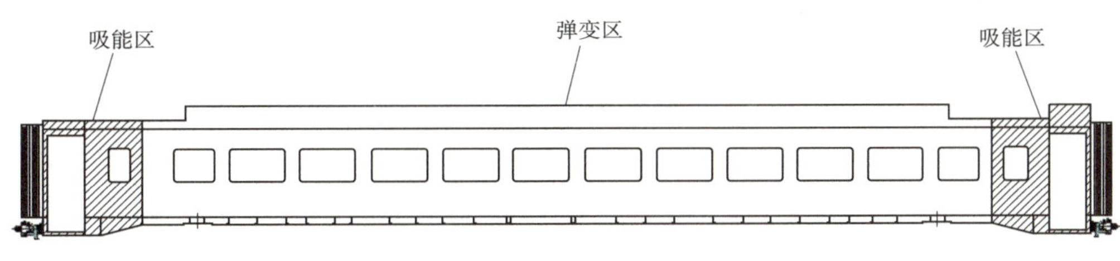

图 5.3　动车组拖车吸能区设置

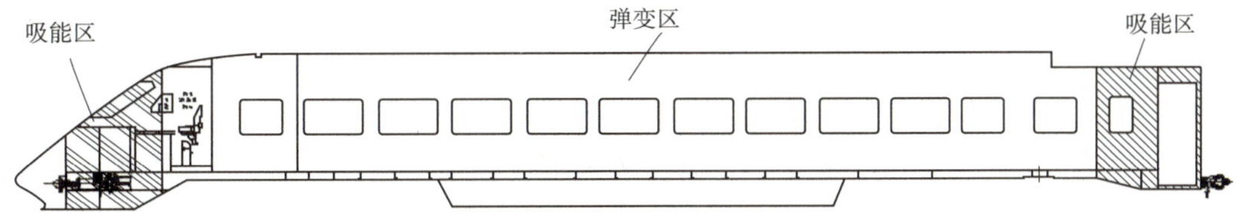

图 5.4　动车组头车吸能区设置

速下发生碰撞事故时，需要沿纵向产生塑性大变形吸收足够冲击动能；而弹变区结构，即无论是正常运行还是发生碰撞事故时，这部分结构均不发生塑性变形。

图 5.5 是采用 LS-DYNA3D 软件计算的某吸能客车车体撞击变形图，从变形图可以看出，车体端部依次产生纵向叠缩变形，通过台处的空间基本上被压缩完毕，而车体中部载人区没有发生明显塑性破坏。

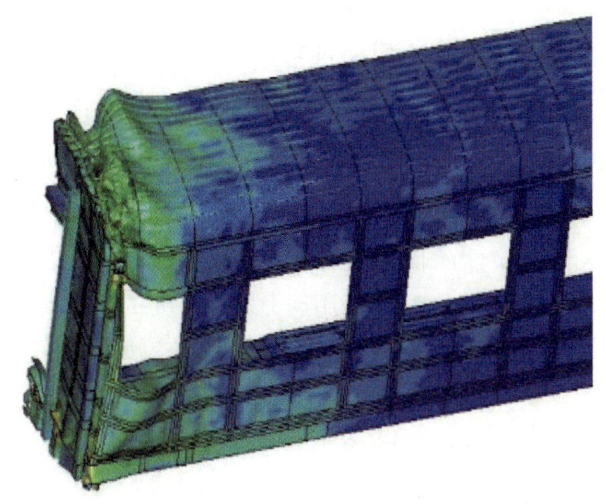

图 5.5　吸能区结构撞击变形示意

(2)车体纵向刚度设计

在列车高速碰撞事故中，车体结构材料会由弹性变形范围进入塑性变形阶段，可能发生局部或整体屈曲、翘曲以及皱褶等复杂塑性大变形模式，因此两碰撞车体接触界面上的作用力是动态波动的。为了简化分析，我们假设车辆在碰撞过程中始终保持沿纵向运动，相邻两节车接触界面上的动态冲击力为 $F(t)$，两车辆车体吸收的变形能分别为

$$\Delta E = \Delta E_1 + \Delta E_2 = \int_0^{L_1} F(t) \cdot \mathrm{d}L_1 + \int_0^{L_2} F(t) \cdot \mathrm{d}L_2 \tag{5.1}$$

式中，L_1，L_2 分别为两车体的纵向压缩行程，动态接触力 $F(t)$ 与各车体结构纵向压缩量的积分即为相应车体结构的变形能。为了简化分析，变形能的积分表达式可简化为碰撞过程中平均冲击力与车体动态压缩行程的乘积，即

$$\Delta E = \Delta E_1 + \Delta E_2 = \overline{F}(t) \cdot (L_1 + L_2) \tag{5.2}$$

在车体结构所需吸收的变形能 ΔE 一定的情况下，若平均冲击力 $\overline{F}(t)$ 越小，则车体结构对应的纵向压缩行程则越大；若纵向压缩行程越小，则平均冲击力 $\overline{F}(t)$ 则越大。车内乘员所受到的冲击减速度与车体结构所受到的冲击力是紧密正关联的。显然，过大的冲击力对于乘员保护极端不利；但是若将平均冲击力 $\overline{F}(t)$ 限制在很低的水平上，这就要求车体能够提供足够长的塑性变形破坏空间，从这个角度上说对于保护乘员的生存空间又是不利的。平均冲击减速度可以用来大致估计乘员受冲击伤害的水平，而车体结构纵向压缩行程则大体代表车体结构的破损程度。在给定的冲击动能条件下，车体的破坏程度与乘客所受到的冲击平均减速度水平是一对矛盾，互成反比。

从车体结构的角度来说，车体结构可以设计得很"刚硬"，保证结构碰撞时仅仅产生"小破损"，但此时冲击减速度很高；也可以设计得很"柔软"，碰撞时结构大部分能充分产生塑性大变形吸收冲击能量，保证冲击减速度在合理水平之内，这种情况下车体变形区域过大，乘员的生存空间可能也牺牲掉。综合上述两种情况，无论车体过于"刚硬"还是过于"柔软"，都是不能起到对乘员被动安全保护的目的。在"过于刚硬"和"过于柔软"两个极端之间，必须找到合理的车体结构模式，在满足一定冲击能量耗散的条件下，既能将冲击减速度限制在乘员的耐受范围内，同时保证客车乘客生存空间不被破坏，充分利用轨道车辆非载人区域的结构塑性变形来吸收、耗散冲击动能并缓和冲击。

在这里，引入车体的纵向平均压缩刚度的概念，定义为碰撞界面平均冲击力与相应车体动态压缩行程的比值，$k_1 = \dfrac{\overline{F}(t)}{L_1}$，$k_2 = \dfrac{\overline{F}(t)}{L_2}$。可以看出，车体的纵向压缩行程与车体的纵向平均压缩刚度成反比。

总之，在进行车体结构耐撞性的优化设计时，应遵循以下几个原则。

(1)车体结构首先保证能够满足正常运用时强度、刚度的要求，符合相应规范要求。

(2)将车体非载人区设置为吸能区，对于吸能区的结构按照承载吸能结构和专用吸能结构进行设计，在满足基本承载要求的前提下对其耐撞性能进行优化。

(3)车体自重不会由于吸能结构的设计而明显增加，制造工艺尽可能简单。

5.2.2 车体结构材料优化

车体结构作为运载工具的主体和重要承载部件，其结构材料必须具备如下特点：

(1)优异的机械性能。车体结构材料不仅需要有较高的比强度、比刚度，而且应具有一定的冲击动态强度和抗疲劳等性能。

(2)良好的加工特性。结构材料需根据不同的需求加工成不同的形态以实现某种特定作用，比如铸造、挤压、轧制、冲压成型等。

(3)突出的安全性能。结构材料应具有耐腐蚀性、耐火性和阻燃性等特性，以保证车体结构的完整，进而保护乘客及财产安全。

(4)易于维护与维修。车体结构需要很高的尺寸控制，因此在材料选择时应考虑防腐、维护、补修等问题。

(5)原材料的可再生利用及报废后的易分选性。节能环保材料车体将是未来发展的必然趋势。

(6)降低寿命周期成本。寿命周期成本是包括了生产制造、运行维护及后期报废处理的总成本，有效控制寿命周期成本，必将提升产品竞争力。

传统车体结构材料在面对风沙、高寒、高海拔等恶劣环境时，难以满足更高的舒适安全、节能环保等要求。铁路车辆发展的近200年里，车体结构随材料的发展经历了木制车体结构、钢制(碳钢)车体结构、不锈钢车体结构和铝合金车体结构等几个阶段。但是由于不锈钢车体存在气密性差、局部屈曲、表面划伤难处理等问题；铝合金车体存在应力腐蚀、疲劳强度低、低温脆性等缺陷，同时现有资源也在日益枯竭，因此急需新型轻量化材料和先进生产制造工艺以实现全面可持续发展。

1. 纳米组织控制铝合金

铝合金是由基础元素铝、主加元素(硅、铜、镁、锌、锰)和辅加元素(镍、钛、铬、铁、锂)组合而成。纳米组织控制铝合金是通过对铝合金金属组织进行纳米级控制，以提升铝合金的强度，从而采用结构薄壁化设计以实现车体结构轻量化。

(1)纳米组织控制铝合金强度的提升

分别将铝合金车体常用的A6N01铝合金和A7N01铝合金这两种材料，进行铸造处理、固溶处理、固溶处理＋时效处理、固溶处理＋轧制加工及纳米组织控制处理，通过对比强度发现，采用纳米组织控制的铝合金材料的0.2%屈服强度及最大拉伸强度相比于普通处理的材料均有所增加。利用电子显微镜观察金属组织，发现很多晶粒直径小于1 μm，由此可见通过纳米组织控制方法不仅能使析出物微细化，同时晶粒的大小也可微细化到纳米级别。

(2)纳米组织控制铝合金其他特性的改善

对于纳米组织控制铝合金的焊接性能，研究选用A6N01普通铝板和经过纳米组织控制的薄板进行FSW焊，通过观察断面金属组织，可以看到普通铝板的焊缝区域存在明显的接合缺陷，而纳米组织控制铝合金薄板的焊接区域则没有缺陷，实现良好的接合。分析认为这是由于纳米组织控制改善了材质的延展性，由于高强度材料在施加应力的状态下腐蚀易扩展，从而形成应力腐蚀裂纹。因此，研究选用易产生应力腐蚀的A7075铝合金普通板材和对其进行纳米组织控制的薄板，分别进行应力腐蚀裂纹试验。将板材试样浸渍在盐水后，施加弯曲载荷，板材试件的中心则是负载应力最高区域。通过观察发现，普通板材由于性能上的欠缺导致了气孔的产生，而纳米组织控制材料并未发生腐蚀现象。

2. 阻燃镁合金

镁合金是目前工程应用中密度最小的金属结构材料，具有储藏丰富、高比强度、高比刚度、减振性能良好、电磁屏蔽性好、可回收利用等优点。

镁合金是活泼金属，为了提高其阻燃性，将普通镁合金材料中钙的成分增加1%，同时为了易于制造和提高强度，又分别将锌和铝的成分增加1%和6%，这样得到的阻燃镁合金(Mg-6Al-Zn-Ca合金，简称AZX611)的弹性极限及拉伸强度不低于A6N01铝合金。此外，研究发现在阻燃镁合金的试制中，制造过程受大气条件的影响很大，而采用真空铸造工艺能够制作出不产生缺陷、质量优良的阻燃镁合金。镁合金的耐腐蚀性与镁合金的纯净度有密切的关系，除 Bi 和 Ca 等少数有益的杂质外，其他大多数的杂质都会降低镁合金的耐腐蚀性能。因此，可选用高纯度的原材料、优化熔炼工艺及镁合金熔体纯净化法以提高镁合金的纯净度，同时采用高性能镁合金挤压加工技术、镁合金高效短流程成形技术等，可有效改善镁合金耐腐蚀性，提高镁合金产品性能及生产效率。

对于阻燃镁合金的焊接性能，研究人员分别采用 TIG 焊和 FSW 焊工艺对 AZX611 镁合金轧制板材进行焊接加工。在 TIG 焊接过程中没有起火，且焊接部位良好，这说明只要条件适当，TIG 焊可用于阻燃镁合金的焊接。利用光学显微镜观察其断面组织，发现在焊缝热影响区域有粗大晶粒。在 TIG 焊接材料的拉伸试验中，焊缝热影响区有断裂现象，且焊接效率在 70%左右。在对 AZX611 镁合金轧制板材进行 FSW 焊接后，在接合部位中心出现金属组织塑性流动形成的“洋葱环”，通过观察发现 FSW 焊接接合部位断面搅拌层呈现微细化，从而引起明显硬化，这是由于 FSW 焊时机械截断和动态再结晶所致。在 FSW 焊接材料的拉伸试验中，其断裂强度和母材基本一致，且接头稳定性达到 90%以上。

法国 TGVDuplex 双层高速列车座椅采用了镁合金座椅，与原有铝合金座椅相比每个双人座椅有 36～30 kg，列车使用镁合金的座椅总数量超过了 45 000 个。日本新干线 N700 系列高速列车座椅骨架也采用了镁合金，包括座椅扶手、中央支撑架、底垫、底座、扶手座、背靠等。

3. 高性能复合材料

复合材料是由基体材料和增强材料通过复合而成的新型材料，其性能优于构成该复合材料中的任意单一材料的性能。复合材料车体具有如下特点：良好的设计性，研发人员可从选材、结构形式、制造工艺等方面全方位统筹进行结构设计；采用整体成型工艺，减少零件和紧固件数量，缩短生产周期，控制生产成本；实现车体轻量化，从而减少列车运行时对轨道、轮对及轴承的磨耗，提高列车的抗震性和防噪性；复合材料轻质高强，有良好的耐腐蚀、抗疲劳、抗冲击等性能，从而延长车辆使用寿命，降低维修成本。

图 5.6 为复合材料在国外轨道车辆车体结构应用的示例。

(1)英国 Intercity125 型机车司机室的前端采用层压 GFRP 板包覆聚氨酯泡沫芯构成夹层结构，整体总质量较传统钢制件减轻 30%～35%，同时能承受 0.9 kg 方钢块以 300 km/h速度的冲击。

(2)法国双层 TGV 客车采用蜂窝夹层复合材料和真空袋压固化成形工艺，通过线路运行试验，证实了复合材料车体在振动性能、透声性能和绝热性能等方面的优势。

(3)瑞士 Schindle Waggon 公司采用纤维缠绕技术制造的泡沫夹芯三明治结构 FRP 铁路车体，与铝合金车体相比，车体结构减重 20%～25%，且可实现制造高度自动化，使车体辅助构件数目大大减少。

(4)瑞典斯德哥尔摩 C20FICA 地铁的侧墙、车顶和地板均采用不锈钢面板和聚甲基丙烯酰亚胺泡沫芯材三明治结构。侧墙总厚度减少了 120 mm，增大客室内部空间。

(5)日本 N700 系高速列车车顶采用碳纤维增强塑料制成，使得车体具有较高气密强度和较低的重心，每节车厢可减重 300～500 kg。

(6)韩国 TTX 摆式列车车体采用了复合材料车体与不锈钢底架混合设计理念，车体的车顶、侧墙和端墙由三明治夹芯复合材料制成，底架结构则采用不锈钢 SMA490B。

通过验证明，车体结构的静强度、疲劳强度、模态特性、耐火性能等各项指标均满足设计要求。

（a）英国Intercity 125型机车司机室

（b）法国双层TGV客车车体结构

（c）瑞士Schindle Waggon公司车体结构

（d）瑞典C20 FICA地铁

（e）日本N700系高速列车车顶

（f）韩国TTX摆式列车

图 5.6　复合材料在国外轨道车辆车体结构的应用

我国就复合材料在轨道交通领域的应用研究相对较晚，但已完成零部件和次承载结构的研制与应用，例如司机室头罩、裙板、受电弓导流罩、内饰板等，如图 5.7 所示。厂家研制的动车组 CFRP 设备舱采用模块化设计结构，如图 5.8 所示，相对于铝合金结构，CFRP 设备舱减重 35%，可承受振动、地面效应及风沙冲击和高温、高湿、风雪侵蚀，各项指标满足运营要求。在第四届中国(长春)轨道交通博览会上，由中车长春轨道客车股份有限公司研制的新一代地铁列车和武汉东湖“光谷量子号”有轨电车首次亮相，如图 5.9 所示。这两款列车均采用碳纤维复合材料车体,实现了列车轻量化设计。其中武汉东湖“光谷量子号”设计时速为 80 km,最高可容纳 368 人。2018 年 9 月在德国柏林举行的国际轨道交通技术展(Inno Trans2018)上,中车青岛四方机车车辆股份有限公司正式发布了新一代碳纤维地铁车辆“CETROVO”,如图 5.10 所示。新一代地铁车辆实现了碳纤维复合材料在车体、转向架构架、司机室等车辆主承载结构上的全面应用,特别是成功突破了碳纤维大型复杂件结构设计、制造成型等关键技术,使车辆大幅“瘦身”。与传统金属材料相比,新一代碳纤维地铁车辆的车体、司机室、设备舱分别减重 30%以上,转向架构架减重 40%,整车减重 13%。

图 5.7 国内复合材料应用实例

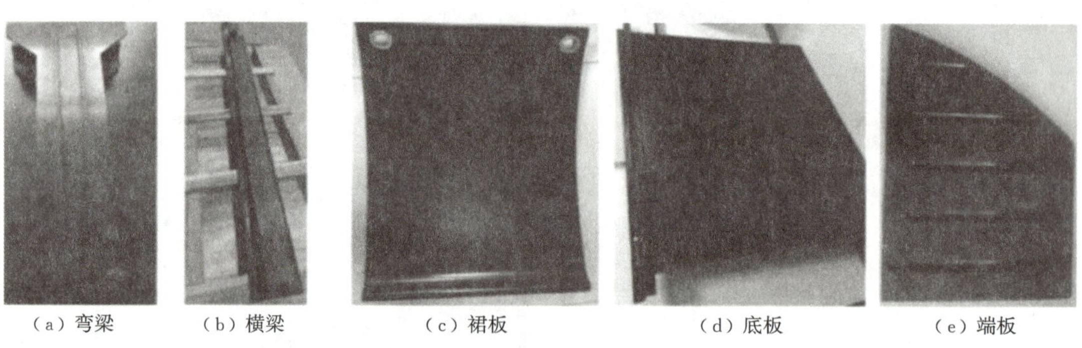

(a) 弯梁 (b) 横梁 (c) 裙板 (d) 底板 (e) 端板

图 5.8 动车组 CFRP 设备舱各构件

(a) (b)

图 5.9 中车长春轨道客车股份有限公司研制的新一代地铁列车和“光谷量子号”有轨电车

随着全球轨道交通市场的竞争日益加剧,传统车体结构材料在车辆轻量化设计、降低生

图 5.10 中车青岛四方机车车辆股份有限公司研制的新一代碳纤维地铁车辆“CETROVO”

产成本等方面都遇到了瓶颈。而新型轻量化结构材料在轨道车辆领域的应用已展示了其轻质高强、良好设计性能等优势。由此可见，新型轻量化结构材料在轨道车辆的运用不仅能够满足可持续发展的需求，同时也是未来技术发展的必然趋势。

5.3 车辆间纵向连接装置吸能特性提升

5.3.1 车钩缓冲装置吸能特性优化提升

车钩缓冲装置主要作用是连接列车中各车辆使之保持一定的距离，并且传递列车在运行过程中的牵引力、缓和列车在运行中或在调车时所产生的纵向冲击力，从而提高列车运行的平稳性和乘客乘坐列车时的舒适性；缓和并吸收列车在起动、制动、连挂及调车作业时所引起的纵向冲击和振动；在非正常状态下，当撞击开始时，由于车辆之间较大的纵向相对速度差使得连接相邻车辆的车钩装置缓冲器受到强力压缩，借助于压缩弹性元件（液压、气压元件或橡胶弹性材料）来缓和冲击作用力，同时在弹性元件变形过程中利用摩擦或阻尼吸收冲击能量。

缓冲器的力—行程特性对于低速情况下车辆的冲击性能有明显的影响，比如调车、车辆连挂时的冲击工况等，从而在最大限度上保护车辆底架不受损坏、乘客不受伤害。按照缓冲介质种类的不同，缓冲器主要可以分为：气液缓冲器、橡胶缓冲器、弹性胶泥缓冲器等多种类型。但对于较高速度下的碰撞而言，缓冲器所能吸收的能量只占很小的比例，对整车的变形和运动影响不大。决定缓冲器特性的主要参数是缓冲器的冲程、最大作用力、容量及能量吸收率等。而对车钩缓冲器设计的就是能够找到一条合适的缓冲力—行程特性曲线，使其满足列车正常运行和低速碰撞时的性能要求。目前市场上已有多种形式的缓冲器，关键是根据设计要求选用一种合适的缓冲器并确定其性能参数。

在碰撞事故发生时车钩装置会最先受到冲击，当撞击能量超出缓冲器的容量时，传统车钩将继续保持原有的连挂状态。然而当缓冲器压死之后，车辆之间由车钩刚性连接，车间距不会明显减少，相邻的车端间难以发生接触，因此不利于设置在车端的吸能装置和车体端部弱刚度区发挥吸能效果，这样对缓冲冲击将极为不利，碰撞能量将以波的形式传到车辆上，大大加大碰撞界面力，对车上设备和人员的安全构成威胁。所以车钩缓冲装置除了可以满足传统设计的基本功能外，还应具备很大的开发价值。例如，通过在车钩刚性结构中加入压溃管，可将车钩装置设计为吸能结构；通过结构的改进和新材料的使用，可以开发出大容量缓冲器。

耐碰撞车辆的车钩缓冲装置作为被动安全防护系统的重要组成成员，一般可以设计为以下两种方式。

(1)纵向可以承受车辆正常运营载荷，但当纵向冲击力超过某一阈值时，车钩可以脱落，方便下一级吸能装置更好地发挥作用。例如：地铁车辆上使用的带螺栓剪切装置的钩缓装置，如图 5.11 所示。

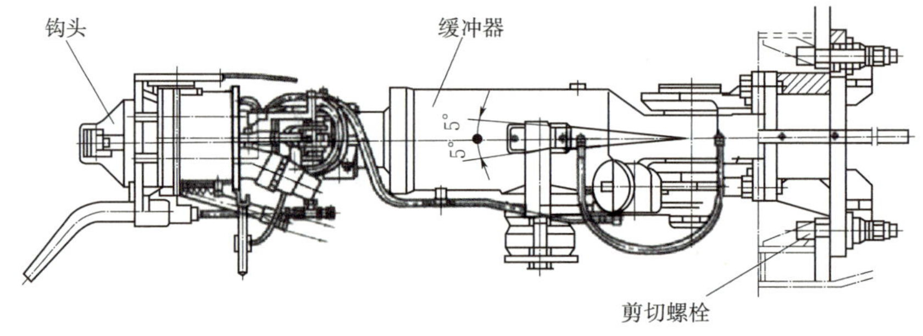

图 5.11 可脱落车钩示意

(2)纵向可以承受车辆正常运营载荷，但当纵向冲击力超过某一阈值时，车钩长度被压缩，压缩过程中伴随着能量的吸收，例如：高速动车组所用车钩，如图 5.12 所示。这种形式的钩缓装置虽然没有脱落，但可以为防爬吸能装置以及车端结构弱刚度区的接触创造有利条件。另外这种车钩对车辆来说又多了一级吸能装置，有利于能量的分配。

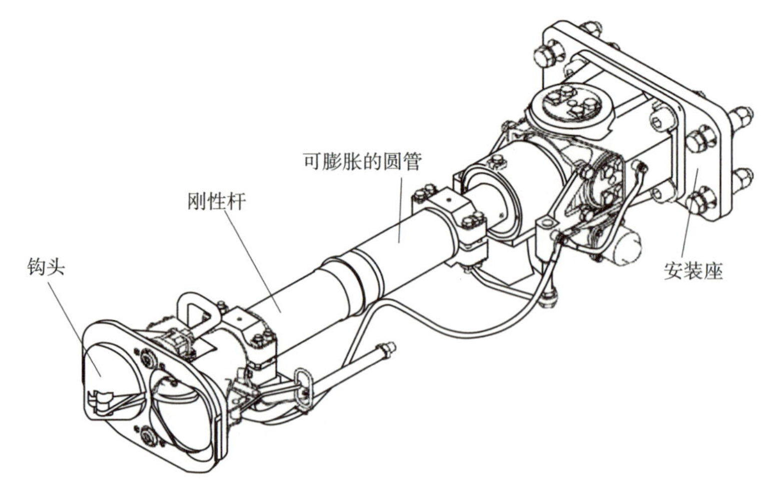

图 5.12 吸能车钩示意

通常在不影响车钩正常运用功能的情况下，为了提高车钩连接部位的结构耐撞性，可以设置仅在特定高速冲击工况才发挥作用的压溃元件，来大幅提高车钩吸收冲击动能的能力。压溃式元件主要作用是承受纵向压缩，在车辆发生碰撞时，压溃式吸能结构发生变形，吸收一定的冲击能量，保护车体结构不发生塑性变形。压溃管使用的吸能材料以钢制薄壁管居多，一般用经过特殊处理、屈服强度稳定的钢管制成，其有多种形式，常见的主要有刨削式、收缩式、折叠式、鼓胀式四种形式。

目前在国外广泛使用在一些车钩单元上，已经实现了 1 MJ 左右的冲击能量吸收，远远超出了常规缓冲器所能吸收的能量。比如安装在德国 ICE-3 型动车组上的 Scharfenburg 10 号车钩，压溃载荷为 850 kN，可以吸收 1.025 MJ；安装在庞巴迪 Acela 高速列车上的 Dellner 车钩可通过变形管吸收 1 MJ 的能量。

地铁车辆作为比较特殊的一类的轨道车辆，除了其两端有驾驶室为非载客区域之外，其余位置全为载客区，所能考虑的吸能区域非常有限，所以在地铁车辆的车钩设计上，耐撞性设计体现得更为突出。图 5.13 所示为 Voith Turbo 公司设计的地铁车钩，车钩上设有橡胶缓冲器，最大压缩行程为 55 mm，可吸收 17 kJ 的能量，仅能满足 8 km/h 速度以下的连挂要求，同时还设有 200 mm 长的压溃管，其压溃力基本恒定为 680 kN，可以吸收 136 kJ 的能量。其作用原理如图 5.14 所示，压溃管在初始位置有一个锥形坡度，当缓冲器达到压缩最大行程时，此时车钩拉杆推动压溃管前端的刚性圆柱筒沿着锥形坡度压迫压溃管，使得压溃管管壁沿径向均匀膨胀，产生塑性变形，其变形顺序和模式都异常稳定，压缩力基本可以保持恒定。同时在压溃管行程范围内变形时，车钩拉杆的运动为压溃管所限制可以保证缓冲器不破坏。在拉伸情况下，车钩拉杆与刚性圆柱筒之间无力的传递和作用，因而，通过这样的压溃管的技术方案，在不影响车钩正常运用的条件下，可以大大提高车钩在碰撞状态下吸收冲击动能的能力。

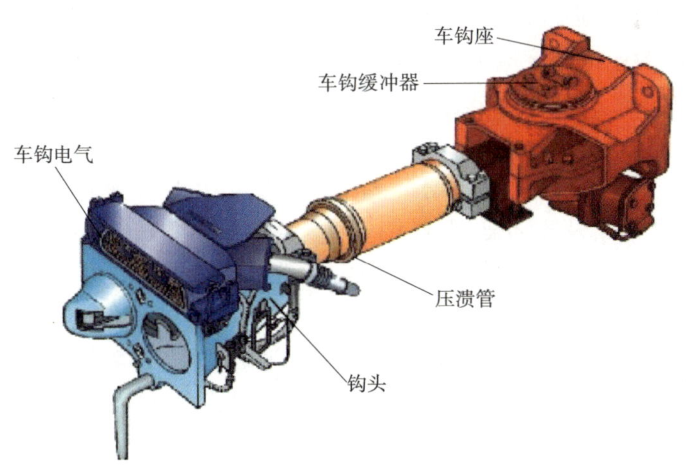

图 5.13 Voith Turbo 公司设计的地铁车钩

若缓冲器和压溃管仍不足以吸收冲击能量，那车钩缓冲装置将面临第 3 阶段的变形，即当车钩压溃管完全压溃完以后，车钩撞击力会迅速上升，从而达到头车前端车钩与车体底架连接装置的保护阀值，连接装置被破坏。干线铁路车钩的安装座与底架是通过铆钉固结的，地铁车钩多采用剪切螺栓安装在车体上，它们的破坏过程也会吸收部分能量。同时为了保

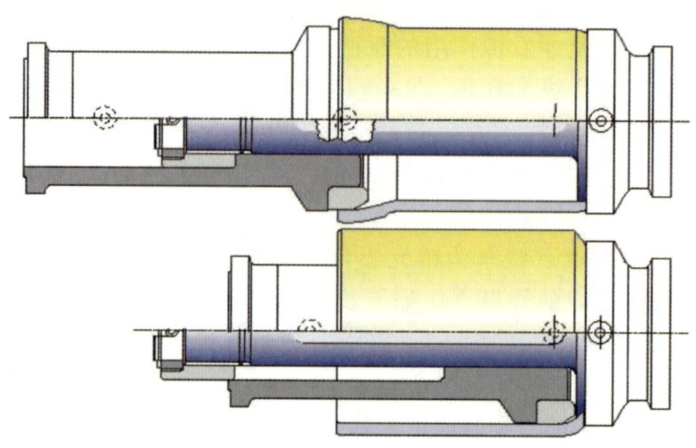

图 5.14 压溃管的作用原理

护车体底架，要求车钩与底架的连接部位先于车体发生剪切失效，使得车钩缓冲装置与车体底架脱离，相邻车辆不再通过车钩装置传递纵向作用力。连接装置在列车正常牵引和连挂时，承受车钩缓冲器带来的冲击载荷，又可以在车辆发生较高速度的碰撞时，保证车钩压溃管作用充分后自身能够准确被破坏并吸收一定的能量，使车钩脱落从而顺利引发下一级吸能结构的吸能。此时车钩压溃管、车钩连接装置损坏需更换，头车前端吸能区及客室结构均保持完好状态。

从车辆耐撞性的要求来讲，在设计车钩时，应该满足如下几个条件。

(1)在车钩结构中设置仅在大速度冲击情况下发挥作用的压溃管，压溃管的长度和阻抗力要充分考虑到车钩连接强度以及避免由于压溃管太长而导致的欧拉屈曲失稳。

(2)车钩与车体的连接强度应低于车体结构的破坏强度。

(3)车钩完全破坏之后应从车体上脱落，不再影响车体其他部位如防爬器、外端等结构的充分接触。

在列车两中间车之间，则多用半永久牵引杆式车钩进行连接和吸能。该结构由两部分组成，即带压溃管侧及不带压溃管侧，两侧通过连接卡环连接，气路接头安装在车钩头下部。两侧的钩尾组成的设计都包含了橡胶弹性缓冲器，与全自动、半自动钩缓装置相同，只是取消了对中装置，且具有自支撑功能。在列车正常运行期间起到连接和缓和冲击、振动的作用；在非正常状态下，作为耐撞性结构吸收碰撞能量，减小因碰撞带来的车体结构破坏。

5.3.2 车体端部吸能部件设计

当高速列车发生碰撞事故时，撞击能量主要集中在头部，很大一部分能量是由头车的主吸能结构来吸收。主吸能结构的长度越长，吸收的能量就越多、撞击缓冲的时间就越长，这有利于提高列车的耐撞性能。但是主吸能结构过长会对头车的外形和结构设计造成巨大的挑战。车辆碰撞过程中的能量耗散，并不是简单地将各部分吸能结构的设计吸能量相叠加，车辆端部吸能结构的压溃平台力的匹配情况对高速列车撞击时各个撞击界面的形变和吸能量有着十分重要的影响。高速列车碰撞过程中，部分冲击动能通过车钩缓冲器及压溃管等吸能装置的变形吸能进行耗散之后，相邻两个车辆的车体将直接接触，车体端部吸能结构直接起到作用。

车体端部的专用吸能结构仅在发生撞击事故时产生塑性大变形吸收能量，以增加吸能结构的"比吸能"。专用吸能结构在碰撞中失效后可以替换。对于高速列车而言，根据耐撞性车体的设计思想，头车车体的端部，气密厢墙前方的区域为非载人区，可以将该区域设计为吸能区，吸收冲击动能。高速列车吸能量要求大，需要在充分利用空间的前提下，设计了如图 5.15 所示某高速列车前端吸能结构，其包括了三级吸能行程：一级吸能阶段，车钩缓冲器和压溃管同时作用，端部平台力从 0 升到 1 000 kN，之后稳定在 1 500 kN，压缩行程为 600 mm；二级吸能阶段，主吸能结构开始压溃吸能，平台力升为 2 000 kN，压缩行程为 260 mm；三级吸能阶段，主吸能结构和防爬吸能装置同时作用，平台力升为 2 900 kN，压缩行程为 520 mm。

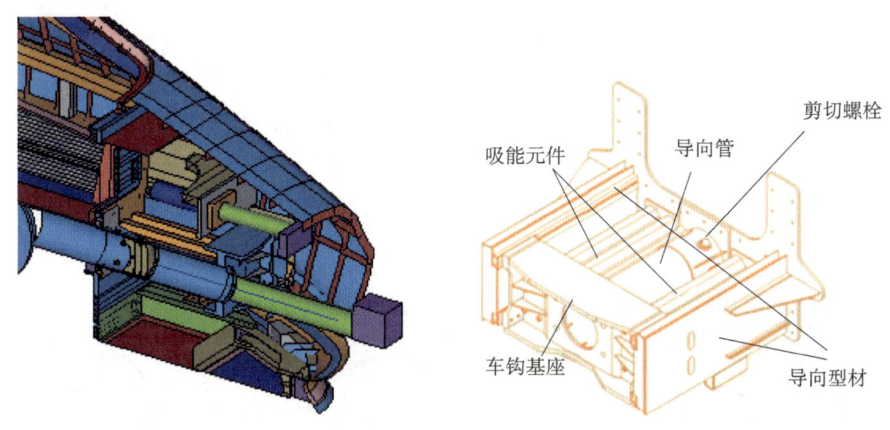

图 5.15 主吸能结构示意

车体端部吸能部件主要是按照吸能元件作用形式分为以下几种。

(1)薄壁管

金属薄壁管因其吸能效率高、重量轻、成本低等特点被广泛应用于车辆、轮船、航空航天等领域，也可以作为承载式或者专用式吸能结构；在列车碰撞中，安装在列车吸能区的金属薄壁管通过自身受到轴向载荷产生塑性变形来吸收能量，经常用于列车碰撞元件的薄壁管有圆管、矩形管、多边形管。

当薄壁圆管轴向压溃时，其塑性破损模式可能是轴对称的或者是非轴对称的，主要取决于直径与厚度之比(D/h)。轴对称模式通常称为圆环模式或手风琴模式，而非轴对称模式被称为钻石模式。这些模式的例子分别如图 5.16(a)、图 5.16(b)所示。钻石模式的特征可以用瓣数表示，对于大多数常用的圆管，瓣数为 2～5 个。对于某些 D/h 值，圆管破损可能开始是圆环模式，然后转化为钻石模式，因此呈现出一种混合模式，如图 5.16(c)所示。圆管变形模式受载荷形式、约束边界条件、管件的形状、材料特性等因数影响。

在列车吸能结构设计中，由于薄壁矩形管外形和列车吸能区空间更加契合，所以其得到了更广泛地运用。薄壁矩形管在受到轴向载荷的作用下，其破损模式和圆管非常不同，但是

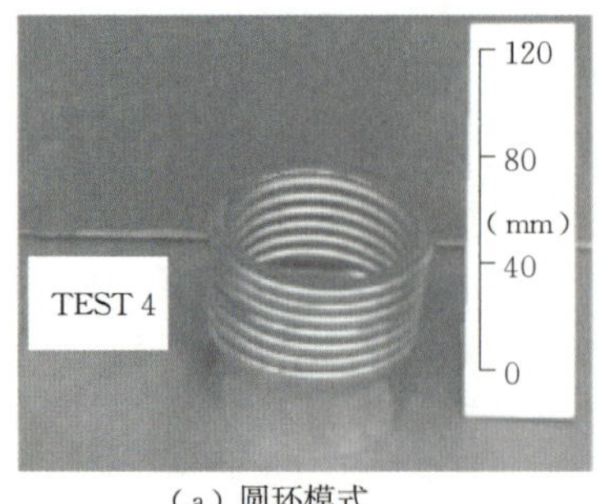

(a) 圆环模式

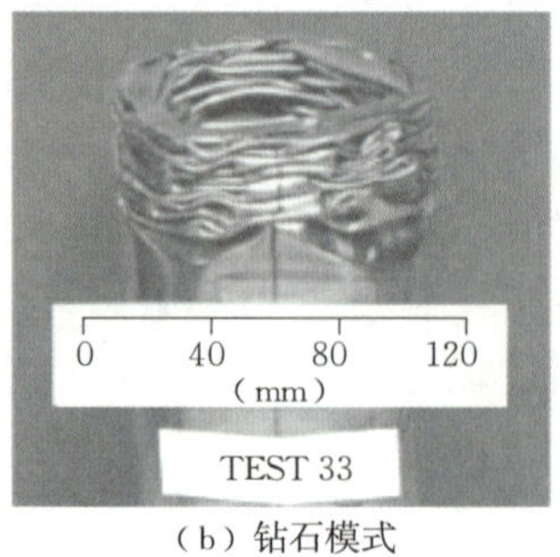

(b) 钻石模式

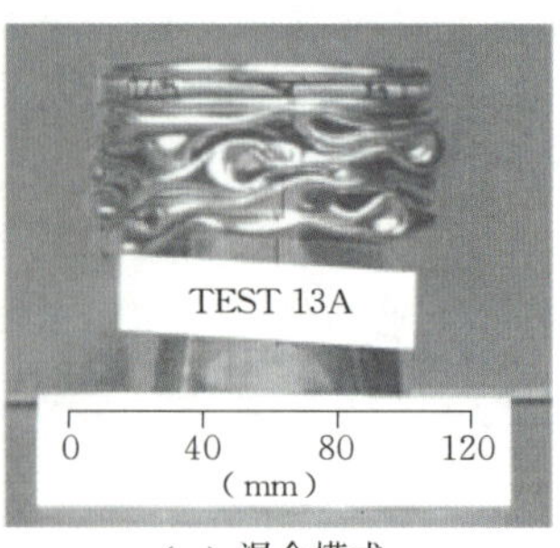

(c) 混合模式

图 5.16 圆管变形模式示意

力—位移的一般特性是类似的(图 5.18)。这是因为在受到轴向加载时，矩形管和圆管都要经历渐进破坏的过程。

矩形管在轴向载荷下的变形模式决定了其作为吸能元件是否具有优良的吸能特性，而其变形模式同样受到上述因素的影响，最重要的影响因素是截面尺寸。比较理想的变形模式则是外扩式、非外扩式[图 5.17(a)]和混合式。但是对于一个很薄的矩形管，其宽度和厚度之比(b/t)约为 100，在轴向载荷下，整个矩形管进入非紧凑变形模式，如图 5.17(b)所示，这对吸能结构的设计较为不利。最坏的情况是薄壁矩形管出现整体屈曲或者整体弯曲变形模式，如图 5.17(c)所示。这些模式会大大降低原有吸能结构的能量吸收效率，在设计的过程中应该避免。

(a) 非外扩式变形模式

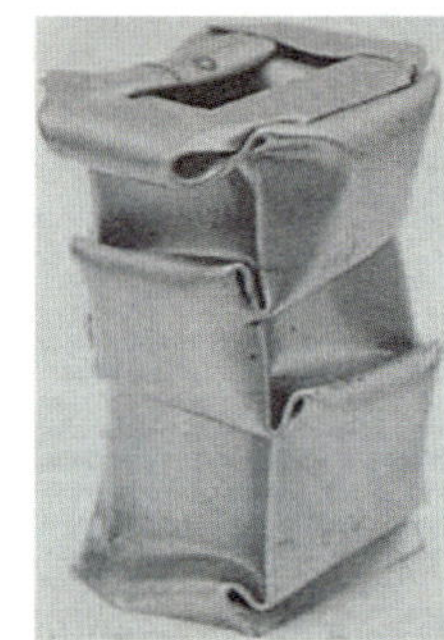
(b) 非紧凑变形模式

(c) 整体弯曲变形模式

图 5.17 矩形管变形模式示意

在吸能结构设计中，平均力 MCF 是一个很重要的衡量指标，计算出平均力就可以根据变形行程大致估算出吸能结构的吸能量。关于矩形管在轴向载荷下的平均力计算，Wierzbicki and Abramowicz 根据力学模型得出理论公式

$$\mathrm{MCF}=9.56\sigma_0 b^{1/3}t^{5/3} \tag{5.3}$$

后来 Abramowicz and Jones 考虑了应变增强效应对平均力的影响，又更新了公式

$$\mathrm{MCF}=13.06\sigma_0 b^{1/3}t^{5/3} \tag{5.4}$$

锥度矩形管是纵向前后两端面积大小不同的矩形管，其四条边形成锥度，在列车吸能元件设计中也有较多应用(图 5.19)。相比于普通矩形管，锥度矩形管具有在轴向载

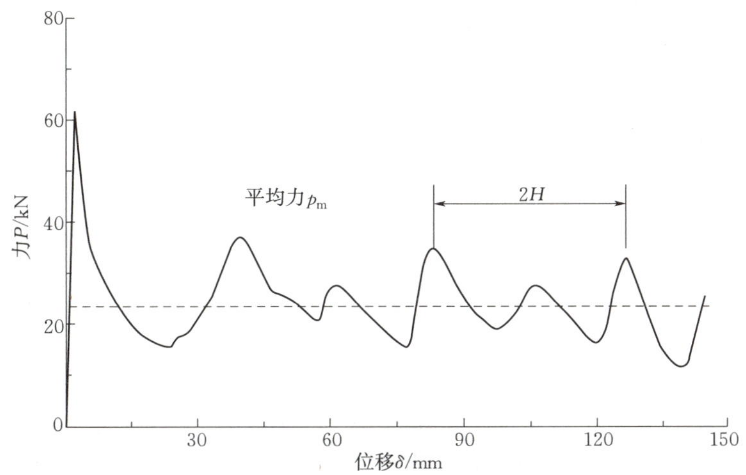

图 5.18 矩形管理想力—时间曲线

荷和斜向载荷下更稳定的变形模式，冲击载荷下载在保证最大初始峰值力的情况下更多的能量吸收能力。其变形力—位移曲线与圆管和矩形管相似，不过由于锥度的原因，变形平台力值有逐渐上升的趋势。根据实际需要，锥度矩形管有单面锥度、双面锥度、三面锥度和四面锥度的形式。

图 5.19 锥形管示意

多边形管是在轴向载荷下，薄壁矩形管的角区域会出现严重的变形来吸收能量，因此出现了多边形管的设计，有更多的角区域来发生塑性变形和吸收更多的能量。在众多形式的多边形管中，六边形和八边形管被研究得最多。

对高速列车来说，由于其运行速度相对较高，对耐撞性的设计要求更高，单个的薄壁管很难满足能量吸收要求，因此多个薄壁管组合成为多胞吸能结构，作为头车的主吸能元件是比较合适的。例如在头车主吸能元件设计中，采用的是多胞蜂窝管，初期设计包括三种截面构型，分别是四元胞、五元胞、五元胞组合蜂窝管，横截面如图 5.20 所示。由于车钩基座大小限制，所以吸能元件纵向安装面长和宽限定为 280 mm×245 mm，单元胞边长为 a，通过计算可得 $a=56$ mm。五元胞组合蜂窝管是以八边形管为基础，正六边形管围绕在其四周，形成的五孔组合蜂窝结构形式。正六边形单元胞的边长 a 为 56 mm，八边形管上下边长 b 为 56 mm，侧边长 c 为 51 mm，斜边与侧边的夹角为 150°，上下边与斜边的夹角为 120°。多胞管实物撞击如图 5.21 所示。

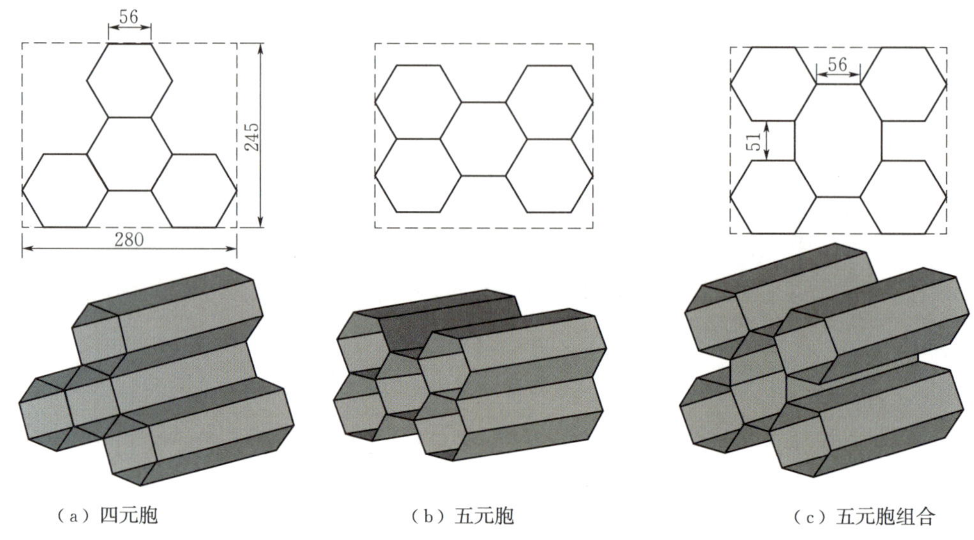

（a）四元胞　（b）五元胞　（c）五元胞组合

图 5.20　多胞管横截面

图 5.21　多胞管实物撞击

(2)蜂窝结构

蜂窝材料是典型的多胞材料，在受到压缩载荷时，具有优良的能量吸收能力和较为平稳的冲击力，可以单独用做优良的能量吸收材料，也可以与金属薄壁管一起作为复合结构使用。大多数蜂窝材料的胞元的截面是六角形的，但是也可能有其他形状，例如三角形、正方形、菱形或者圆形。使用蜂窝材料制成的结构称为蜂窝结构。在列车吸能结构设计中，常见的蜂窝结构有钢蜂窝和铝蜂窝。如图 5.22 所示，在一整块蜂窝结构中，L 为宽度，W 为高度，B 为长度，在单个蜂窝胞元结构中，l 和 h 为单元的边长，t 为金属薄片的厚度，θ 为每个单元的单元壁之间的角度。蜂窝结构吸能特性主要受材料、整体结构尺寸大小、蜂窝胞元结构的尺寸等因素影响。

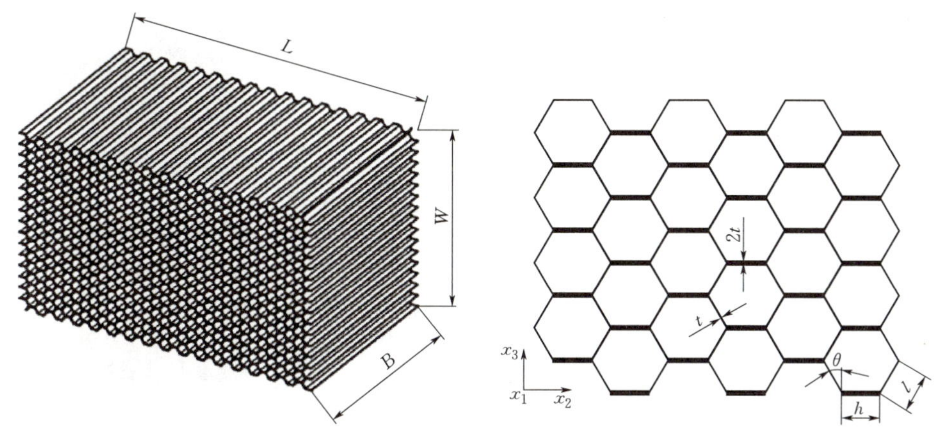

图 5.22　蜂窝结构示意

(3)复合结构

综合金属薄壁管结构和多胞材料在吸收能量上的优点,复合结构也广泛地运用于列车吸能结构设计领域。列车复合结构吸能元件常为金属薄壁管包裹多胞材料,且中间使用导向管增强轴向受压缩时的稳定性。如图 5.23 是用于某地铁头车前端的复合吸能结构,其由带隔板的金属薄壁锥形管和多块铝蜂窝组成。在设计该结构时,分别进行了有限元仿真和台车冲击试验(图 5.24),将仿真和试验得出的力—时间曲线、变形图进行对比和相互验证,对该结构的碰撞吸能进行验证和分析。

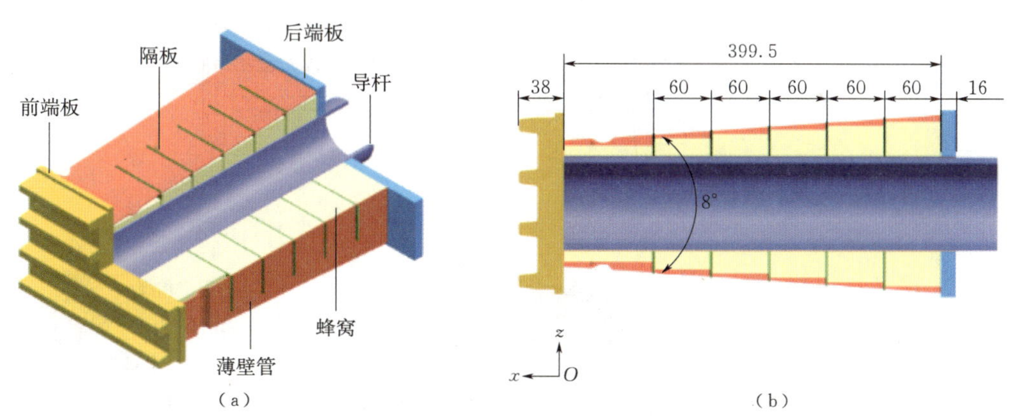

图 5.23　复合结构示意

(4)切削式吸能装置

切削式吸能装置是近年基于金属切削加工原理提出的新型吸能结构。在金属切削加工过程中,工件在刀具的作用下,被切削区域发生塑性变形,然后被撕裂,生成切屑。这一切屑生成的过程就是一种典型的“金属间摩擦、塑性变形和撕裂因素综合作用”的过程。原理如图 5.25 所示,由吸能管、刀具、导向管组成,整个装置通过刀具安装座与车体连接。吸能管只能沿导向管的轴线方向运动。当撞击车以速度与防爬器相撞后,撞击车和吸能管同时以初速度向被撞车车体底架方向移动,切削刀具硬质金属材料对吸能管软质金属材料内表面

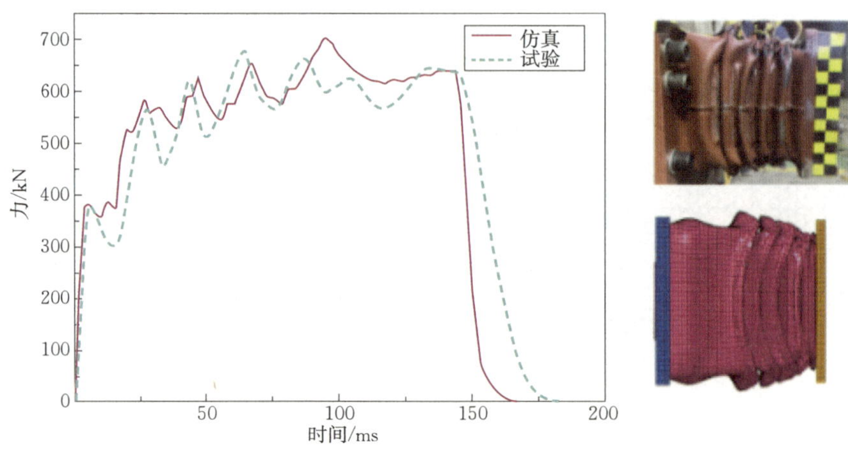

图 5.24 仿真与试验对比示意

表层进行切削，产生切屑以耗散撞击能量，达到吸能的目的，如图 5.26 所示。刀具对吸能管的切削力就是撞击力的直接体现。

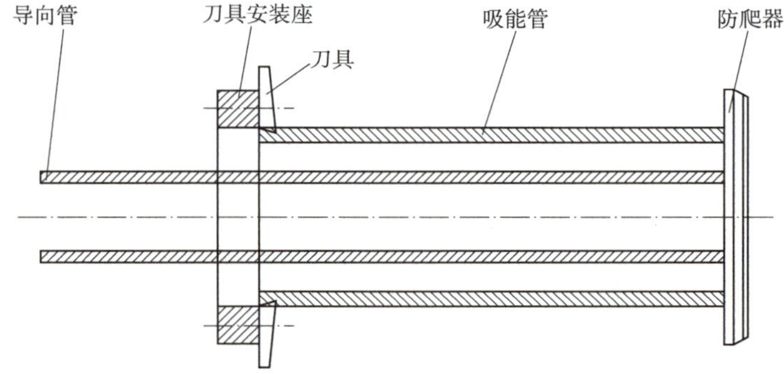

图 5.25 切削原理示意

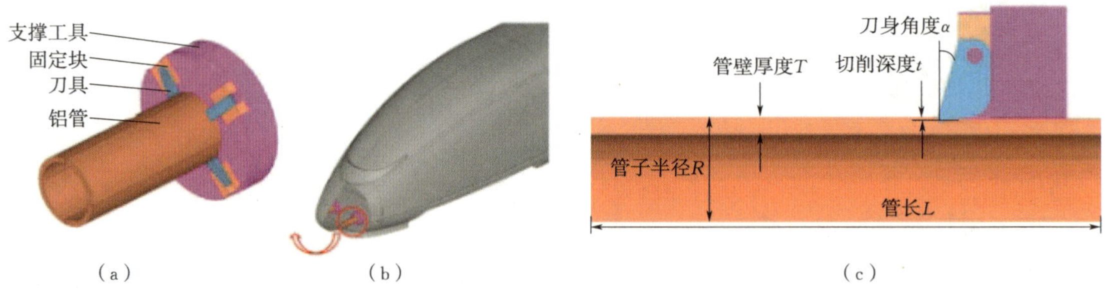

图 5.26 切削吸能装置安装示意

在相同的时间段内，与压溃型吸能元件相比，切削式吸能过程吸收的能量更多具有更强的降低撞击力峰值的能力。影响切削式吸能过程的因素很多，主要有切削深度、切削初速度、刀具前角、刀具宽度、刀具材料、工件材料等，所以其加工设计相对压溃性元件较为复杂。

(5)金属劈裂吸能结构

金属劈裂吸能结构在列车碰撞安全领域也有所使用(图5.27)。主要是依据金属管件在过度塑性弯曲或者拉伸导致的结构失效,会伴随有塑性撕裂,从而吸收能量而设计。开裂结构常为圆管或者矩形管,它们可以在几乎不变的载荷下维持很长的行程(长达管子长度的90%),这对于能量吸收器来说是很理想的。

图5.27 圆管劈裂示意

劈裂过程一个最大的优点是在初始峰值之后有恒定的作用力和长的行程。如图5.28所示,上方是常与模具配套使用,帮助其更稳定地劈裂,另外,可以通过改变模具半径来调节作用力的水平。也可以通过优化改善耐撞性能,如通过圆管端部倒角,以减少或消除不希望发生的峰值力。

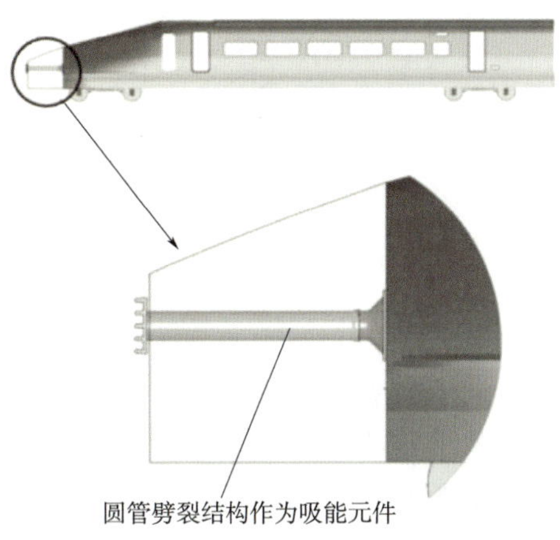

图5.28 圆管劈裂结构安装示意

(6)膨胀式吸能结构

膨胀式吸能结构主要通过金属圆管发生塑性不可逆变形及成形过程中的摩擦来耗散能量,其实质是将冲击动能转化为金属内能。该吸能结构主要有膨胀管和膨胀顶杆组成,膨胀顶杆的一端为锥台形状。在膨胀顶杆的作用下,膨胀管受到顶杆的作用力,慢慢进入锥形变形区域。随着顶杆的移动，膨胀管发生径向膨胀，轴向缩短的变形，当其完成膨胀变形后，最后进入定径区(图 5.29)。在吸能过程中，膨胀式结构有着优良的能量吸收能力和平稳的变形力，适合作为列车吸能结构。

膨胀式吸能结构主要在车钩缓冲装置中应用较多，也有作为防爬齿后的吸能结构的应用(图 5.30)。在设计膨胀式吸能结构时，需要考虑预压结构、膨胀管厚度、膨胀角度、膨胀杆最大外径以及膨胀管和顶杆之间的摩擦系数对其吸能特性的影响。

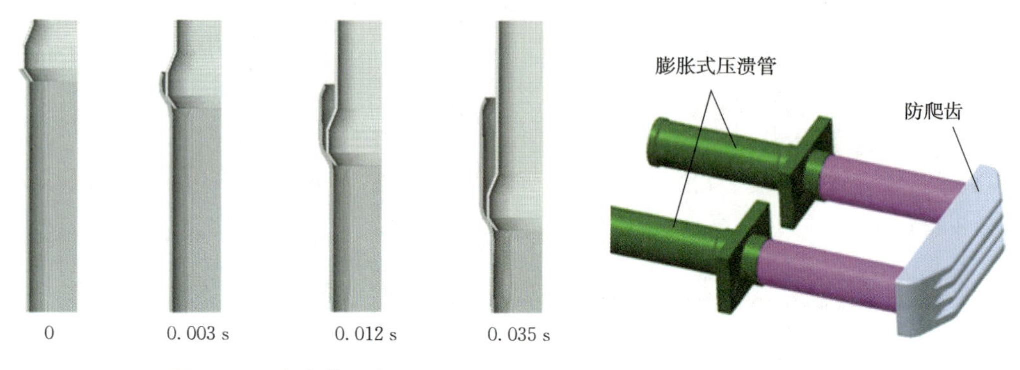

图 5.29　膨胀管示意　　图 5.30　膨胀管安装示意

5.4　承载吸能一体化车体结构设计

在列车碰撞事故中车辆乘员的伤亡，主要是旅客和乘务人员所占用的空间受到严重挤压、乘坐空间的贯穿等原因造成的。为了最大限度地减少乘员伤亡，车辆总体结构设计应满足“为乘员提供足够生存空间”和“有效缓和撞击载荷”两大要求。图 5.31 所示为传统设计的车体结构，其纵向刚度沿车长方向变化较小，车端刚度 k_1 与客室刚度 k_2 相等，在两端受到严重挤压且不发生爬车或横向折曲时，车体会从中间载客区域向上拱起，这种变形将严重减少旅客的生存空间。

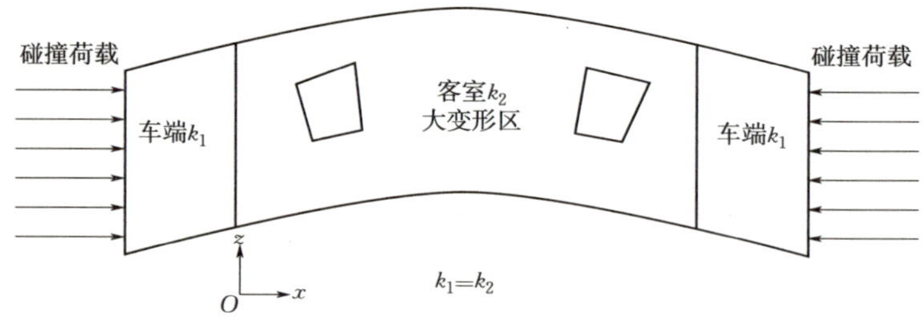

图 5.31　传统车体受撞击后拱起

所谓承载吸能一体化车体结构，与传统车体结构最主要的区别在于传统车体结构注重车辆承载结构的完整性不以受损为目的；而承载吸能一体化车体结构设计的目标则是人为设置大变形区域，在列车正常运行条件下作为承载结构，在碰撞发生时产生有序可控的变形来吸收碰撞能量，以保护客室结构的完整性以及缓冲碰撞冲击的加速度，来保护乘客免受大加速度的冲击。图 5.32 所示为承载吸能一体化车体结构，其纵向前后两端设置弱刚度的吸能车端，中间客室部分为强刚度结构此时车端大变形区域刚度 k_1 小于客室刚度 k_2。车体纵向刚度“弱—强—弱”的设计方法，使车辆受到严重碰撞时，弱刚度车端结构发生大变形而吸收冲击动能，车体中间的强刚度部分则保持结构弹性变形以保护客室的安全。车端一般仅布置车上卫生间等设备，不设乘客座椅。换言之，组成列车的车辆结构被分为两个部分：其一为承载吸能一体化结构；其二为弹变结构，无论是正常运行还是发生碰撞事故时，该部分结构均不发生塑性变形。

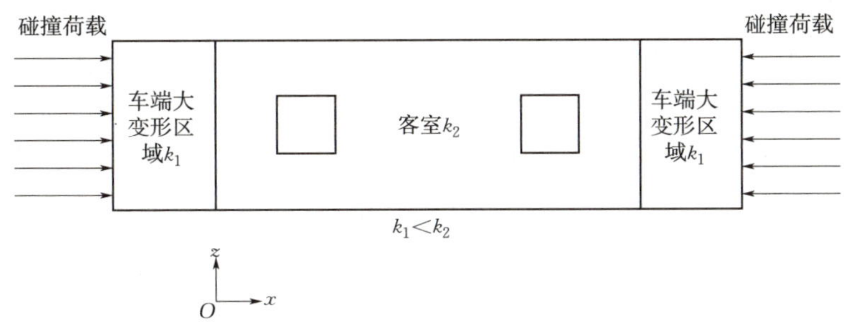

图 5.32 承载吸能一体化车体结构

承载吸能一体化车体中参与能量吸收的装置及结构主要包括：钩缓装置、防爬吸能装置以及车体端部结构。其中，防爬吸能装置只安装于高速列车头车前端。根据碰撞等级的不同，各部分参与能量吸收的比重不同，相应的破坏顺序如下：

(1)车钩缓冲器开始吸收能量直至失效；

(2)车钩压溃管(头车还包括防爬器吸能元件)开始吸收能量直至完全被压缩；

(3)车端大变形弱刚度区域开始变形并吸收能量直至变形区域被完全压缩，轴向冲击载荷达到一定阈值；

(4)车体载客区开始发生变形。

当列车发生轻度碰撞时，产生的能量主要依靠钩缓装置及防爬吸能元件来耗散，车体结构不会受损；当列车发生中度碰撞甚至严重碰撞时，钩缓装置、防爬吸能装置及车体端部结构均参与能量吸收。因此，车体两端弱刚度部分是承载吸能一体化车体结构的设计关键。弱刚度结构区域的不同部件需设定在一定的载荷作用下即实现有序的破坏失效。同时，失效载荷的确定也需满足列车在正常运行时对车体及其他部件的载荷要求，例如列车在正常连挂、牵引和制动时，车体及其附属部件不得有任何损坏。

车体结构的承载吸能一体化理念旨在提高车辆耐撞性，是旅客车辆耐撞性设计的重要内容之一。车辆耐撞性评价标准首先发展于欧美国家，仍处于不断完善的阶段，为承载吸能一体化车体结构的设计提供了依据。

英国标准 GM/RT 2100 对耐碰撞车辆设计要求为：两相同类型的列车发生碰撞时，车辆端部纵向变形量不得大于 1 m，车辆前端的能量吸收能力不得小于 1.0 MJ；对于动车组以及固定编组的列车，碰撞最大纵向冲击力不得超过 3 000 kN，对于其他类型编组列车，碰撞最大纵向冲击力不得超过 4 000 kN；车辆防爬器能够承受 100 kN 的垂直载荷。

国际铁路联盟 UIC 5660R 中要求钩缓装置至少能够承受 2 000 kN 的纵向压缩力，车钩中心线以上 350 mm 高处的车体端墙位置至少能够承受 400 kN 的纵向压缩力，车窗上下槛高度处的车体端墙位置至少能够承受 300 kN 的纵向压缩力，车体侧墙的上边梁高度处的端墙位置也能够至少承受 300 kN 的纵向压缩力。欧盟资助的 SAEFTRAIN 等项目的研究成果表明，车辆间的防爬器需能够承受 150 kN 的垂向力，如果两车垂向存在 100～140 mm 的高度差时，将可能有爬车的危险，建议控制车辆间的高度差不超过 100 mm；在碰撞发生时，客室的最大减速度不应超过 $5g$，中间车端部结构 0.5 m 的变形行程内有最大载荷 3 000 kN 的情况下，可吸收 0.7 MJ 的能量，头车最大变形 1.8 m，可承受的最大载荷为 3 400 kN，吸收能量 4.6 MJ。

根据美国铁路装备耐撞性设计标准中的说明，对于运行速度高于 200 km/h 的铁路客车，其能量吸收控制应该遵循的要求：列车的非载客区设计成以可控方式发生大变形的能量吸收结构。列车必须具备 13 MJ 的能量吸收能力，其中头车(机车)前端结构可吸收 5 MJ 的碰撞能量，头车(机车)末端具备 3 MJ 的能量吸收能力，而且与头车(机车)相连挂的第一节客车车辆靠近头车的一端必须具备 5 MJ 的能量吸收能力。在两列相同列车以 48 km/h 的相对速度对撞工况下，客车车辆的加速度曲线经过 50 Hz 低通滤波器处理后不得有超过 $8g$ 的值。

承载吸能一体化端部车体结构的设计方法主要采用以下两种方法。

(1)在车体相应结构的梁件上开设了不同方向的椭圆孔，这样当发生碰撞事故时，梁件在靠近椭圆孔周围部分的应力急剧增加，首先局部屈曲失稳，随着撞击力的继续作用，梁件失稳处开始继续产生大变形，最后将梁件压成皱褶。由于各纵向梁开孔方向不同，使皱褶分别向上下和两侧有序地进行，这样在撞击过程中所产生的变形大小及方向均得到了控制，吸能结构的变形模式稳定，使变形具有可靠性；同时梁件上开孔又减轻了车体自重，提高比耗能。

(2)采用设置“伪”塑性铰的方法，以正弦形状的薄板结构作为承载吸能部件。

由于高速列车头车与中间车辆车体结构存在一定的差异性，本小节将分别介绍相应的车体结构及承载吸能一体化车体设计方案。

5.4.1 头　　车

高速列车一般采用流线型头型以提升气动性能，且长细比较大。长细头型、全包覆外形的存在，使司机室前端吸能区域设计难度加大。长细头型导致主吸能结构与车钩、开闭机构、排障器及其他设备的安装空间异常紧张，则主吸能结构与车体承载结构需要一体化设计。全包覆外形导致头罩需进行自动破损设计，确保在异常偏位且开闭结构关闭的恶劣工况下，不阻碍车钩系统的有效啮合；排障器需设置过载装置，与主吸能装置协调动作。同时，为确保司机及设备的安全，机器间、司机座椅周围应按弹变结构考虑，这样吸能区域只设置在司机前端的鼻锥部分和车尾部。针对客车车辆，吸能区域应设在车体两端非载人区(如通过台、洗手间等部位)，该部分的端墙、底架、车门、车顶均可以设计为承载吸能一体化结构。

5.4.2 中间车

中间车主要由底架、侧墙、端墙、车顶组成，如图 5.33 所示。底架是中心对称结构，由牵引梁、枕梁、边梁、缓冲梁、横梁和波纹地板组成；侧墙由大型中空挤压型材在车长方向连续焊接组成;车顶同样由大型中空挤压型材连续焊接组成,用于安装受电弓、高压电缆等顶部设备;端墙则由门框、角柱、端墙板和附件组成。承载吸能一体化车体结构位于中间车前后两端,图 5.34 为某耐冲击吸能车体钢结构及其底架端部的承载吸能结构组成图,乘客出入的侧门区域为第一级吸能结构;车辆洗漱台、卫生间等公共区域为第二级吸能结构。

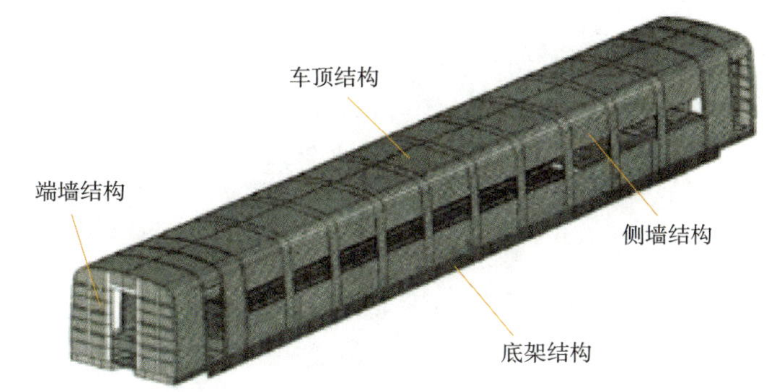

图 5.33　某高速列车中间车辆结构示意

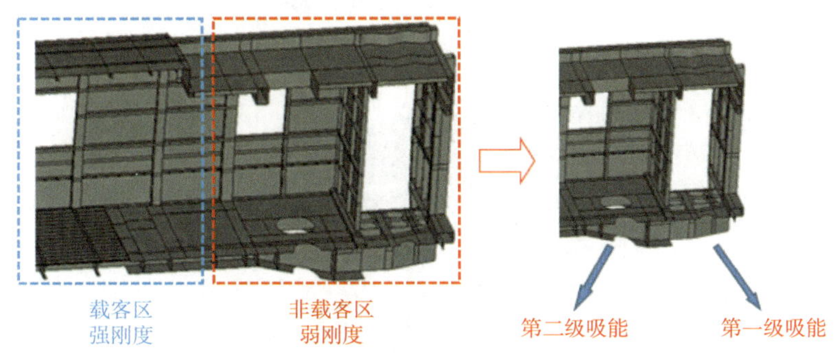

图 5.34　某耐冲击吸能车体及其吸能结构组成

非载客弱刚度区域的梁件作为车体端部的承载件,首先需满足强度要求使在正常运行工况下不易发生塑性变形,以保证正常运行安全。因此,为在碰撞时诱导这些梁件发生塑性变形,在车体结构设计过程中,可以在保证车体结构安全强度的基础上,通过降低板厚、减少横、纵梁数量等措施减弱车体纵向刚度。

以某耐撞性车体底架结构为例,如图 5.35 所示,在底架牵引梁八字形结构部位适当开设一些诱导变形孔槽。在碰撞过程中,牵引梁在靠近椭圆孔周围部分力急剧增加,产生局部失稳,随着撞击力的继续作用,牵引梁在开孔失稳处将发生大变形,最后导致整体被压溃。类似地,在底架边梁等处均可人为地设置孔槽,减弱结构局部刚度,使产生特定的失效模式,从而吸收碰撞能量。

对于其他梁件,如侧墙悬梁、车顶上门梁(图 5.36)等位置处也可以进行适当开孔。椭圆孔的方向可根据需要而改变,以保证碰撞时结构能向理想的方向压塌变形。为了车体变形有序,同一结构上的椭圆孔大小可以不同,先变形地方的椭圆孔可以开设大一点,后变形地方的椭圆孔可以开设小一点。在碰撞时,大孔地方的结构强度相对较弱,因而先发生屈曲变形。这样结构会沿着强度由弱到强的方向逐次压塌变形,进而保证整个车体的变形稳定有序。同时,在梁件上开孔又减轻了车体自重,提高比吸能。

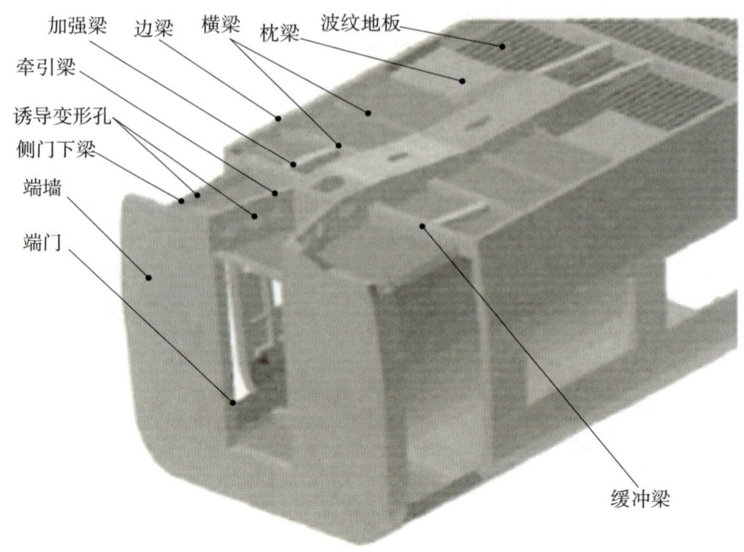

图 5.35 某耐冲击吸能车体底架结构

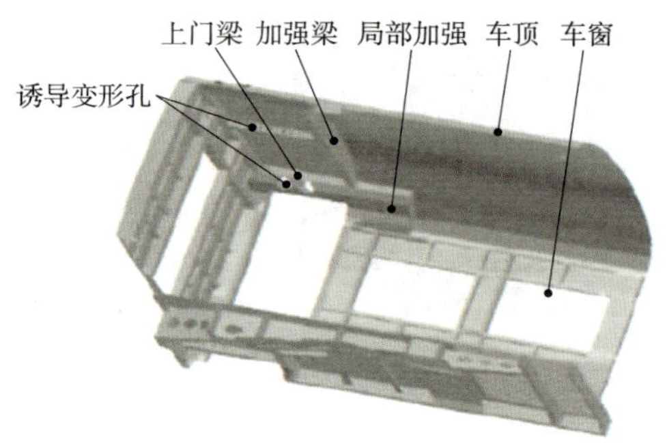

图 5.36 某耐冲击吸能车体车顶结构

5.5 高比吸能端车专用吸能材料和结构

车体吸能结构主要分为承载吸能结构和专用吸能结构两种。专用吸能部件是耐碰撞列车在碰撞时主要的吸收能量功能结构之一。专用吸能结构实际上均由各种基本元件组成，例如薄壁圆管、薄壁型材、蜂窝铝材等。由于薄壁构件具有结构简单、吸能性能较稳定、易于约束、失效模式重复性好及加工方便等优点，现已被广泛地应用于耐碰撞列车车体结构设计中，以有序可控的塑性大变形来吸收碰撞中产生的冲击动能。

在近 30 年时间里，复合材料和复合材料结构由于具有很高的比强度与比刚度等优良性质及很好的能量吸收行为，在高速列车耐撞性被动安全设计领域受到了极大重视。

5.5.1 多胞多孔轻质吸能材料

在作为能量吸收用途的多种候选材料中，由于多胞金属材料优异的力学性能及物理性能，例如质量轻、高比刚度、高比强度、缓冲吸能及电磁屏蔽等，常被作为一种承载材料或与其他材料组成多层复合结构，被广泛应用于航空航天、轨道车辆、建筑等工业领域。此外，多胞多孔材料在压缩时，可以给出一个很长的、几乎不变的平台应力，具有良好的能量吸收特性。

在这一节，我们重点介绍常用于专用吸能结构的几种多胞多孔轻质材料的基本性质和力学特性，例如蜂窝材料、泡沫材料等。

1. 蜂窝材料

蜂窝材料是典型的多胞材料，它们（以及泡沫材料）广泛用做芯层结构，例如夹层板的芯层。蜂窝材料还可以单独用做优良的能量吸收材料，其结构形式基本上是二维的、有规则的。

大多数蜂窝材料的胞元的截面是六角形的（图 5.37），但是也可能有其他形状，例如三角形、正方形、菱形或者圆形，制成胞元的材料可以是人造的聚合物、金属、陶瓷和纸张。

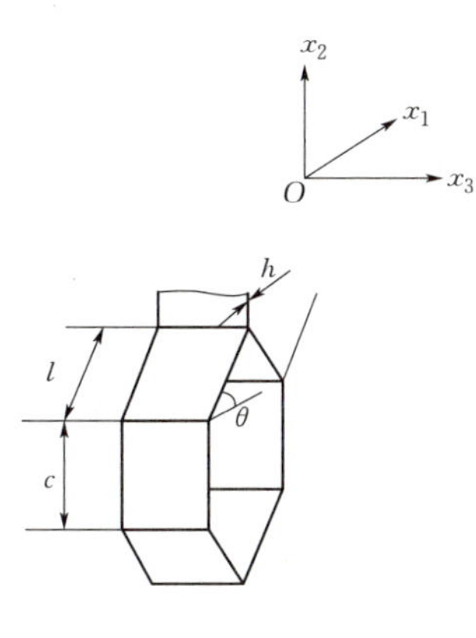

图 5.37　蜂窝材料及胞元的参数定义

如图 5.37 所示，典型的蜂窝材料由一系列六角形的胞元所组成，其尺寸由胞壁长度 l 和 c，两个胞壁间夹角 θ 以及胞壁厚度 h 所确定。在蜂窝总体平面 X_1X_2 内加载引起的变形，称为面内响应，在 X_3 方向加载引起的变形，称为面外响应。

描述多胞材料特性的一个最重要参数是相对密度（relative density），定义为 ρ^*/ρ_s，其中 ρ^* 是多胞材料的表观密度，ρ_s 是构成多胞材料的固体密度。相应的孔隙度，即多胞材料中孔隙部分体积所占的比值为 $1-\rho^*/\rho_s$。对于图 5.37 所示的蜂窝材料，当 $h \ll l$ 时，有

$$\frac{\rho^*}{\rho_s}=C_1\frac{h}{l} \tag{5.5}$$

其中，C_1 是一个常数，取决于胞元的具体几何形状。更细致的分析给出

$$\frac{\rho^*}{\rho_s}=\frac{h}{l}\cdot\frac{(c/l+2)}{2\cos\theta\cdot(c+\sin\theta)} \tag{5.6}$$

对于等边的胞元，有 $l=c$ 和 $\theta=30°$，则由式(5.7)可得

$$\frac{\rho^*}{\rho_s}=\frac{2}{\sqrt{3}}\cdot\frac{h}{l} \tag{5.7}$$

有些蜂窝材料的制作是首先将若干张冲压成型的板材沿特定条带粘接在一起，然后将它们展开，其结果 1/3 的胞元壁(即长度 c)是双层厚度的。这种蜂窝材料的密度是

$$\frac{\rho^*}{\rho_s}=\frac{8}{3}\cdot\frac{h}{l} \tag{5.8}$$

式(5.8)适用于蜂窝胞元尺寸 $h/l>1/4$ 的大部分工况。

无论是沿 x_1 或者 x_2 方向的单轴压缩，典型的应力—应变曲线大致如图 5.38 所示。每条曲线基本上由三个阶段组成。第一阶段响应是线弹性的。当达到临界应力时，此阶段结束，而这个临界应力水平在很大的应变范围内几乎保持不变(第二阶段)。最后，由于胞元压实，即密实化，应力随应变快速增加。

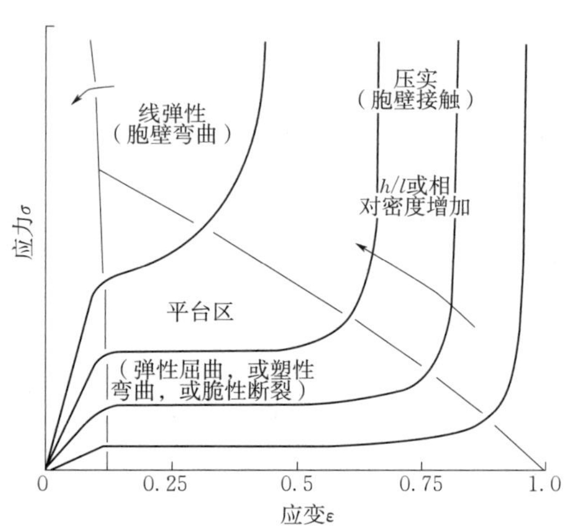

图 5.38　蜂窝材料及胞元的参数定义

总体的外部载荷转移到胞元这一级的胞壁上，使它们如同板结构一样变形。板壁的弯曲变形在宏观上就表现为蜂窝材料的应变。因此，蜂窝胞元的结构响应确定了蜂窝材料块体的总体应力—应变曲线。在第一阶段，即线弹性阶段，胞壁只是小挠度弹性弯曲。

第二阶段可能被如下三种不同胞壁失效机制之一所控制：弹性屈曲、塑性破损或者脆性断裂。前两种失效机制类似于压杆的失效：压杆的失效可能是 Euler 屈曲或者是塑性屈服，取决于压杆的柔度(这里是 h/l)。因此，h/l 值较小的胞壁发生弹性屈曲，而 h/l 值较大的胞壁则出现屈服(或者是塑性坍塌)。对于基体材料为临界应变很小的脆性材料的蜂窝，由于胞壁出现太大的应变导致脆性断裂。第三种失效机制通常伴有较大的平台应力波动。

蜂窝胞元的典型后屈曲行为的细节如图 5.39 所示，这是一个 15 排 10 列的铝制蜂窝。图 5.39(a)为实验得到的载荷位移曲线，图 5.39(a)中数字与图 5.39(b)所示的连续压溃现象的照片相对应。最初，蜂窝的变形是弹性且均匀的。胞壁的弯曲变形是关于通过其中心的竖直轴对称的。当应力大约为 110 kPa 时，载荷—位移曲线变得软了一些，直到121.9 kPa 时达到一个初始峰值应力。进一步压溃导致在一排胞元内的变形局部化[见图 5.39(a)中②、③]。此时作用力从初始峰值减少，并发生波动，这是胞壁坍塌和相邻胞元几何约束的结果。一旦有一层胞元被完全压溃，胞壁彼此触及，这个局部化变形就传播到相邻的另一层胞元[见图 5.39(b)中④～⑦]。

与能量吸收关系最大的是平台应力和压实应变。理论上压实应变应当等于孔隙度 p^*，有

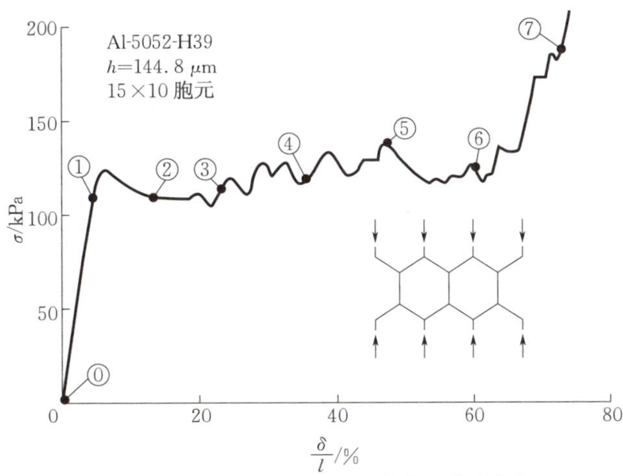

(a)蜂窝沿X_2方向压溃的实验载荷—位移曲线

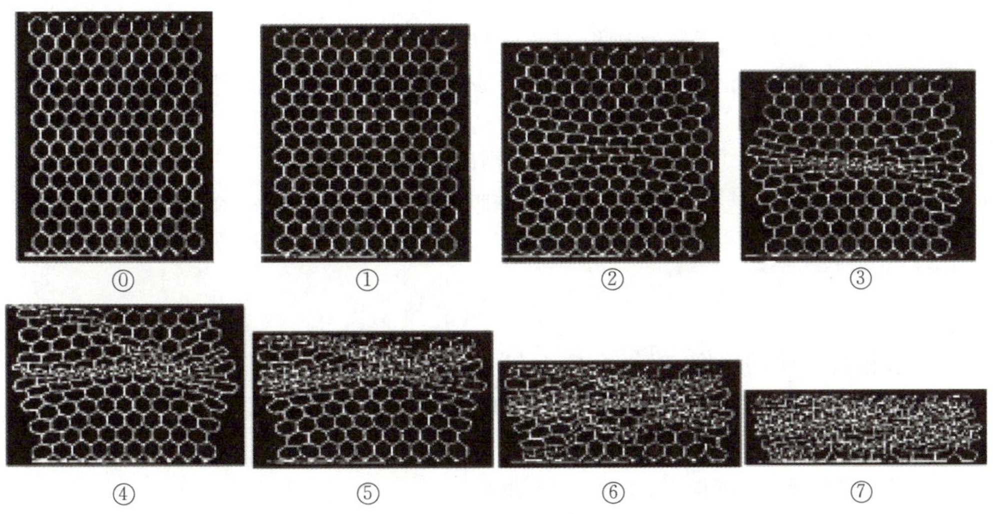

(b)压缩过程中蜂窝铝一些连续发生的现象

图 5.39 蜂窝胞元的典型后屈曲行为细节

$$\varepsilon_D = p^* = 1 - \frac{h}{l} \times \frac{(c/l + 2)}{2\cos\theta(c/l + \sin\theta)} \tag{5.9}$$

但是在实践中发现，ε_D 要比式(5.9)给出的小。取与泡沫材料相同的经验系数(后面将介绍)，蜂窝材料的压实应变如下

$$\varepsilon_D = 1 - 1.4\frac{h}{l} \times \frac{(c/l + 2)}{2\cos\theta(c/l + \sin\theta)} \tag{5.10}$$

如前所述，平台应力是由胞元失效机制决定的。对于小的 h/l 值，发生胞壁弹性屈曲，如图 5.40 所示。在这种情况下，竖直胞壁的行为与压杆非常相像。当外部应力为 σ_2 时，由竖直方向力的平衡可以得到对应的压杆作用力 P 为

$$P = 2\sigma_2 bl\cos\theta \tag{5.11}$$

其中，b 是胞元的宽度。压杆的 Euler 屈曲载荷为

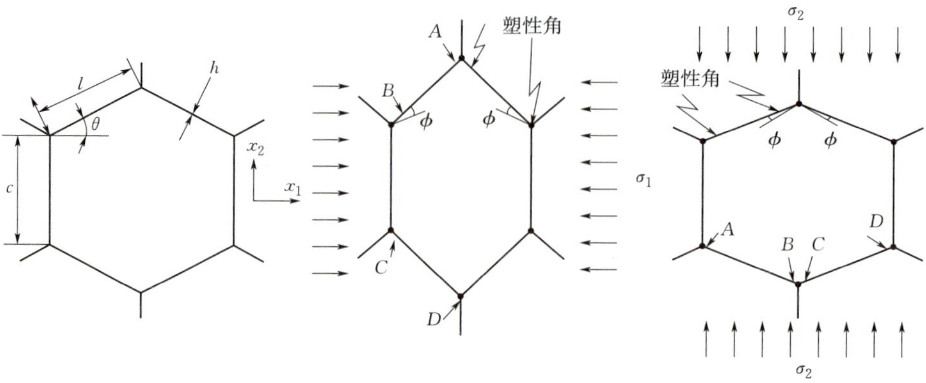

图 5.40 Gibson 和 Ashby 提出的因胞壁局部化塑性铰破坏引起的蜂窝材料失效

$$P_{\sigma}=\frac{n^{2}\pi^{2}E_{s}I}{c^{2}} \tag{5.12}$$

其中，I 为面积的二次矩，对于竖直胞壁有 $I=bh^{3}/12$，E_{s} 为胞壁材料的弹性模量。

因子 n 反映杆端约束情况。当 $P=P_{\sigma}$ 时发生弹性屈曲。因此得到临界应力为

$$\frac{\sigma_{e2}}{E_{s}}=\frac{n^{2}\pi^{2}}{24}\times\frac{h^{3}}{lc^{2}}\times\frac{1}{\cos\theta} \tag{5.13}$$

对于蜂窝材料可以推导出其临界应力的理论值。对于正六角蜂窝（$l=c$，$\theta=30°$），有 $n=0.69$，因此

$$\frac{\sigma_{e2}}{E_{s}}=0.22\left(\frac{h}{l}\right)^{3} \tag{5.14}$$

对于胞壁相对较厚的蜂窝，对平台应力起支配作用的失效机制将是塑性破坏。

因此，每一个六角形胞元要变成一个破损机构需要 6 个塑性铰（图 5.40）。当梁 AB 在应力 σ_{1} 作用下转过一个小角度 ϕ，点 B 相对于点 A 向内移动了 $l\phi\sin\theta$。σ_{1} 所做的外功应当等于塑性铰 A、B、C 和 D 所耗散的塑性功，即有

$$2\sigma_{p1}(c+l\sin\theta)bl\phi\sin\theta=4M_{p}\phi \tag{5.15}$$

其中，$M_{p}=0.25Y_{s}h^{2}b$；Y_{s} 为胞壁材料的屈服应力；$\sigma_{p1}(c+l\sin\theta)b$ 是由于 σ_{p1} 引起的在 B 点沿 σ_{1} 方向的作用力，所以有

$$\frac{\sigma_{p1}}{Y_{s}}=\left(\frac{h}{l}\right)^{2}\frac{1}{2(c/l+\sin\theta)\sin\theta} \tag{5.16}$$

当 $l=c$，$\theta=30°$ 时

$$\frac{\sigma_{p1}}{Y_{s}}=\frac{2}{3}\left(\frac{h}{l}\right)^{2} \tag{5.17}$$

类似的分析可以给出 σ_{p2} 为

$$\frac{\sigma_{p1}}{Y_{s}}=\left(\frac{h}{l}\right)^{2}\frac{1}{2\cos^{2}\theta} \tag{5.18}$$

将式(5.13)与式(5.18)比较，当 $\sigma_{e2}\leqslant\sigma_{p2}$ 时发生弹性屈曲。因此，正六角形胞元的临界厚度为

$$\left(\frac{h}{l}\right)_{cr}=3\frac{Y_{s}}{E_{s}} \tag{5.19}$$

如果将外力所做的功直接表示为 σ_1 的函数，而不涉及力的计算，则可以得到另一种理论表达式。于是式(5.15)可以变成

$$\sigma_{p1}(c+2l\sin\theta)bl\phi\sin\theta=4M_p\phi \tag{5.20}$$

对于正六角形胞元则有

$$\frac{\sigma_{p1}}{Y_s}=\frac{1}{2}\left(\frac{h}{l}\right)^2 \tag{5.21}$$

上述的分析方法可以用于研究蜂窝材料在双轴应力下的压溃行为。

当蜂窝材料从面外方向(X_1)压溃时，平台应力被弹性屈曲或者是塑性破损所控制。如同面内加载情况那样，通过研究胞壁行为可以得到简单的结果。

对于弹性屈曲，胞壁可以看成是带有适当转动约束的平板。将各个单独胞壁平板的屈曲载荷加起来，就可以求出总的弹性屈曲应力如下

$$\sigma_{e3}\approx\frac{2}{1-v_s^2}\times\frac{l/c+2}{\cos\theta(c/l+\sin\theta)}\left(\frac{h}{l}\right)^3 \tag{5.22}$$

对于正六角形胞元则有

$$\sigma_{e3}\gg 5.2\left(\frac{h}{l}\right)^3 \tag{5.23}$$

对于塑性破损，同时考虑了拉伸和弯曲变形。对于正六角形胞元，平均压溃力为

$$\frac{\sigma_{p3}}{Y_s}=5.6\left(\frac{h}{l}\right)^{5/3} \tag{5.24}$$

只考虑胞壁塑性弯曲的分析则给出

$$\frac{\sigma_{p3}}{Y_s}=\frac{\pi}{4}\times\frac{h/c+2}{4\cos\theta(h/l+\sin\theta)}\left(\frac{h}{l}\right)^2 \tag{5.25}$$

对于正六角形胞元则有

$$\frac{\sigma_{p3}}{Y_s}=2\left(\frac{h}{l}\right)^2 \tag{5.26}$$

2. 泡沫材料

具有三维胞元的多胞材料称为泡沫材料。当胞元只通过类似于梁的棱边连接，或流体可以在胞元之间流动时，它们被称为是开胞的泡沫。另一方面，当胞元完全被胞壁所封闭，在胞元之间没有流体流动的通道时，则被称为闭胞的泡沫。一种泡沫材料可能同时有开胞和闭胞两种胞元。多面体胞元可以用来充填空间，这些胞元包括三角形、菱形和六角形柱体，菱形十二面体以及四十面体。但是从现在讨论的目的出发，相对密度这个参数就足以描述泡沫的特性。

对于开胞泡沫，有

$$\frac{\rho^*}{\rho_s}=C_2\left(\frac{h}{l}\right)^2 \tag{5.27}$$

对于闭胞泡沫，有

$$\frac{\rho^*}{\rho_s}=C_3\,\frac{h}{l} \tag{5.28}$$

其中，C_2 和 C_3 是与胞元形状有关的数值常数。

泡沫材料的响应及其理论研究都和已经介绍过的蜂窝材料相类似。不同密度闭胞硬质聚氨酯的典型受压应力—应变曲线如图 5.41 所示。一般地说，每条曲线都有三个阶段：线弹性响应，以平台应力为特征的屈服，以及应力随着应变快速增长的压实阶段。当密度增加时，初始弹性模量和平台应力也随之增加，但是压实应变减小。如同蜂窝材料，开胞和闭胞泡沫材料的压实应变都可以表示为

$$\varepsilon_D = 1 - 1.4\left(\frac{\rho^*}{\rho_s}\right) \tag{5.29}$$

式中，系数 1.4 是由许多实验得到的。

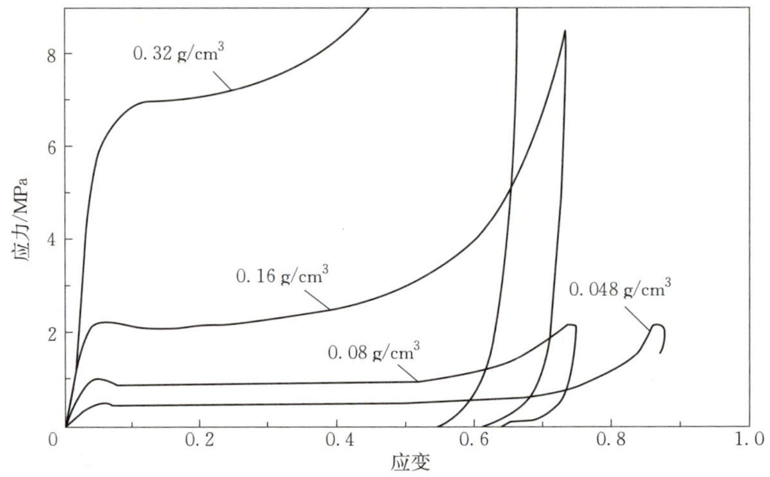

图 5.41 不同密度的闭胞硬质聚氨酯泡沫的应力—应变曲线

类似于蜂窝材料，泡沫材料的平台应力是由泡沫胞元的失效机制决定的：它们可能是弹性屈曲、塑性破损或者断裂。对闭胞泡沫，还会由于封闭在胞元中的空气或液体的压缩，使得平均平台应力增加。

开胞泡沫的弹性屈曲可以利用一个理想化的胞元结构[图 5.42(a)]进行研究。压杆的 Euler 屈曲载荷由式(5.25)给出。因此，相应的名义应力为

$$\sigma_e \propto \frac{F}{l^2} \propto \frac{E_s I}{l^4} \propto E_s\left(\frac{h}{l}\right)^4 \tag{5.30}$$

如果考虑到拐角部分占有很显著的一部分体积，上述方程可以加以改进。将理论分析同实验数据拟合，得到以下方程

$$\frac{\sigma_e}{E_s} = 0.05\left(\frac{\rho^*}{\rho_s}\right)^2 \tag{5.31}$$

更精确地则为

$$\frac{\sigma_e}{E_s} = 0.03\left(\frac{\rho^*}{\rho_s}\right)^2\left[1+\left(\frac{\rho^*}{\rho_s}\right)^{0.5}\right]^2 \tag{5.32}$$

对于闭胞泡沫，胞内有初始压力 p_0，压力差 $p_0 - p_{atm}$ 会引起胞壁的拉伸，其中 p_{atm} 是大气压力。在引起胞壁屈曲之前，外加应力必须首先克服这个拉伸。因此，可以分别将式(5.13)和式(5.14)修改为

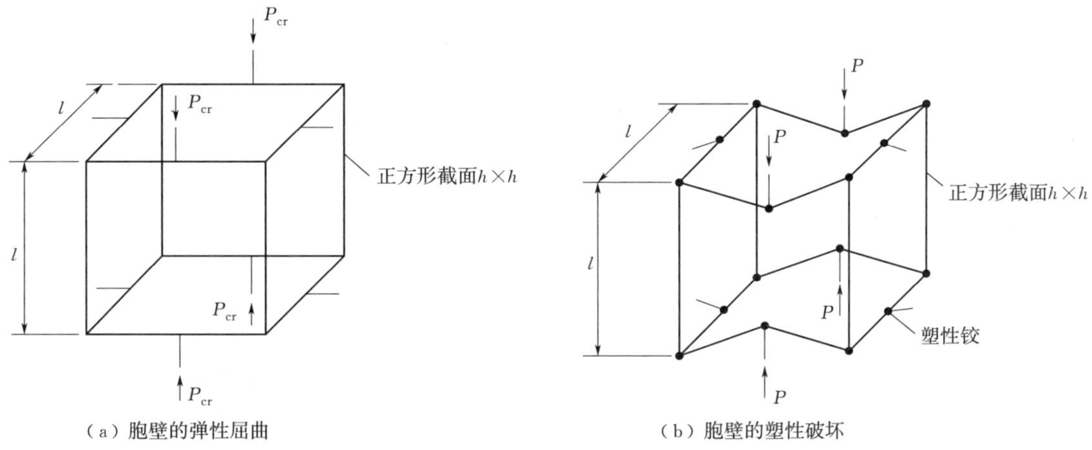

图 5.42 一个高度理想化的开胞胞元

$$\frac{\sigma_e}{E_s}=0.05\left(\frac{\rho^*}{\rho_s}\right)^2+\frac{p_0-p_{atm}}{E_s} \tag{5.33}$$

和

$$\frac{\sigma_e}{E_s}=0.03\left(\frac{\rho^*}{\rho_s}\right)^2\left[1+\left(\frac{\rho^*}{\rho_s}\right)^{0.5}\right]^2+\frac{p_0-p_{atm}}{E_s} \tag{5.34}$$

当泡沫进一步被挤压时，由于胞元体积减小，封闭在胞元内部的流体对胞壁施加更大的压力，其数值可以由 Boyle 定律求出。因而应力也与应变 ε 联系起来。

$$\frac{\sigma_e}{E_s}=0.05\left(\frac{\rho^*}{\rho_s}\right)^2+\frac{p_0-p_{atm}}{E_s(1-\varepsilon-\rho^*/\rho_s)} \tag{5.35}$$

由图 5.42(a)所示的理想化胞元也可以用来分析胞元的塑性破损，如图 5.42(b)所示。因为塑性极限弯矩 $\sigma_p\propto\frac{F}{l^2}\propto Y_s\left(\frac{h}{l}\right)^3$，所以力 $F\propto\frac{M_p}{l}\propto Y_s\frac{h^3}{l}$。从而名义应力 σ_p 为

$$\sigma_p\propto\frac{F}{l^2}\propto Y_s\left(\frac{h}{l}\right)^3 \tag{5.36}$$

将所得到的这个关于开胞泡沫的方程(和它的改进形式)与实验结果进行拟合，得到

$$\frac{\sigma_p}{Y_s}=0.3\left(\frac{\rho^*}{\rho_s}\right)^{3/2} \tag{5.37}$$

和

$$\frac{\sigma_p}{Y_s}=0.23\left(\frac{\rho^*}{\rho_s}\right)^{3/2}\left[\left(\frac{\rho^*}{\rho_s}\right)^{0.5}+1\right] \tag{5.38}$$

闭胞泡沫的塑性破损不仅涉及胞元棱边的弯曲，而且还涉及胞壁的拉伸，后者对应力的贡献正比于 ρ^*/ρ_s。设胞元棱边所占的体积率为 ϕ，则剩下的固体部分 $1-\phi$ 是属于胞壁的。闭胞塑料泡沫的破损强度为

$$\frac{\sigma_p}{Y_s}=0.3\left(\phi\frac{\rho^*}{\rho_s}\right)^{3/2}+(1-\phi)\frac{\rho^*}{\rho_s}+\frac{p_0-p_{atm}}{Y_s} \tag{5.39}$$

Santosa 和 Wierzbicki 利用一个截头立方体作为理想化的闭胞胞元，进行了分析研究和

有限元计算，并用式(5.40)来近似有限元计算结果。

$$\frac{\sigma_p}{Y_s}=1.05\left(\frac{\rho^*}{\rho_s}\right)^{1.52} \tag{5.40}$$

式(5.40)的幂次几乎与式(5.37)的相同，但是系数1.05则大约是系数0.3的3倍。

典型的金属泡沫铝CYMAT及其应力—应变曲线如图5.43所示。以前讨论过的特性在这个图中也有所体现。此外，因为胞元不是均匀分布的，所以从最薄弱的位置开始出现变形局部化[图5.43(b)]。图5.43(b)中，压溃区域A，B和C有着相同的初始尺寸。

在设计能量吸收结构时，主要考虑的是峰值载荷或峰值应力。例如，如果峰值应力或者平台应力太高，将会损坏它们所包装的货物，或者使车辆中的乘客严重受伤。所以，多胞材料的能量吸收性能可以通过绘制比能量随平台应力变化的曲线表示。因而对于实际应用来说，当给定了最大许用应力时，可以容易地挑选出具有最佳比能量吸收的金属泡沫。

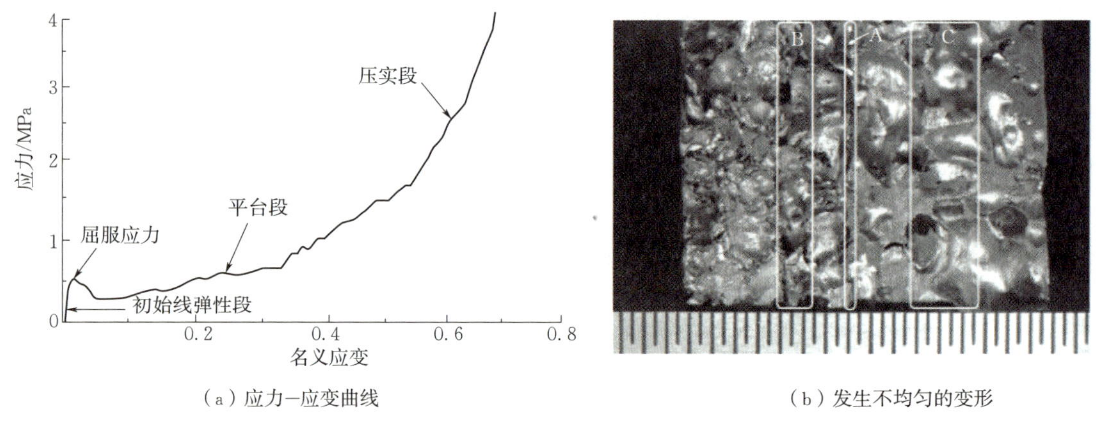

(a) 应力—应变曲线　　(b) 发生不均匀的变形

图5.43　典型金属泡沫铝变形

3. 多胞多孔结构

多胞多孔材料具有良好的吸能特性，在几乎恒定的应力水平下名义应变可以达到70%甚至80%以上。除对各种多胞多孔材料的力学性能进行研究外，为进一步提高薄壁构件的耐撞性能，常采用多孔材料填充薄壁构件的结构形式，主要的填充多孔材料为泡沫材料和蜂窝材料。泡沫材料包括开孔泡沫材料和闭孔泡沫材料，且闭孔泡沫材料的吸能效果要好于开孔泡沫材料；从材质上又分为非金属泡沫材料(如聚氨酯泡沫塑料)和金属泡沫材料(如泡沫铝)。非金属常用于装饰和承载缓冲；金属泡沫具有密度小、变形能力大、高比吸能、均匀稳定等特点，是理想的吸能材料，但由于富含空隙、强度较低且受拉、压、扭转时容易发生断裂破坏，故常用作薄壁结构的填充材料。蜂窝材料具有明显的方向性，用于各种夹芯板和薄壁填充管，具有更大的优势。多孔材料与薄壁空心管在受载荷条件下产生耦合效应，不仅可以提高空心管的能量吸收能力，也可以改变空心管变形模式的稳定性。

通过合理增加类桁架点阵结构形成的多细胞(多胞)管也常用以提升薄壁构件吸能特性，其特征是金属管内部采用直板连接，是横截面呈现多区域的形状。几种较为常见的多胞管横截面示意图如图 5.44 所示。

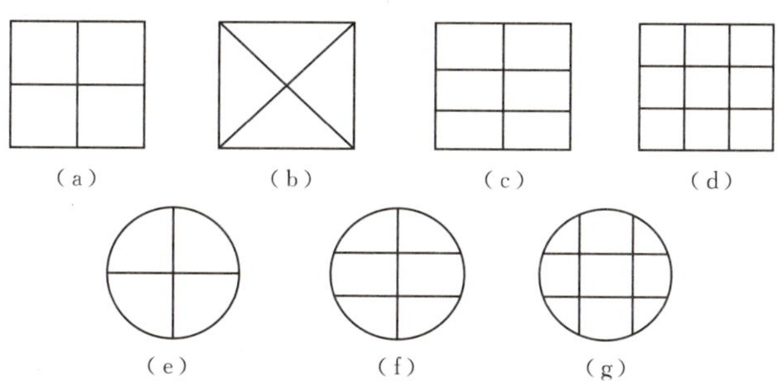

图 5.44　常见多胞管界面示意

5.5.2　复合材料和复合材料结构

在过去的 30 年里，复合材料和复合材料结构受到了极大重视。例如，现在它们已经广泛应用于航空与航天工业。除了它们具有很高的比强度与比刚度这些优良性质外，它们还具有很好的能量吸收行为。本小节讨论纤维增强复合材料制成的薄壁管，以纤维作为增强的金属管和夹层板的能量吸收特性。

大多数复合材料管件是由高强度高刚度纤维（玻璃、碳或 Kevlar），埋置于刚性交互联结的热固性树脂（如聚酯和环氧树脂）中制成的。与韧性金属和热塑性塑料不同，纤维和树脂都是脆性的，它们在初始弹性变形后因断裂而破坏。典型的玻璃纤维的断裂应变大约是 1.5%～2.0%，对聚酯树脂则在 1.5%～3.0%之间。因此从表面上看，似乎它们吸收的能量要少于传统的金属材料。但是，如果以比能量吸收（单位质量所吸收的能量）来作比较，它们的实际表现要好得多。图 5.45 给出了某些金属和聚合物复合材料比能量吸收的典型数值，即碳纤维增强的热塑性塑料、碳纤维增强的环氧树脂、玻璃纤维增强的环氧树脂以及短切的玻璃纤维织物增强的聚酯复合材料。碳纤维增强的 PEEK 所吸收的能量（差不多为200 kJ/kg）要比典型的碳—环氧树脂复合材料高两倍。其原因是 PEEK 基体的高断裂韧性阻止了裂纹的增长、在压溃区域内大量纤维的断裂、在压溃前沿以“散射”模式失效出现的大量开裂。

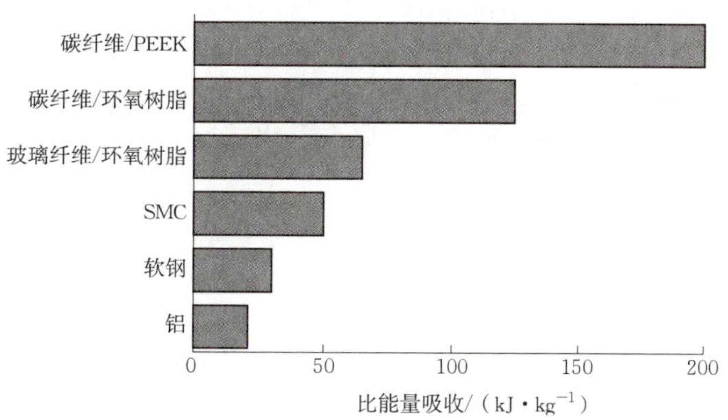

图 5.45　一些材料的比能量吸收的典型数值

图 5.46 为单向叠层板在单轴拉伸和压缩试验中观察到的某些失效模式，说明一个特定

模式出现的关键取决于主应力相对于纤维方位的方向,纤维、树脂以及纤维/基体界面的性质。在大多数情况下,裂纹平行于纤维方向。纤维的失效可能是因为拉伸断裂[图 5.46(c)],或者是因为压缩引起的微屈曲[图 5.46(f)]。这些基本模式有助于描述复合材料管的失效模式。

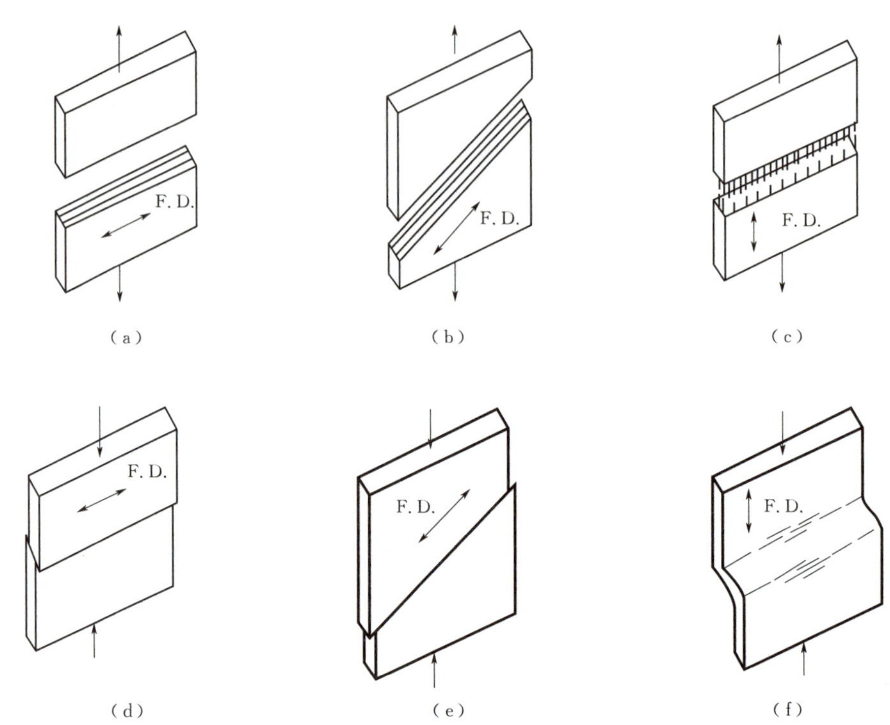

图 5.46 层叠板在单轴拉伸和压缩下的失效模式

1. 复合材料圆管结构

大多数有关复合材料能量吸收的研究是对圆管进行的,能够对复合材料单独进行的研究非常少。基于几何形状、复合材料类型和加载条件,圆管在轴向压缩下还有两种可能的整体失效模式:环绕着圆管中部的突然断裂,或者渐进型的压溃。这两种失效类型的典型的力—位移曲线如图 5.47 所示。

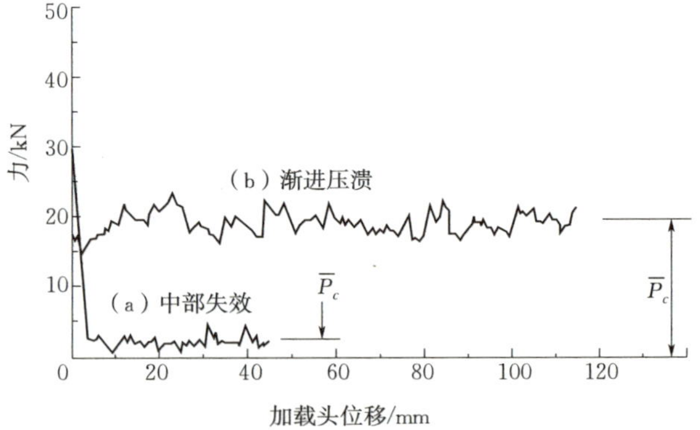

图 5.47 复合材料圆管的载荷—位移曲线

图 5.48 为由聚酯—玻璃纤维制成的复合材料圆管中央破裂的四个实例,玻璃纤维的布置和体积率不同。图 5.48(a)是热压制模法制造的板成型复合体(SMC),短纤维在管壁面内随机放置,使得材料在该平面内的性质为各向同性。由于剪切作用,断裂首先在纤维束内形成核,然后迅速通过富含树脂的区域传播。在图 5.48(b)中,机织布管子

的经线和纬线纤维提供了轴向和周向的刚度和强度，失效首先从轴向纤维的局部压缩屈曲开始，并导致穿透管壁的剪切断裂。树脂中平行于纤维的剪切失效是造成图 5.48(c)所示的纤维缠绕管破坏模式的原因。图 5.58(d)中的拉模成型管主要由多层机织布和随机放置纤维构成，其失效模式为外层纤维的柱状屈曲，同时伴有内层的剪切失效。

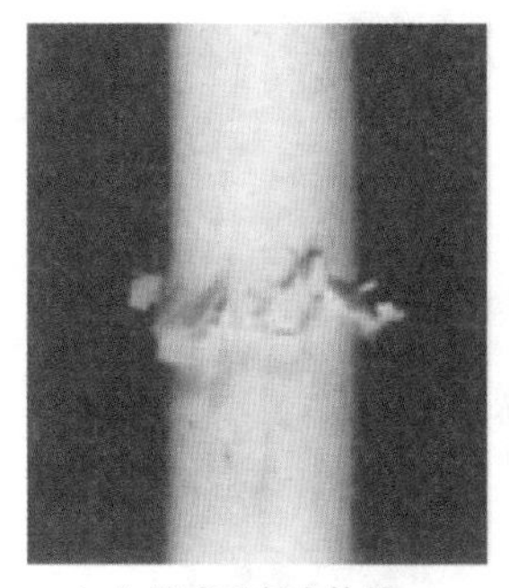
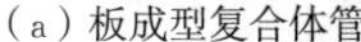
(a) 板成型复合体管

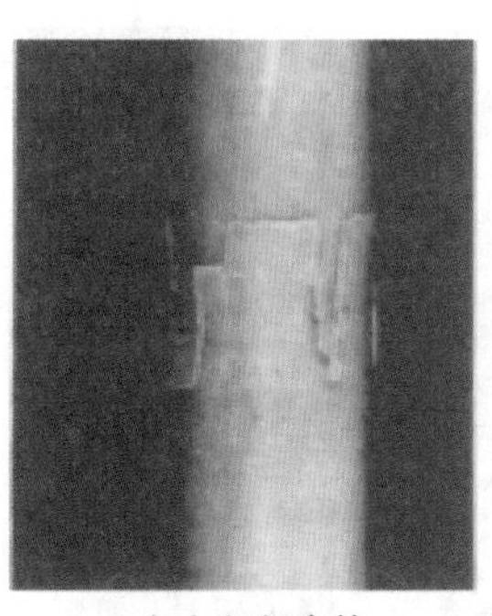
(b) 机织布管

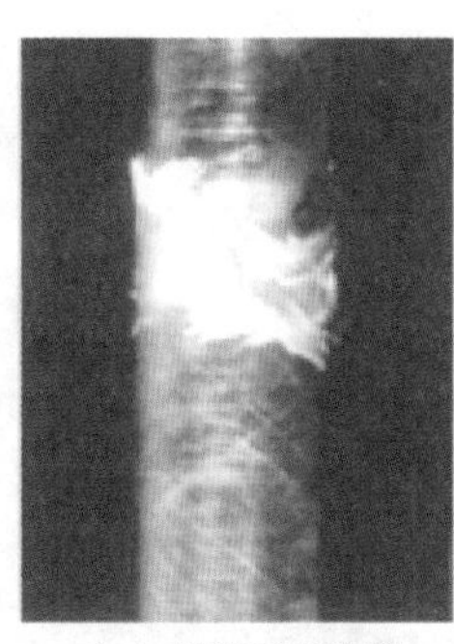
(c) 螺旋形缠绕管

(d) 拉模成型管

图 5.48 四种复合材料圆管的中部失效

脆性的纤维增强塑料(FRP)管为渐进压溃式，其典型的载荷—位移曲线如图 5.49 所示。载荷—位移曲线的第Ⅰ阶段对应于端部沟槽的压溃，以及随后形成的压溃区，这一压溃区在第Ⅱ阶段得到发展。一旦有效行程被耗尽，管内的碎片开始压实，导致载荷在第Ⅲ阶段再次迅速增长。

渐进压溃下的 FRP 管子有两种微观层次的压溃机理，大多数试件的压溃都表现为这两种模式的组合。一种模式称为散射(或薄片弯曲)，另一种称为碎裂(或横向剪切)。

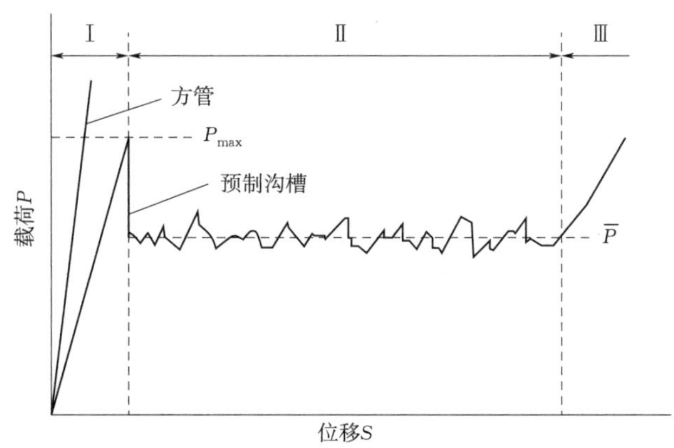

图 5.49 端部预测沟槽圆管的载荷—位移曲线

散射式渐进压溃如图 5.50 所示。主要特征是很长的层间裂纹及平行于轴向的裂纹，很少或者没有纤维破裂。出现该压溃模式是由于内部周向缠绕层首先出现剪切破裂，随后周向层与轴向层发生分离，然后发生纤维的折曲和屈曲，随着环绕轴向层中部的裂纹的形成，出现了一个界限清晰的区域。此后，被压碎的材料就像是一个楔块，从轴向将材料挤向管子的内部和外部。

图 5.51 为碎裂模式渐进压溃的例子，管子由机织 E-玻璃布和普通环氧树脂制成。由于

很短的层间裂纹和纵向裂纹出现，这个模式是以在压溃区形成碎片为特征的。简单地说，对于带有沟槽的圆管，沟槽处首先由于周向和轴向的劈裂和屈曲而发生压溃，导致最初的碎裂。在周向，压缩屈曲发生在管壁的内侧，拉伸断裂发生在管壁的外侧。这个过程不断自我重复，直至整个截面碎裂。

图 5.50　散射式渐进压溃模式

图 5.51　机织玻璃布管的破碎模式

无论是散射模式或者碎裂模式的发生，都取决于叠层的构形和各个薄层的失效模式的失效强度等因素。一个特定模式的发生是由于有助于发生这两种模式的参数之间竞争的结果。关键因素之一是轴向和周向的相对强度。

对于由一系列玻璃布聚酯预浸渍处理材料制成的圆管，当周向纤维数(H)大于轴向纤维数(A)时，发生微碎裂。另一方面，当周向约束比较弱[H ∶ A 在(1 ∶ 7)～(1 ∶ 8.5)之间]时，不会发生轴向纤维断裂和散射失效模式。逐渐增加周向的抗力将导致更强烈的微弯曲(曲率半径很小)，最终发生轴向纤维断裂。注意，所有的圆管在 2 mm 壁厚内大约都有 10 层布。

2. 其他截面形式复合材料管件结构

当正方形和长方形管件沿轴向压溃时，所吸收的能量要比类似的圆管少。另外两种研究过的截面是“近似椭圆”壳和轨道梁，如图 5.52 所示。对于“近似椭圆”截面的碳—环氧树脂和 aramid-环氧树脂管件，在长轴端部附近的压溃模式主要是高能量脆性断裂，而在这些区域以外，则主要是较低能量的薄层板弯曲。当图 5.52(a)中所示的内夹角减少时，即当管子变得更像椭圆时，其能量吸收能力增加。事实上，当内夹角从 180°(圆形)变为 90°时，所得到的比能量吸收在 10%～30%之间增加。这可能是因为当内夹角较小时，较大部分材料因渐进压溃而破坏，导致较好的能量吸收性能。图 5.52(b)中所研究的沙漏形截面汽车框架轨道梁是由玻璃纤维/乙烯树脂复合材料制成的。当厚度与轴向长度之比增加时，以渐进形式破坏的试件的比能量吸收几乎是不变的。此外，这种截面的比能量吸收比与其相当的正方形管要高。

复合材料制成的圆锥壳(如同金属圆锥壳)的能量吸收行为也已有前人研究过。大体说来，圆锥台存在两种模式：渐进压溃和中部失效，这与圆管的情况类似。当复合材料锥台的半角增加时，比能量吸收减少。而且，当半角大于在 15°～20°之间的一个临界角时，发生非稳定破坏。此外，与圆管不同，圆锥壳不需要破坏的触发机构。最后，轴向加载的正方形锥台的比能量吸收要比相似的圆锥台小。

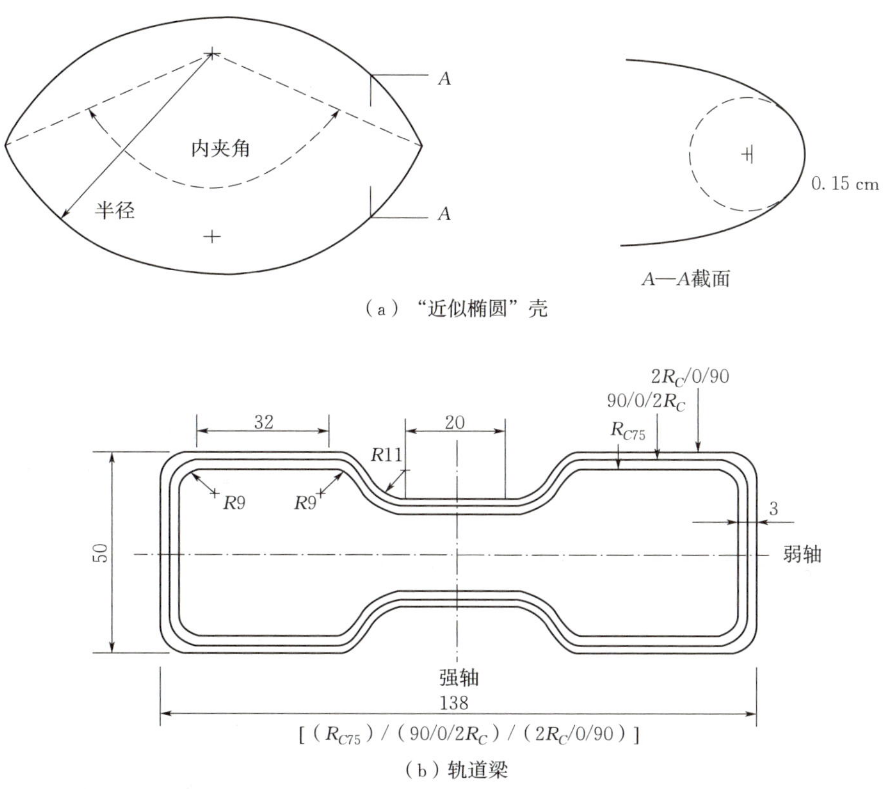

(a)"近似椭圆"壳

(b)轨道梁

图 5.52　其他截面管件

3. 复合材料—金属管件结构

纤维/环氧树脂复合材料可以与金属管结合起来，以吸收更多的能量。当轴向压溃时，圆形金属管不但向内而且也向外折叠。通过部分约束管壁向外的运动，可以使得管子在能量吸收方面更为有效。对于外部由不同层数和方向的玻璃/环氧树脂复合材料所包裹的金属管，它们的某些破坏模式如图 5.53 所示。当这个复合管内部金属管是韧性材料时，不管金属管的壁厚和包裹层的方向如何[图 5.53(a)]，它的变形都是非对称的。脆性的金属内管要经历多次断裂[图 5.53(b)]，并伴有纤维的碎裂。当缠绕角度很小、几乎平行于管轴时，复合材料发生轴向层裂，因而从金属内管分离开来[图 5.53(c)]。最后，很厚的复合材料以大角度(几乎是完全圆周方向的)包裹脆性金属内管。这时，可能发生不稳定的断裂破坏[图 5.53(d)]。

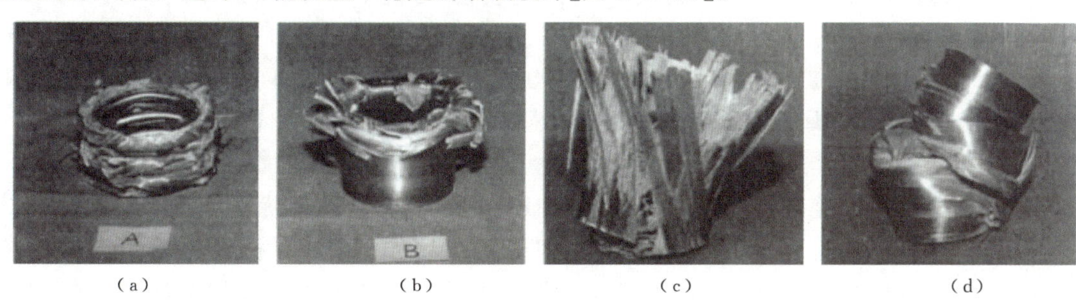

(a)　(b)　(c)　(d)

图 5.53　外部包裹玻璃纤维/环氧树脂复合材料的金属管的破坏模式

5.6 车辆内饰结构及其空间布局优化

高速列车内饰结构设计应该以降低乘客二次碰撞伤害程度为目的。以某城际铁路动车组司机室为例，将列车驾驶员损伤参数作为目标量，以操控台系统的结构和布局参数为设计变量，研究列车司机室操控台系统的结构尺寸及与座椅的配合尺寸对驾驶员损伤的影响，对驾驶员损伤指标进行多目标寻优。驾驶员有限元模型使用 LSTC 公司建立的50百分位假人有限元模型，司机室操控台系统的结构布局按照 UIC 651 标准设置。司机室操控台—座椅—假人的有限元模型如图 5.54 所示。用 A 代表操控台侧面与座椅 G 点(座椅坐垫与靠背表面的相切点)的纵向水平距离(简称座椅操控台水平距离)，座椅可前后移动，与操控台的距离会影响驾驶员与操控台撞击的时间及撞击速度；用 B 代表操控台膝垫与操控台侧面的纵向水平距离(简称膝垫距离)，在撞击过程中膝垫的位置会限制驾驶员腿部的移动距离，影响驾驶员腿部的损伤；用 C 代表操控台截面厚度，操控台截面厚度决定了驾驶员胸部与操控台接触面的大小，直接影响作用于驾驶员胸部的压强；用 D 代表脚踏板高度，脚踏板高度的设计将影响驾驶员的重心高度，并决定了撞击时操控台面与驾驶员撞击的位置。4 个优化设计变量中，A 和 B 为操控台系统的布局参数，C 和 D 为操控台系统的结构参数。

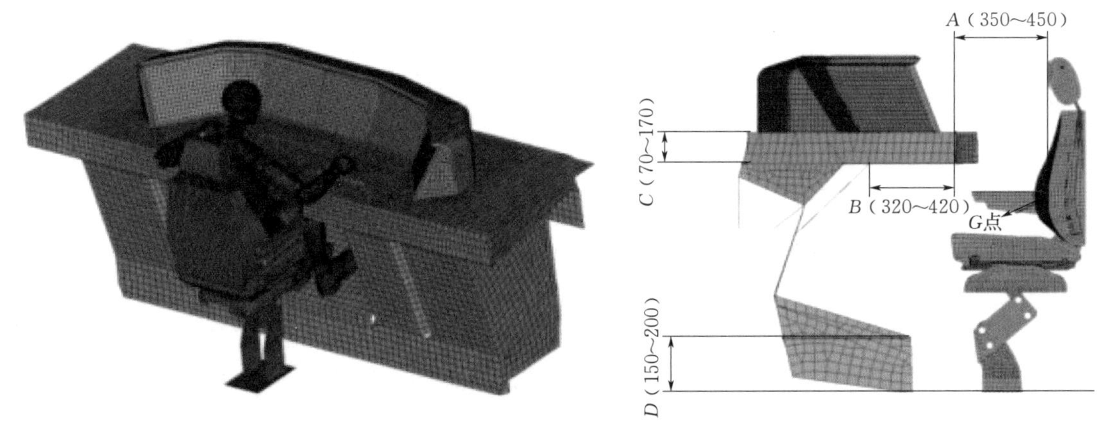

图 5.54 操控台—座椅—假人有限元模型

列车驾驶员在碰撞发生后极易受到损伤，损伤类型包含机械性损伤、生物损伤以及心理损伤，不同部位的损伤机理各不一样。为了评定驾驶员的损伤程度，参考美国 FMV 208 乘员碰撞保护标准和英国内饰结构耐撞性标准 AV/ST 9001，引入驾驶员碰撞损伤参数，分别为：头部损伤指标 HIC_{36}、颈部损伤指标 N_{ij}、胸部 3 ms 合成加速度、胫骨指数 TI。

采用乘员损伤优化设计中被广泛运用的 Kriging 法建立代理优化模型，通过 Kriging 法构造驾驶员损伤指标随设计变量的变化曲面，并借助求解多目标优化问题的带精英策略的非占优排序遗传算法(NSGA-Ⅱ)对代理模型进行寻优。用遗传算法求解代理模型的最优值时，首先随机生成 1 个初始种群，对种群个体进行编码，将目标函数转化为适应度函数;对每个个体进行适应度评价,评定每个个体的优劣程度;然后通过选择、交叉及变异等算法产生更优的新一代种群;最后进行终止条件判断,最优解就是进化中拥有最高适应度的个体,即所求模型的最优值。按最优解结果建立仿真工况,验证空间布局优化的正确性与有效性。

6 高速列车碰撞安全防护实验技术

6.1 静动态材料参数测试

用于高速列车碰撞安全防护的材料可以分为：金属、高分子材料、陶瓷与玻璃和复合材料这四大类别。这些材料的性能和成本需要达到可接受水平同时还要保证其安全耐用性能。为了保障这些材料在服役期间的使用性能，需要对它们进行力学性能测试，了解它们的力学性能参数，对安全防护设计给出指导性建议。静动态材料参数测试是指通过施加载荷和形变对材料试样进行物理试验，将测试到的数据进行量化处理，来评价某种材料的性能。

6.1.1 万能试验机

万能试验机是集拉伸、弯曲、压缩、剪切、环刚度等功能于一体的材料试验机，主要用于金属、非金属材料力学性能试验。万能试验机一般由测量系统、驱动系统、控制系统及电脑（电脑系统型拉力试验机）等结构组成。试验设备的范围可以从非常简单的装置到由数字计算机控制的复杂系统。

万能试验机在 1900 年至 1920 年期间首次得到了广泛应用。在机械螺纹传动设备中，两个大型丝杠（螺杆）旋转驱动一个十字头，将载荷作用在试样上。一个简单平衡系统被用来测量作用载荷的大小，也可以使用油压驱动一个液压活塞来施加载荷。在液压活塞施加载荷情况下，油压提供了一种简单方式来测量作用载荷。这些类型的试验设备可以用来进行拉伸实验、压缩实验或弯曲实验，也可以采用具有同样技术水平的扭转试验设备来进行实验。

1946 年 Instron 公司的试验机的出现代表了一个巨大的进步，因为该试验机首次投入使用了以真空管技术为基础的高精密电子设备。这也是一台螺纹驱动的试验机，装有一个动的十字头，但配有电子设备来控制设备，测量载荷和位移，使试验系统较之以前的设备具有了更多的功能。1958 年 MTS Systems 公司先驱者应用晶体管技术和闭环自动化概念开发了一个高负荷试验系统，该系统使用了双动液压活塞。该系统称为液压伺服试验系统，可以根据试样的需要改变载荷、应变或试验设备运动（行程）。该设备的唯一主运动就是驱动杆和活塞的组合运动，试验系统的计算机控制和监视设备自从 1965 年出现以来就已经得到了稳定的发展。

通过电信号来测量载荷和位移的传感器是试验设备的重要特征，相对早期使用的线连接液性差动变压器（LVDT）就是以这种方式测量位移的，然后再根据位移求出试样的应变。1937 年人们开发出了线应变片，从 1952 年这些线单元被薄片单元所取代，当应变片所连接的材料发生变形时，应变片就会改变它们的电阻，这种变化会被转换为一个与应变成正比例的电压。可以用这些应变片来制作测量试样作用载荷的测力传感器和测量试样位移的引伸计。Instron

试验机和闭环液压伺服试验机就是从这些传感器获取电信号的。应变片是目前主要使用的换能器形式，但线性差动变压器(LWDT)也经常被使用。除了前面提到的通用性试验设备之外，各种专用试验设备也有所应用。图6.1为某类型的万能试验机示意图。

图6.1 MTS3380 落地式万能材料试验机

针对高速列车在万能材料试验机上测试的材料实验主要包括拉伸实验、压缩实验、弯曲实验、扭转实验、压痕硬度实验等。其中，最基本的就是拉伸实验和压缩实验。在进行材料性能指标测量前，要求进行测量的每个实验人员使用一致的测量方法，否则材料的使用者和制造商将无法就质量标准达成一致，因而就会产生更多的分歧而没有效率。高速列车生产制造等工程项目的安全性和可靠性要求材料的性能必须具有明确的数值，因此，生产工程师、政府和研究机构已经一起合作开发了标准实验方法。国际标准化组织(ISO)制定了相应的标准体系，我国相应出台了一些基本力学实验方法，例如：GB/T 系列。该系列实验标准详细给出了相应的材料试样尺寸制作和实验程序以及注意事项。

1. 金属拉伸实验

金属拉伸实验是在一个轴向力作用下，缓慢拉动一个材料试样，直到该试样发生断裂。试样有圆形横截面和矩形横截面，试样两端的尺寸通常加大，以保证夹持部分具有更大的面积，从而避免试样在夹持部分发生断裂。实验过程中以恒定的速度使试样发生变形，这样在进行实验时，获得的移动速率必须是施加轴向的载荷变化。载荷 P 除以横截面积 A 就可以获得试样在拉伸过程中任意时刻的应力值，即 $\sigma = P/A$。同样试样的位移是在标距长度 L 上具有恒定截面面积的中间直线测得，应变为 $\varepsilon = \Delta L/L$。这样，以原始尺寸 A 和 L 为基础计算出来的应力和应变称之为工程应力和工程应变。图6.2为铝合金拉伸实验。

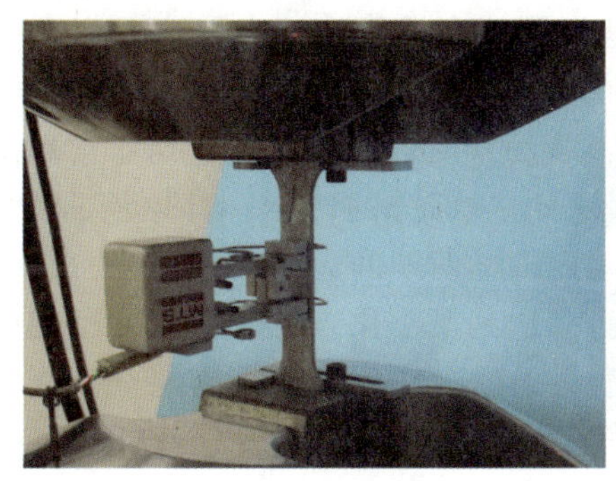

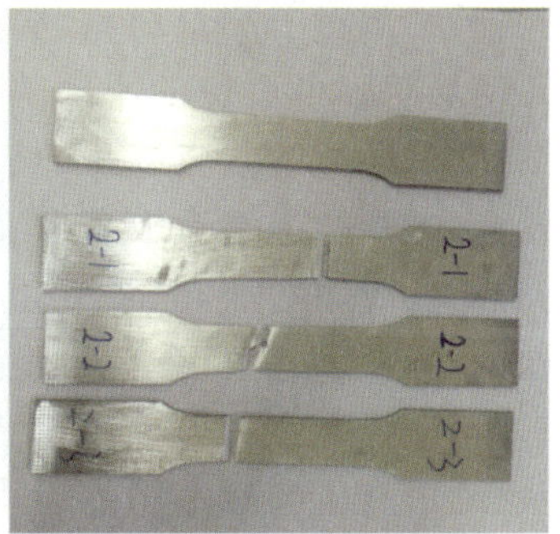

图6.2 铝合金拉伸实验

有时假设所有夹持部分和试样末端几乎都是刚性的，这是合理的。在该种情况下，十字头运动中发生的大部分变化是由于试样直线部分的变形而引起的，因而 ΔL 与 h 的变化 Δh 几乎相同，因而可以将应变估算为 $\varepsilon=\Delta h/L$。然而，实际测量的 ΔL 值是优先选用的，因为使用 Δh 可能会导致所测应变值产生很大的误差。其中，应变 ε 是无量纲的。为了方便起见，应变有时会以百分数的形式给出。应变也可以用百万分之一表示，称为微应变。如果应变是以百分数或者微应变的形式给出的，则对于大多数计算来说，在使用该值之前，有必要将其转换成无量纲的形式。由拉伸实验所获得的主要结果就是整个实验的工程应力—工程应变曲线图，称为应力—应变曲线。由于在实验室中使用数字计算机，数据的形式就是一个应力和应变数值列表，是在实验期间以很短的时间间隔取样而获得的，应力应变曲线因材料不同而变化很大。在拉伸实验中的脆性行为就是材料没有发生大的变形就失效了，如灰铸铁。其他的材料则表现出了塑性行为，在拉伸加载中只有在发生很大的变形之后才失效，如铝合金。

值得注意的是，为什么要用应力和应变来描述拉伸实验结果，而不是只用载荷 P 和长度变化 ΔL 来描述。这是因为对于一种给定材料的具有不同横截面 A 的试样，随着横截面面积的增加，其失效载荷也会随之而增加。通过计算每单位面积的载荷（或称为应力），就会消除试样尺寸的影响。因此，对于一种给定的材料和任意横截面面积 A，都有望具有相同的屈服应力、极限应力和断裂应力，然而相应的载荷 P 则随着横截面面积 A 而变化。事实上，对不同截面面积 A_i 下的实验进行比较时，其结果会受到原始材料不同位置性能的微小差异的影响，在实验室测量时缺乏绝对的精度，而且还存在统计误差。使用应变同样会消除试样长度的影响。对于给定应力，长度 L 更大的试样，就会按比例表现出更大的长度变化 ΔL，但是对于任何长度的试样而言，与屈服应力、极限应力和断裂应力点相对应的应变都期望是相同的。因此，应力—应变曲线被认为能够基本描述材料的力学行为。

2. 金属压缩实验

在压缩实验中，所采用的均匀位移速率方式与拉伸实验相同，当然加载方向是不同的。最为普遍采用的试样形状就是高径比 L/d 为 1～3 的圆柱体，有时也使用高径比 L/d 高达 10 的圆柱试样，采用此值的主要目的就是为了精确确定材料压缩过程中的弹性模量。有时也使用横截面形状为正方形或矩形的试样进行压缩实验。

选择试样的高度必须予以综合考虑。如果 L/d 的值相对较大则试样容易弯曲。如果发生了弯曲，则实验结果对于测量材料的基本压缩力学行为就变得毫无意义了。试样的弯曲会受到试样几何形状不可避免的小缺陷的影响，也会受到试样在万能试验机上放置时平直度的影响。例如，试样的两端应该几乎是平行的，但是从来不会达到非常理想的程度。反之，如果 L/d 较小，实验结果会受到试样两端细节部分的影响。具体而言，当试样被压缩时，直径会由于泊松效应而增加，但摩擦会阻碍试样两端的运动，结果导致试样出现了鼓形。这种鼓形可以在试样的两端进行合适的润滑而达到最小化。对于在压缩过程中能够发生很大塑性变形的材料，选择太小的 L/d 值可能会导致试样的力学行为完全受试样的两端所影响，结果实验无法测出材料的基本压缩力学行为。考虑到 L/d 较小可以避免试样弯曲，而 L/d 较大可以避免试样两端的影响，因而对于塑性材料而言，一个合理的折中方案是$L/d=3$。对于脆性材料而言，$L/d=1.5$ 或 $L/d=2$ 是较为合适的，此时试样两端的影响较小。图

6.3 为铝合金 6061T5 压缩前后形态，图 6.4 为位铝合金 6061T5 压缩与拉伸的真实应力应变曲线。

图 6.3 铝合金压缩试验

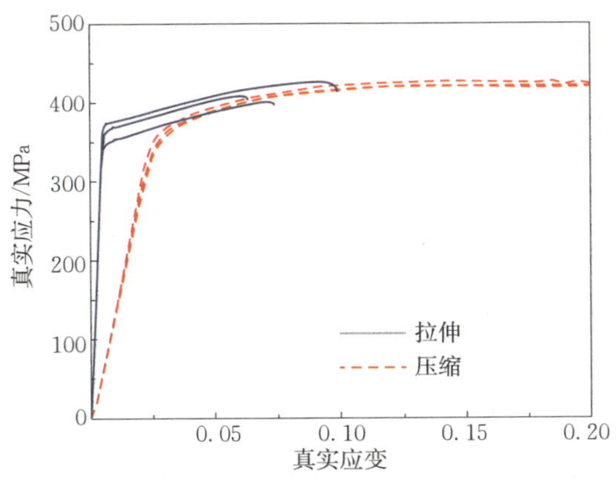

图 6.4 铝合金 6061T5 的压缩与拉伸的真实应力应变曲线

6.1.2 落锤实验

落锤实验又称落重实验，一种冲击实验方法。落锤实验一般用于测试材料在低速冲击下的力学响应。图 6.5 为 Instron9250HV 落锤试验机，实验设备要求具有驱动电机控制系统，设定冲击高度和锤头重量后，通过电脑和控制按键控制实验开始，实验机能使提升、释放、数据采集成为一套全自动化过程。系统具有仪器化高速实验能力，配备高精度传感器，能自动采集记录冲击力—位移曲线，能自动分析主要冲击参数，采样频率 2 MHz，每个通道有 60 000 点的储存量，动态载荷测量误差＜2%。试验机须配备防回弹系统防止二次冲击，并且带有自动片材的气动夹持装置。提升系统要求精度高、速度快，有断电保护功能保证断电时锤头不会意外落下。抓脱锤装置要求非常安全，在重力作用下不会发生脱钩意外，断电时也不会张开，配备检测和警示装置防止挂钩没有抓牢锤头的情况发生。实验要求整个试验机四周配备安全防护装置，防止断裂试样飞溅，同时要求防护门有自锁功能，在门打开的情况下，试验机会自锁，主要操作

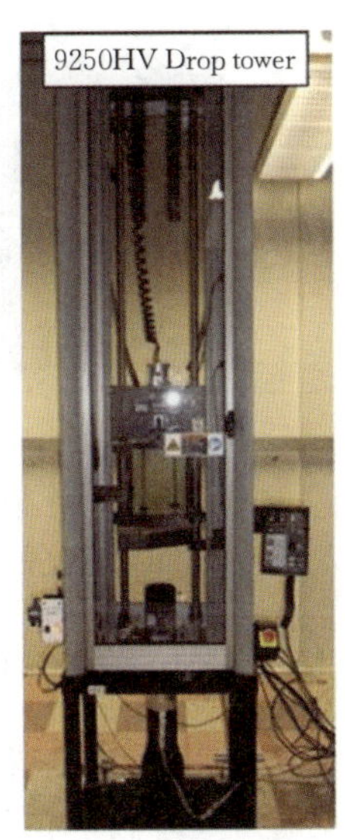

图 6.5 落锤试验机

无效，从而防止误操作，保证实验人员的安全。主机框架要求结实稳定，冲击实验过程中机器本生不会晃动，多次实验后各部件不会发生松动。导轨光滑耐磨，正常使用范围内导轨和轴承不会失效。锤头及其连接装置要求硬度高、寿命长、连接牢固。目前国内和国际常用的是美国 MTS 公司生产的 DYNATUP 落锤冲击试验机，其不同的型号在测量范围、配置的传感器以及数据采集软件等方面都有所不同。

在落锤实验中，可以根据不同的需求调节锤重与锤高，获得不同的冲击动能。也有的实验方法是通过固定重锤高度而改变锤质量来进行实验，用求得相应重锤质量来表示结果；或者两者都改变而用下落重锤的能量来表示结果。应该注意，用能量表示时对不同高度或不同重锤质量的结果是不宜作比较的。落锤实验比摆锤冲击试验更接近实际情况，是一种简便又实用的方法。

除了自由落体产生的加速度外，还可以通过气动辅助装置对落锤实现进一步的加速，以达到更高的冲击速度和撞击能量。落锤与高速摄影机、动态力传感器等实验仪器结合，可以测出材料和结构在冲击载荷作用下的响应。因此，落锤实验是材料和结构在应变率(10^{-1}/s～10^{-3}/s)下的动态响应的重要实验装备。

待测试的试件可以是板材、管材、片材等多种形状。对于不同的测试需求，锤头可以是半球型锤头、简支梁冲击头悬臂梁冲击头、管材冲击头等。

对于用于高速列车上的材料，如蜂窝、纤维板等，都可以使用落锤实验来测试其折弯、压溃以及失效等行为。图 6.6 为使用落锤实验测试复合材料夹芯板结构在低速冲击下的力学行为，图 6.7 为获得的力与能量的曲线。

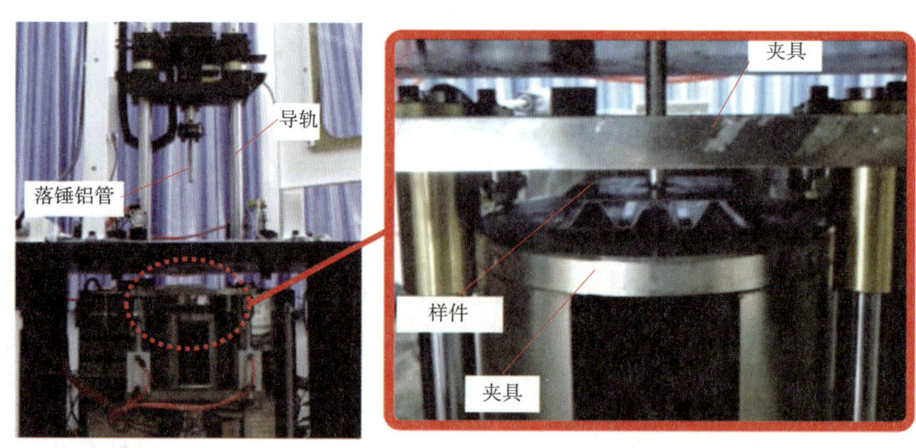

图 6.6　落锤试验测试复合材料夹芯板结构的力学行为

落锤实验还被用来测试某些材料与应变率相关的力学行为，图 6.8 所示是使用落锤实验获得的橡胶材料在不同应变率下的迟滞行为。

6.1.3　分离式霍普金森压杆

分离式霍普金森压杆(spht hopkinson pressare bar，SHPB)实验是建立在一维应力波理论之上的，即假定在杆中应力传播的方向是一维的，SHPB 主要由撞击子弹、入射杆、透射杆以及测试系统等几大部分组成，如图 6.9 所示。发射子弹在撞击入射杆后，在入射杆中产生

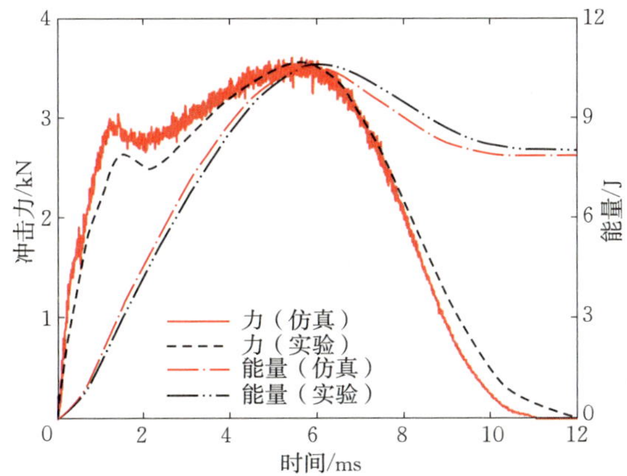

图 6.7 复合材料夹芯板结构力学特性曲线

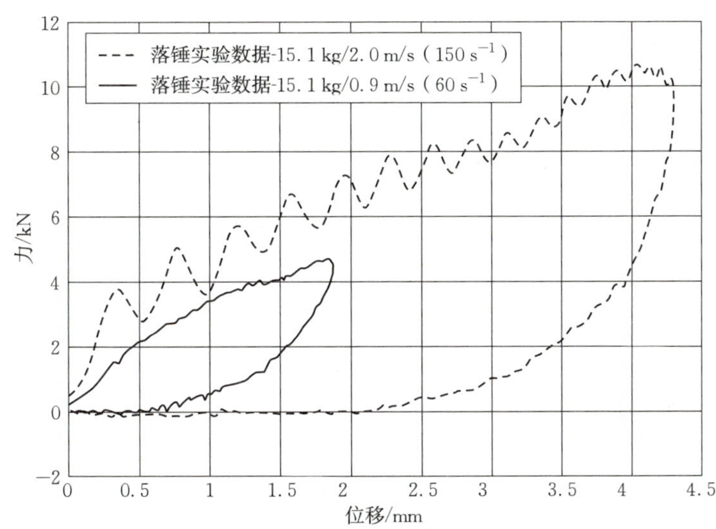

图 6.8 落锤实验测得橡胶在不同应变率下的迟滞曲线

入射波和反射波，透过短试件在透射杆中产生透射波，根据短试件应力波均匀化假定，则短试件两端的应力是平衡的，由于弹性模量相同，故有

$$\varepsilon_i + \varepsilon_r = \varepsilon_t \tag{6.1}$$

式中 ε_i——入射应变；

ε_r——反射应变；

ε_t——透射应变。

将式(6.1)代入到式(6.2)中即可得到工程应变 ε_e，工程应变率 $\dot{\varepsilon}_e$ 及平均应力 σ_e 计算公式。

试件工程应变为

$$\varepsilon_e = \frac{u_1 - u_2}{l_0} = \frac{C_0\int_0^t[\varepsilon_i(t) - \varepsilon_r(t)]\mathrm{d}t - C_0\int_0^t \varepsilon_t(t)\mathrm{d}t}{l_0}$$

$$=\frac{C_0}{l_0}\int_0^t[\varepsilon_i(t)-\varepsilon_r(t)-\varepsilon_t(t)]\mathrm{d}t=-\frac{2C_0}{l_0}\int_0^t\varepsilon_r(t)\mathrm{d}t \tag{6.2}$$

式中 u_1、u_2——试件两端位移；

l_0——试件初始厚度；

C_0——入射杆弹性波速。

试件工程应变率为

$$\dot{\boldsymbol{\varepsilon}}_e=-\frac{2C_0}{l_0}\varepsilon_r(t) \tag{6.3}$$

试件平均应力为

$$\sigma_e=\frac{\sigma_1+\sigma_2}{2}=\frac{EA}{2A_0}[\varepsilon_i(t)+\varepsilon_r(t)+\varepsilon_t(t)]=\frac{EA}{A_0}\varepsilon_t(t) \tag{6.4}$$

式中 A——入射杆截面积；

A_0——试样截面积；

E——压杆弹性模量。

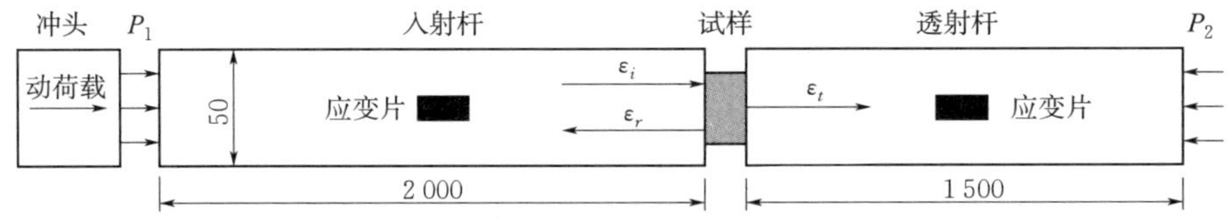

图 6.9 SHPB 原理

利用 SHPB 对脆性材料进行本构关系实验，不同于金属材料的本构关系实验，它要求试样尺寸足够大以避免由于材料局部不均匀造成的实验误差，所以在加载中需要使用大杆径的压杆进行实验。大杆径矩形波加载存在波形弥散、波形振荡、应变率变大等问题，所得到的数据不够准确。中南大学资源与安全学院通过改进 SHPB 子弹形状，从而实现半正弦波加载，加载应力平衡，且可消除 P-C 振荡。不仅如此，利用半正弦波加载更加容易实现材料的恒应变率加载。所用 SHPB 试验系统杆件采用 40Cr 合金钢，泊松比为 0.28，弹性模量为 250 GPa，密度为 7.810 g/cm^3，弹性波速为 5 410 m/s，杆直径为 50 mm，入射杆和透射杆长度分别为 2.00 m 和 1.50 m。子弹采用双端锥形结构(异形子弹)，可以消除 P-C 振荡，实现稳定的半正弦波(加载波上升段稳定在 100 μs 左右)加载。数据采集系统由粘贴在冲击杆上的应变片、计算机、DL750 型数字波形纪录器、CS-1D 型超动态应变仪等组成，其采样频率 10e^6 Hz，实验装置如图 6.10 所示。子弹的大小影响加载波的波长，子弹的形状直接决定着加载波形的形状，因此需要对加载波进行整形。应力脉冲整形多采用整形器法和异形冲头法(图 6.11)，本书采用的双端锥形结构属于异形冲头范畴，相关研究通过冲击反演理论得到能产生理想半正弦波的子弹形状。

不同于普通金属材料，脆性材料存在材料不均匀特性。在进行 SHPB 动态加载实验时，为避免材料不均匀性对实验结果的影响，试样直径取值较大，这也是采用大杆径 SHPB 压杆的原因。采用大杆径压杆的一个重要问题就是应力波的弥散效应，即标准的方波入射信号在入射杆内部，弥散为一个类似梯形的入射信号，并且信号在到达梯形最大上升沿后会出现振荡现象，杆件后方振荡的幅值也越来越大，振荡频率越来越为稀疏。

图 6.10 SHPB 实验装置

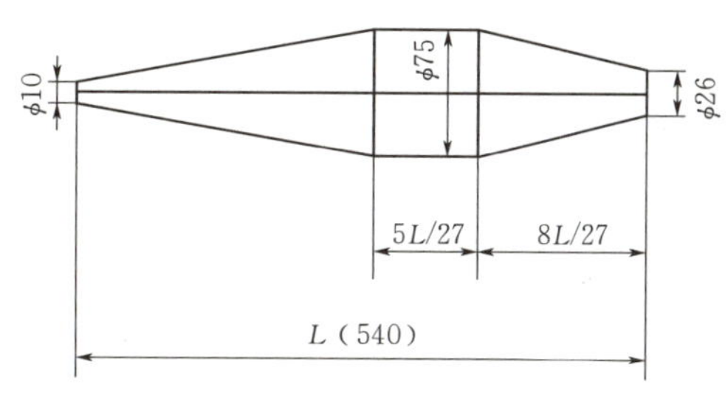

图 6.11 纺锥形异形冲头

解决以上问题途径之一就是研制新型异形冲头，产生不同于方波的入射信号，消除弥散效应，保证试件加载过程中的应力均匀性，从而获得较为真实可靠的材料试验数据。李夕兵等利用有限元数值分析手段对不同类型的 60 多种异形冲头进行数值模拟，得到了冲头与入射波关系，利用径向基函数神经网络技术，对数值模拟数据进行网络处理，获得了较为理性的正弦波加载理想冲头，对于 50 mm 压杆的理想异形冲头，具体参数如图 6.12 所示。

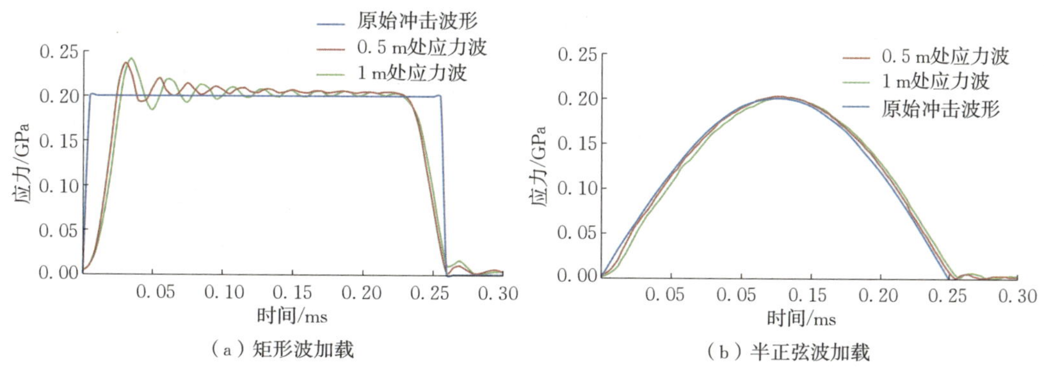

（a）矩形波加载　　（b）半正弦波加载

图 6.12 不同位置处应力波形

采用数值模拟的分析方法，建立直径 50 mm，长度 2 000 mm 压杆有限元弹性体计算模型，在直杆一端加载矩形冲击应力波以及半正弦应力冲击波，捕捉杆件不同位置处应力波大小及形状，位置选取中间 1 m 位置处和距离原始冲击端面 0.5 m 这两处，通过对比这两处的应力波及原始冲击应力波大小及形状，说明不同应力波在杆件中传播出现的应力波弥散振荡现象，杆件的材料参数同加载装置参数。矩形波：平台应力为 200 MPa，应力波从 0 变化到 200 MPa 的时间为 0.012 5 ms，整个加载时间长度为 0.25 ms，正弦波峰值为 200 MPa，半周期为 0.25。捕捉应力波形结果如图 6.12 所示。可以发现矩形波加载，在杆件不同位置处，应力初始上升段幅值较大，高于原始冲击波幅值，并且上升段时间较原始波形长，较大幅值后应力波出现振荡现象。整体呈阻尼振荡趋势，1 m 处应力波幅值及振荡波形周期都比 0.5 m 处要大，出现明显弥散现象，在这种波形加载进行动态冲击本构关系材料实验的样品应力值也会出现类似的振荡现象，需要进行数据处理。振荡应力会使 SHPB 加载试样前后两个冲击表面上的应力分布不均匀，不能准确地反映出材料的真实本构关系，不是一种理想的加载手段。

采用半正弦波加载，发现捕捉到的杆件不同位置处的应力波形与原始波形几乎相同。

根据一维应力波理论,SHPB 动态冲击下的试样可在这种加载波下保证前后冲击端面冲击应力大小相同,且受力均匀,这种加载条件下的实验能够更好地反映出材料的力学特性。

根据图 6.12 可以看出,矩形波冲击在杆件不同位置产生波形振荡的原因是因为矩形波从 0 上升至 200 MPa 期间,平台冲击的时间较短。由于杆件惯性的原因使杆件内部瞬态内产生了较大的应力集中,致使压缩波瞬态产生了较大幅值,并由于杆件内部阻尼的原因逐渐平荡。通过改变矩形波上升沿作用时间,来对比杆件相同位置应力波形状,研究初始加载应力波斜率对波形振荡作用的影响。

初始矩形冲击应力波选定三种加载斜率,即 0 上升至 200 MPa 所用时间与压力之间的比值关系,三种斜率大小分别见表 6.1,加载原始波形如图 6.13(a)所示。随着斜率的减小,上升段加载时间也越来越长,对 50 mm 杆件、2 000 mm 长度杆件,进行三种不同斜率矩形波加载计算,去杆件中间 1 m 处应力波进行数据分析,发现:斜率 1 计算工况,波形振荡较大,最大振幅偏离 200 MPa 较多,且后续振荡一直连续,贯穿整个平台加载阶段;斜率 2 对应变化率 5.3 GPa/ms 工况,波形振荡较小,平台载荷较为平缓,振荡较小;相比较而言,斜率 3 为 3.2 GPa/ms,平台载荷几乎无振荡,幅值与初始冲击应力波幅值也较为接近。可见对于大杆件 SHPB 实验装备,矩形波加载的关键就在于提高入射杆初始冲击应力波的上升沿时间,有效的较小冲击应力变化率。目前除了在入射杆前端粘贴缓冲材料以外没有更好的解决此问题的办法。

表 6.1 不同斜率取值

类型	斜率 1	斜率 2	斜率 3
斜率/(GPa · ms^{-1})	16	5.3	3.2

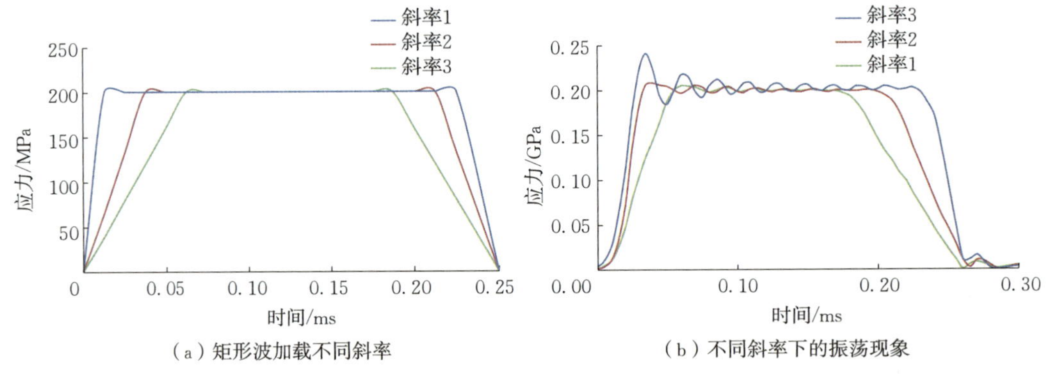

(a)矩形波加载不同斜率　　(b)不同斜率下的振荡现象

图 6.13 矩形波加载斜率影响分析

以上数据表明,正弦波对于大杆径 SHPB 实验是比较理想动态加载冲击曲线,在保持杆件长度不变的情况下研究不同杆径对正弦波在杆件中传播弥散效应的影响,选取杆件为 100 mm以及 150 mm 的两组杆件,施加与 50 mm 杆件相同的原始冲击波,对比在 1 m 处这个距离冲击端面相同位置处的应力波形,说明杆径大小对正弦波弥散效应的影响。

如图 6.14 所示,三种杆径下距离冲击端面距离为 1 m 处,3 个捕捉应力波形完全重合,可见正弦波加载杆件中产生的应力波没有因为杆件大小变化而发生改变,不受杆径大小的影响,受杆件长短的影响几乎也可以忽略,是一种较为理想的加载手段,而且通过改变 SHPB 子弹的长短可改变半正弦波的波长，使得加载上升段的斜率具有较为广泛的取值范围。

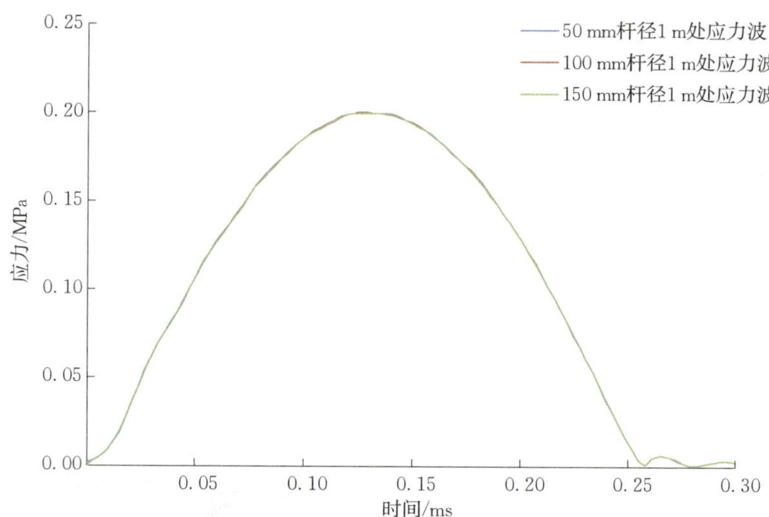

图 6.14 不同杆径中点处半正弦波对比

6.1.4 玻璃材料的分离式 Hopkinson 压杆实验

SHPB 实验原理是建立在一维应力波理论之上的，为了使得实验在入射杆撞击过程中具有更好的一维效应，尽量避免或减少试件向径向膨胀而产生的径向惯性效应以及轴向惯性效应，使得被冲击试件两端应力尽可能相等，Davies 和 Hunter 提出了试件尺寸设计的最优长径比

$$L/D=\frac{1}{2}\sqrt{3\mu_s} \tag{6.5}$$

式中 L，D——试件的长度和直径；

μ_s——泊松比。

根据式(6.5)计算，取玻璃材料泊松比 $\mu_s=0.21$、$L/D\approx0.4$；用 50 mm 压杆进行实验，玻璃实验样品取 $D=38$ mm、$L=15$ mm。我们列举了 7 个车窗玻璃试样的实际尺寸，由于加工工艺的限制，试样尺寸与试样原始尺寸有细微的偏差，实验结果处理过程中需使用每个试样的实际尺寸(图 6.15、图 6.16)。

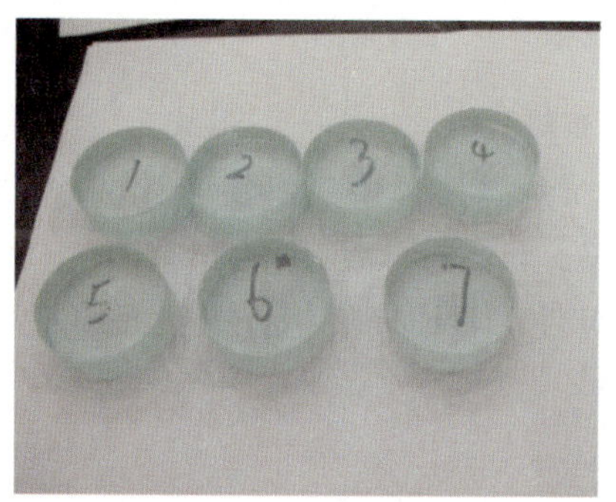

图 6.15 试样示意

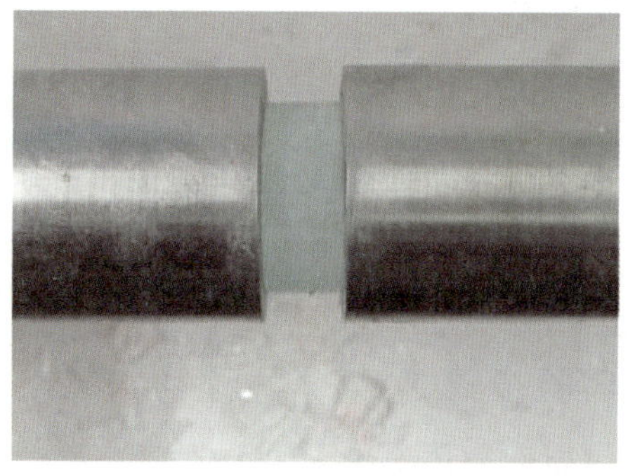

图 6.16 试样实验安装示意

6.2 车体零部件结构台车碰撞冲击实验

列车上安装有多级吸能结构,可以在碰撞事故中吸收一定的能量以达到保护乘客和车体的作用。由于列车质量与运行速度都比较大,因而其上安装的吸能结构也必须可以承受较大的冲击。这些吸能结构在正式安装在列车上之前,都要进行性能测试。而要满足这些车体零部件的冲击要求,就必须采用 1∶1 的台车冲击实验。测试需要得到冲击过程中的冲击速度、冲击力、位移、能量等响应等参数,来考核结构的力学性能是否达到要求。

本节将以某高速动车组车体前端底架碰撞实验为例,对车体零部件结构台车碰撞冲击实验进行说明。

6.2.1 实验设计

如图 6.17 所示为底架结构,采用动态冲击实验的方法,开展该动车组车体前端底架在冲击载荷作用下的耐撞性能研究。实验可以为生产厂家提供关键的试验数据,用以考核该结构的耐撞性能是否满足设计要求;也可用于校正有限元模型,进一步完成对该结构的优化设计。

图 6.17 某高速动车组底架

如图 6.18 所示为实验现场布置图。通过固定车体前端底架于碰撞实验台车,以一定的速度等级撞击刚性墙,测试撞击力、速度、变形量、吸能量和变形模式等数据,对该动车组车体前端底架耐撞性进行评价。

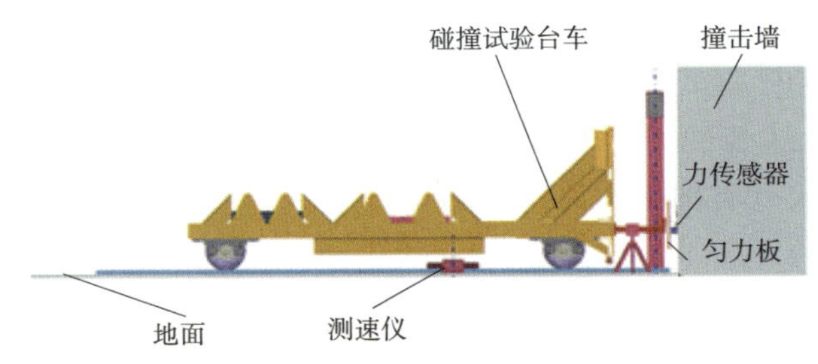

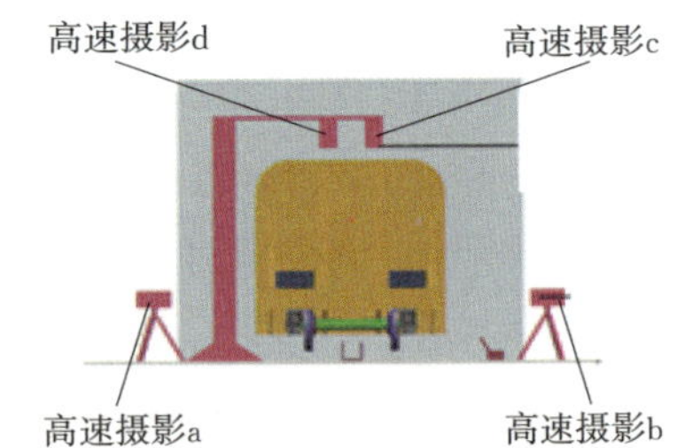

图 6.18 碰撞实验布置示意

力传感器与前、后挡板固定在刚性墙上。4 台高速摄像机记录碰撞组件的变形情况,高速视频数据经后处理后可用于记录位移与时间关系。

实验前须对组件的安装进行测量并记录,如:组件距轨面高度组件与轨面的平行度等。

6.2.2 实验步骤

实验按照以下步骤进行:

(1)将底架结构安装于实验台车前端;

(2)在底架结构上粘贴高速摄影标记点;
(3)冲击实验前,完成实验件测量、拍照等记录;
(4)开启撞击力测试系统、撞击瞬态速度测试系统;
(5)架设四台高速摄像机,完成调焦和光学参数的设定;
(6)通过实验后,完成实验件测量、拍照等记录;
(7)实验数力发射系统使实验台车以实验大纲要求的速度撞击刚性墙;
(8)冲击试据处理。

6.2.3 实验结果与分析

(1)碰撞位移分析

根据高速摄影仪记录的组件碰撞序列图像,采用运动图像序列分析软件,在图像中选取一系列的标识点,标记点的位置如图 6.19 所示。其中,匀力板上选取的标记点(point0)用来确定撞击开始的时刻,工装上选取的标记点(point1,point2,point3)用来分析撞击过程中组件和台车的位移及速度变化。需要注意的是:工装上选取的三个点,其位移随时间的变化相对误差很小,故采用三点数据的数值平均值作为最终的位移—时间、速度—时间数据。

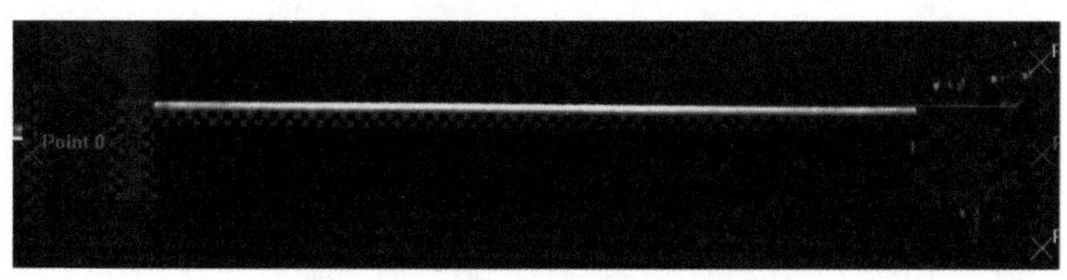

图 6.19 高速摄影分析标记点位置

对标记点的位移及速度进行分析,得到组件的位移—时间曲线,如图 6.20 所示。由图 6.20 及其对应的数据可知,组件的位移随时间增大而增大,在 112.75 ms 时压缩量最大为 188.48 mm,试件的最终位移为 181.741 mm。

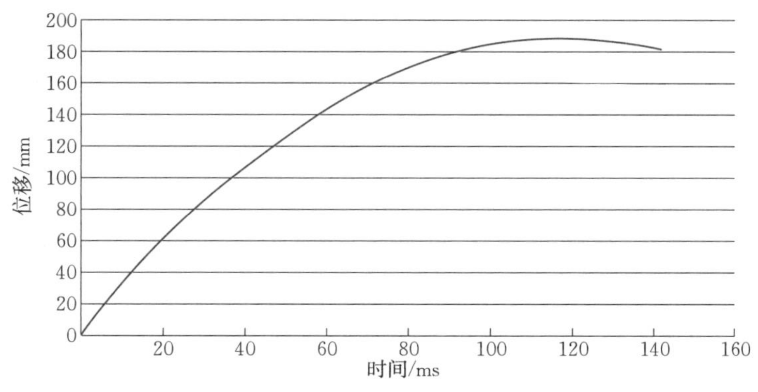

图 6.20 位移—时间曲线

(2)碰撞速度分析

根据高速摄影仪记录的数据,对碰撞过程中台车及组件的速度变化进行分析,得到其速度—时间曲线,如图 6.21 所示。

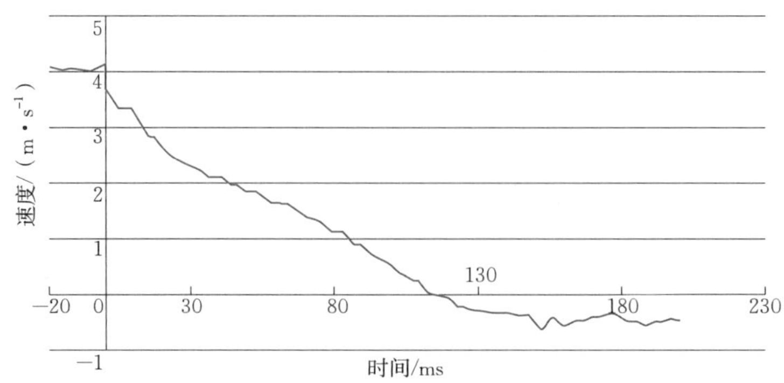

图 6.21 速度—时间曲线

根据图 6.21 及其对应的数据可知，在整个碰撞过程中，组件的速度随时间逐步减小。通过对匀速段的一系列数据点的速度进行数值平均，可以得到碰撞之前的初始速度约为 4.038 m/s，碰撞结束后，组件及台车回弹，速度基本为匀速。整个减速过程持续大约 150 ms，与碰撞时间基本吻合。测速仪测得的初始速度为 4.061 m/s。通过对匀速段的一系列数据点的速度进行数值平均，可以得到碰撞结束后回弹速度约为−0.462 m/s。从曲线上可以看出，整个减速段大致趋势为两段，在 35～150 ms 内速度曲线斜率的绝对值与前一段相比减小，可知在这一段时间内的减速加速度减小。通过对 0～35 ms 内的数据分析可知这段时间内的加速度约为$-40.75\ m/s^2$，而 35～150 ms 内的加速度约为$-26.969\ m/s^2$。

(3)撞击力分析

将测力传感器采集到的数据线性相加后，即可得到撞击力—时间曲线，如图 6.22 所示。

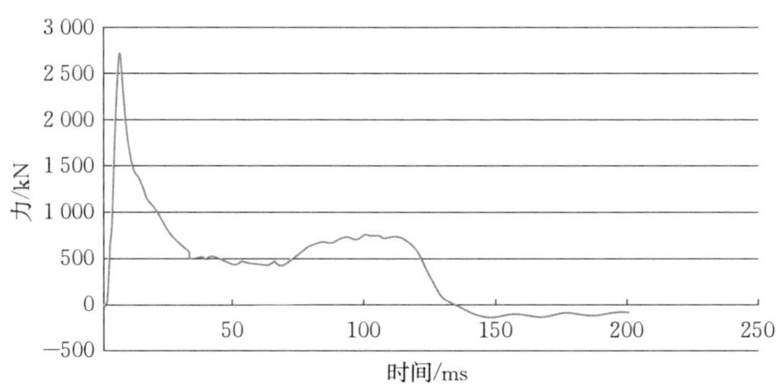

图 6.22 撞击力—时间曲线

实验撞击力在极短的时间内迅速上升，在 6.1 ms 时达到峰值 2 722 kN，之后开始下降。在 30 ms 左右，撞击力开始变得平稳，屈服后撞击力约为 478 kN。从 65 ms 左右开始，撞击力再一次上升，到 101 ms 时达到第二次峰值 769 kN。撞击力从 101 ms 后开始下降，至 150 ms左右时撞击力基本为 0。

(4)吸能量分析

吸能量是评定车体前端底架组件性能的关键参数。整个实验过程中，系统的动能主要由以下几种方式所耗散：车体前端底架组件塑性变形、底架组件与刚性墙接触后产生的垂向摩擦、底架组件变形过程中由于撕裂而产生热能等。在此，我们主要分析车体前端底架组件塑性变形所吸收的能量。将得到的撞击力—时间曲线和位移—时间曲线进行合成，得到撞击力—位移曲线，还可以得到吸能量—时间曲线，如图 6.23 所示。图 6.23(a)中曲线与坐标轴围成区域的面积，即为所吸收的能量。分析可知，实验撞击过程中，组件塑性变形共吸收能量 159.39 kJ。由组件及台车的初始速度可以得到其初始动能为 203.82 kJ，则本次实验中，组件塑性变形所吸收的能量占初始动能的 78.2%。

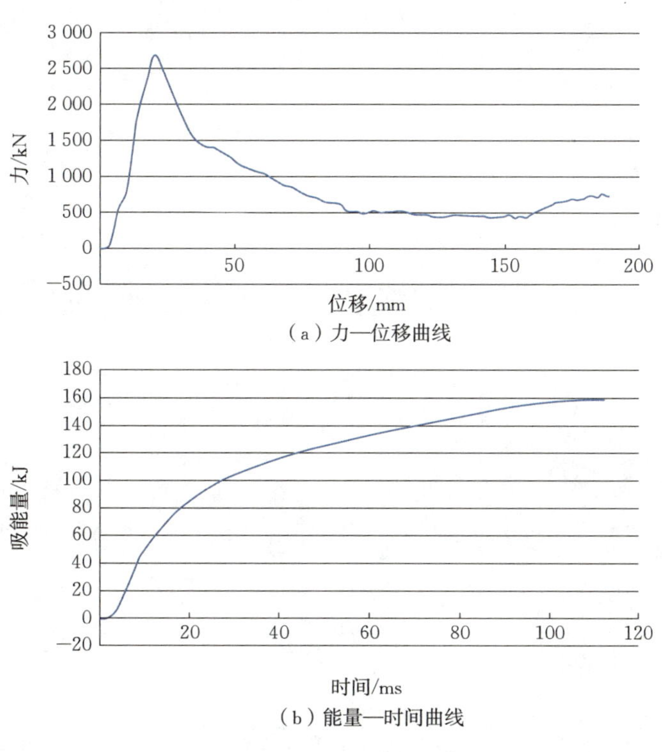

(a) 力—位移曲线

(b) 能量—时间曲线

图 6.23 能量曲线

6.3 整车碰撞实验技术

高速动车组的整车碰撞相对比较复杂。由于受到实验平台、实验成本等多方面因素的限制，对整列车进行碰撞实验是不现实的。目前我国拥有全尺寸碰撞实验台，可以满足单节车的碰撞要求。

6.3.1 碰撞场景

整车碰撞分为单节车撞击刚性墙和两节车对撞两类，如图 6.24 所示。整车碰撞实验需对实验用动车组头车司机室(含司机室骨架、转向架、车钩、防爬器、吸能元件、排障器及开闭结构等)进行耐撞性实验，以分析该司机室整体结构稳定性、前端骨架变形模式、端部吸能组件耐撞性能及转向架与车体连接结构耐冲击性能。

依据《关于在美国 TTCI 开展高速动车组列车级冲击试验立项申请》，对实验用动车组头车司机室进行撞击实验工况设计，以考核其耐撞性是否满足设计要求；规定了前述吸能组件碰撞实验的范围和要求，并且该实验大纲仅适用于前述动车组头车司机室耐撞性实验。

（a）单节车撞击刚性墙

（b）两节车对撞

图 6.24 整车碰撞场景

6.3.2 实验目的

依据实验产品的设计要求，本实验目的主要如下：

(1)考核实验用动车组头车司机室于撞击工况下生存空间结构完整性；

(2)考核实验用动车组头车司机室气密墙前端骨架结构变形稳定性及其更换方案的可行性；

(3)考核实验用动车组头车司机室前端吸能组件于正常包覆条件下的功能有效性(正常包覆条件为动车组运营条件下的司机室状态)；

(4)考核实验用转向架与车体枕梁连接结构的耐冲击性能；

(5)验证实验过程中加速度、位移等物理量测试方法的有效性；

(6)依据实验结果对前期针对该实验所进行的碰撞仿真结果进行对比校正以提高碰撞仿真计算精度。

6.3.3 实验依据

由《关于在美国 TTCI 开展高速动车组列车级冲击试验立项申请》可知，实验中采用的动车组是依据 EN 15227:2008+A1:2010《铁路应用 铁路车辆车体耐撞性要求》标准设计的产品，所以本实验参照欧洲被动安全标准 EN 15227:2008+A1:2010 相应要求进行，同时参考部分标准规范完善试验测试及数据处理，具体如下：

(1)ASME RT-2:2014 *Safety Standard for Structural Requirements for Heavy Rail Transit Vehicles*；

(2)TB/T 2369—2010《轨道车辆冲击试验方法》；

(3)SAE J211-1:2007-07 *Instrumentation for Impact Test—Part 1:Electronic Instrumentation*。

6.3.4 实验要求

(1)本书所规定的实验工况设计、测试要求等内容至少满足 EN 15227:2008+A1:2010《铁路应用 铁路车辆车体耐撞性要求》要求；

(2)实验台车配重应充分考虑实验对象所属设计车体的质心位置，尤其质心高度；

(3)实验台车空簧充气高度(距轨面高度)须与现车高度(整备状态)保持一致；

(4)实验台车与中心销间安装螺栓须采用现车用螺栓及螺丝座，试验前作防松标记；

(5)实验台车与头车司机室须保证紧密连接，试验前作防松标记；

(6)实验用排障装置须与现车状态保持一致；

(7)每次实验前须对实验台车、实验件等进行称重处理，以确定实际撞击质量；

(8)每次实验需保证高速摄影仪同步触发，其他电子测试设备同步触发。

6.3.5 实验测试

1. 测试变量

为能够更好对试验结果进行描述，需对实验过程中部分关键物理量进行测量，具体测试物理量及其测试方法见表 6.2。

表 6.2 实验测试物理量基本情况

序号	名　称	测试途径
1	实验台车质量	通过称重设备直接测量
2	撞击速度	通过激光测速仪直接测量
3	实验台车加速度	通过加速度传感器直接测量
4	转向架加速度	通过加速度传感器直接测量
5	撞击力(刚性墙)	通过测力传感器直接测得/加速度传感器间接求量
6	车钩阻抗力	通过测力车钩直接测量
7	主吸能结构阻抗力	通过测力车钩直接测量

续上表

序号	名　称	测试途径
8	主吸能结构行程	通过位移传感器直接测量
9	空气弹簧两侧安装点垂向变形	通过位移传感器/高速摄影仪直接测量
10	空气弹簧两侧安装点纵向变形	通过高速摄影仪直接测量
11	一系悬挂两侧安装点垂向变形	通过位移传感器/高速摄影仪直接测量
12	司机室前端压溃行程	通过高速摄影仪直接测量
13	司机室前端结构变形	通过高速摄影仪直接测量
14	动应力	通过应变片直接测量
15	车钩行程	通过高速摄影仪直接测量
16	防爬器阻抗力	通过测力传感器直接测量/加速度传感器间接求量
17	防爬器行程	通过高速摄影仪直接测量

注：表 6.2 中所述定位方向与 EN 15227:2008+A1:2010 标准中定义相同。

2. 测试要求

(1)冲击速度

冲击速度是指冲击台车与刚性墙撞击前瞬间冲击速度，可以采用速度传感器、高速摄影等方法进行测量，测量精度应控制在±0.5 km/h 范围内。

(2)加速度

加速度一般是指冲击实验台车的纵向加速度(即轨道方向加速度)，为能较好反映台车实际加速度应对其测点进行合理布置(即考虑台车横向、纵向尺寸影响)；加速度传感器采用频率应高于 20 kHz，测量精度应控制在±1%范围内。

(3)撞击力

撞击力是指冲击台车与静止台车碰撞过程中两者接触界面作用力，实验过程中通过测力传感器获得；其中，本实验要求测力传感器采样频率应高于 20 kHz，精度应控制在±1%范围内。

(4)高速摄影仪

高速摄影仪是获取冲击实验过程中实验件变形及运动形态关键手段之一，以便为分析实验件动态冲击响应行为提供真实数据；其中，本实验通过高速摄影仪获得司机室前端变形模式、部件变形量等物理量，为保证测试精度，高速摄影仪采样频率应高于 2 000 f/s；另外，用于高速摄影仪的标识粘贴规则须保证所能够有效测得所需物理量。

6.3.6 实验设备

碰撞试验在中南大学碰撞实验台进行，其中，撞击实验台主要由五部分组成：驱动系统、制动系统、测试系统、照明系统、实验台车，具体如图 6.25 所示，并且撞击实验台车可适度调整配重以满足实验件的冲击能量要求。

司机室冲击实验主要是通过测试撞击力、速度、变形量、吸能量等数据，以研究中国标准动车组司机室(含吸能、开闭、车钩、排障器)耐撞性能。

(a) 驱动系统　(b) 制动系统

(c) 台车加速轨道　(d) 刚性墙和测力系统　(e) 加速度测试系统

(f) 顶部直流光源及高速摄影仪　(g) 速度测试及触发系统　(h) 部件撞击实验台车

图 6.25　碰撞实验系统

6.3.7　实验程序

1. 实验调试

依据测试要求(见 6.3.4)确认实验过程所采用的测量仪器及相应传感器,并按照相应标准要求对其进行调试以确保其于实验过程中正常工作。

2. 正式实验

依据实验工况完成本书所规定的实验,实验的具体步骤如下:

(1)将安装实验件的实验台车置于高速摄影仪/测力墙调试位置;

(2)对实验件及实验台车粘贴标记符,以便于撞击过程中高速摄影仪的图像捕捉及其后处理;

(3)开启高速摄影仪专用直流光源,分别在测力墙上方和侧面安装高速摄影仪,完成调焦及关键光学参数的设定;

(4)开启撞击力测试系统、撞击瞬态速度测试系统、加速度测试系统并完成实验前最后调试,检验其是否能够正常触发;

(5)通过动力发射系统加速运动碰撞台车,使运动碰撞台车以预定的速度撞击刚性墙/预定撞击对象;

(6)人工/自动触发高速摄影仪;

(7)待实验结束后,读取高速摄影仪、速度测试系统、加速度测试系统、撞击力测试系统等测试数据。

6.3.8 实验数据处理

待实验完成,所采用的实验数据处理方法须严格按照实验所参考标准及规范。

(1)滤波

对于速度、撞击力、位移等直接测的物理量时间历程曲线进行滤波处理,滤波截止频率应高于 1 000 Hz。

对于加速度传感器数据进行滤波处理时,参照 SAE J211-1:2007-07 *Instrumentation for Impact Test—Part 1:Electronic Instrumentation* 标准执行。

(2)高速摄影图像分析

通过高速摄影所拍摄的撞击时刻图像,可以得到实验司机室前端结构变形模式及撞击过程;根据高速实验仪记录的实验司机室碰撞序列图像,采用运动图像序列分析软件,在侧视及俯视图像中选取若干个标识点(同一物理量下点数≥3),对所选取的关键标识点进行分析,最终拟合求得到撞击过程中这些点的位移(变形量)。

(3)吸能量分析

获得实验用司机室及其主要吸能部件的撞击力、变形量(位移)等时间历程曲线,利用计算机数据处理软件求得撞击力—变形量曲线,最终再由复化辛普森积分公式积分求曲线与变形量所围成面积,该面积即为吸能量。

6.4 小尺度多编组列车模型碰撞实验技术

与汽车、船舶等交通工具单体撞击不同,列车由多节车辆编组而成,质量大、运行速度高,冲击动能远远高于汽车碰撞,列车撞击过程中既有单节车的撞击破坏问题,又有各车辆之间的耦合互撞等问题。由于碰撞时车辆间的耦合作用,碰撞行为演化过程复杂多变,采用数值计算仿真方法,难以精确模拟列车—线路—运行环境构成的非线性系统所产生的复杂动态响应;采用全尺寸车辆实物碰撞及整列车多体碰撞实验费用巨大。因此,采用列车小尺度碰撞等效模型,研究车辆或整列车碰撞力学行为,获取和优化列车碰撞吸能参数方法,是研制耐冲击吸能列车的重要手段。

然而,高速列车车体多采用大型中空薄壁铝合金型材结构,小尺度等效模型极难满足几何结构相似条件,碰撞过程中车辆的边界、初始条件复杂多变,难以精确模拟。同时,小尺度模型中的重力载荷、应变率效应、断裂变形等尺寸效应问题也难以解决。因此,如何对小尺度等效模型进行降维、解耦、结耦,找到单值条件下无量纲组的函数依赖性是必须解决的问题。

其次,高速列车多体耦合碰撞动力学模型多采用刚—柔耦合求解,具有几何、材料、接触三重强非线性特征,加之车辆—转向架连接、车辆间动态接触、钩缓连接结构非线性力学特性等复杂约束条件。同时由于边界条件、求解方法等差异,不同尺度的列车多体碰撞动力学模型的分析结果可能产生显著差异,建立强非线性及复杂约束耦合的列车多体碰撞动力学模型,找到不同尺度下求解规律,是构建列车小尺度等效模型的重要技术手段。

此外,车辆在冲击载荷作用下的动态响应是应力波在车体及车辆间传播及作用的外在反映。由于车体中承载骨架中板、梁结构的断面突变,车辆间钩缓连接结构强非线性力学特性,引起应力波在传递介质中的非连续性。目前列车多体碰撞模型仿真和试验中,车辆材料、结构等还难以精确模拟,车辆间连接结构也大多采用力学特性等效方法,这必然会产生应力波在不同尺度模型传递、聚集、反射等规律上的差异。找到应力波在不同尺度的车体结构和车辆间传递的规律、找出应力波在不同尺度非连续介质中的传递相似性是构建列车小尺度模型中需要突破的瓶颈。

中南大学研发了小尺度多编组列车模型碰撞实验技术,其具体实施方案是基于大量不同尺度的车辆撞击试验数据,针对车辆载人区中部弹变结构,采用相似理论,建立与全尺寸车辆力流路径和能量耗散规律一致的小尺度模型;针对车辆端部及连接装置的塑性大变形结构区,采用力学行为等效方法,建立等效缩模;针对不同场景下列车等效缩模碰撞,精确建立影响爬车、跳车、之字形脱轨、编组列车的互撞等成因边界条件,真实再现全尺寸列车碰撞及碰撞后演化规律。该实验台可模拟最大比例 1∶7,最高速度 100 km/h,两列 8 编组列车的互撞、爬车、跳车等场景,可得到车辆间耦合互撞导致的穿透破坏、爬车、之字形脱轨等事故成因及演化规律,从而解决列车碰撞试验位形姿态的科学认知难题。

在实验研究中,为实现列车等效缩模碰撞试验的全时域、无盲区拍摄,研发了自适应变速度跟踪拍摄技术及装置,实现长达 60 m 列车运动区域的连续拍摄。建立塑变区域序列图像的目标识别分析方法,采用变模板匹配技术追踪变形区域的运动目标,快速锁定列车运行姿态;研发测试系统与运动列车自适应时空同步协调控制技术,通过感知运动列车当前状态,实时调整拍摄像机、光源移动速度和角度,实现运动列车塑变区域自动跟踪拍摄;研制了自适应变速跟踪相机和光源移动装置,包括相机移动支架、光源移动支架、速度自动感知的电机伺服控制系统等;研发了自动追踪塑变目标区域图像处理分析软件。缩比实验台如图 6.26 所示。

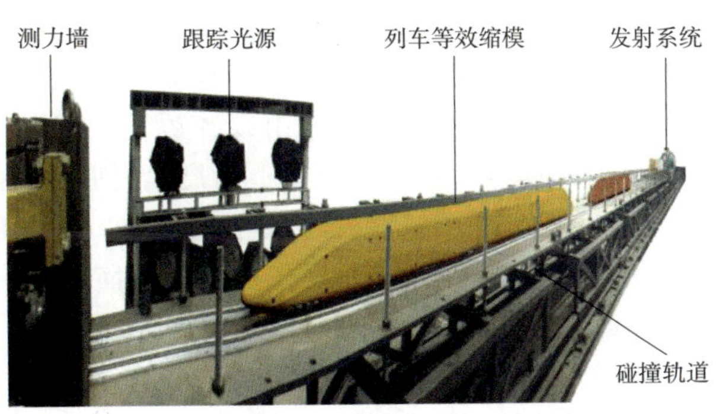

图 6.26 缩比实验台

6.5 乘员防护台车实验

6.5.1 乘员防护台车实验目的

高速列车碰撞安全问题可以分为两类:主动安全和被动安全。主动安全是指在列车上安装各种预警装置,让人们提前发现并解决安全问题,将列车碰撞事故的可能性降到最低;被动安全是指在发生事故时最大限度地保护乘员不受伤害。保障碰撞乘员安全问题,又分为一次碰撞和二次碰撞。一次碰撞指碰撞事故发生后,碰撞产生的加速度本身已经超出了人体的耐受极限;二次碰撞指碰撞事故发生后,车体的减速度造成乘员与车体内饰或其他乘员发生撞击。一次碰撞损伤可以通过车体结构耐撞性研究来减少,目前国内外学者对车体耐撞性研究开展较多,通过数值仿真与实车实验,改进车体端部结构,设计多样化的吸能结构,优化列车碰撞能量分配等。乘员二次碰撞损伤问题,主要集中在乘员碰撞动力学响应、损伤评估以及内饰优化等方面。目前二次碰撞损伤问题,受到越来越多国家重视,不少研究人员通过乘员防护台车实验,进行高速列车碰撞安全研究。

通过模拟高速列车碰撞发生时的工况,对碰撞防护台车上安放假人的伤害值的评价,我们可以得到对高速列车乘员整体安全性能的综合评价。除了头部伤害值、胸部位移量和腿骨力外,假人身上还自带另外一些传感器如颈部测量力矩用传感器、胸部力传感器、胸部加速度传感器、脊柱力传感器、骨盆加速度传感器和小腿胫骨力传感器等,这些测量装置可以提供更多的信息以评价假人身体相应部位所感受到的冲击力等指标。乘员防护台车碰撞实验通过模拟高速列车碰撞场景的方式,来分析列车在碰撞过程中乘员响应及列车损伤状态,通过分析结果可以改进列车结构安全性设计。通过进行乘员防护台车碰撞实验,还可以对司机室空间布局和列车内饰进行优化,以达到能够更好地保护乘员安全的作用。

通过乘员防护台车碰撞实验,开展碰撞损伤生物力学研究,解决高速列车碰撞损伤生物力学关键问题,提出高速列车碰撞乘员及驾驶员防护措施,为高速列车耐撞性设计提供理论支撑。

6.5.2 乘员防护台车实验场地

实验场地一般为室内,主要是因为室外的实验室对于温度、湿度等的控制较差、受环境的影响大、一般不易维护。场地中主要包括轨道与刚性墙以及牵引装置。

对于碰撞实验室来讲,其牵引设备必须为高功率设备,一般需要 200 kW 以上。对于碰撞场地,要求一段标准的轨道,场地的尺寸根据实验的要求来定。试验室的长度一般要满足平稳加速的过程,以保证假人姿态在加速过程中保持不变。按照这个要求,单车撞击实验的加速轨道至少需要 40 m。如果是两车的对撞过程,因为考虑到列车的平稳加速度,那么需要的场地长度至少要 80 m。因为碰撞轨道旁边需要摆放测试设备和保证实验的安全性,同时也为避免列车碰到周围物体,这要求碰撞的场地宽度一般都在 20 m 左右。室外的实验室,建设费用较低,可以增加实验场地长度和宽度。

碰撞的场地需要水平布置,若场地的布置不呈水平状态,那么列车行驶在场地上会受到一定的向前或是向后的力，不易控制其加速过程，并且对于列车在碰撞过程当中的受力状态也有所改变。

碰撞实验场地需要平整，保证列车在场地上的行驶没有明显的起伏状态。碰撞实验的场地禁止列车在行驶过程当中有一定的起伏，如果列车有了一定的起伏，对于列车的牵引会造成一定的困难，同时列车可能会发生脱轨、跳轨等情况，造成碰撞试验的失败。

碰撞广场不能有水、冰、雪（模拟特殊气候状况的实验除外）等，以使得列车能够正常行驶，模拟列车的一般行驶状态。

6.5.3 乘员防护台车实验设备

乘员防护台车实验设备主要包括防护台车、撞击力测试系统、撞击瞬态速度测试系统，加速度测试系统、高速摄影系统、实验碰撞假人等。部分实验设备主要参数要求如下：

（1）动态撞击力采样频率不低于 20 kHz；

（2）光源要求，确保图像补充清晰；

（3）高速摄影要求，采样帧频不低于 1 000 f/s；

（4）加速度测试要求，最大加速度 $500g \sim 1\,000g$；

（5）测速要求，误差±0.5 km/h；

（6）测力要求，最大合力 3 000 kN；

（7）台车质量要求，误差±5%。

主要实验步骤如下：

（1）放置假人，将假人固定在防护台车上，在防护台车不同位置采用各种符号进行标记，便于撞击过程中高速摄影仪的动态捕捉和运动序列图像后处理。

在碰撞过程中，车上安装的测量仪器不应影响假人的运动。实验前，假人和测量仪器系统的温度应稳定，并尽可能保持在 20～22 ℃范围内。放置假人在座椅上，假人的躯干和手臂紧靠座椅靠背，手放在大腿外侧。对躯干下部施加一向后的轻微力，同时对躯干上部施加一向前的轻微力，使上躯干从座椅靠背向前倾。保持对躯干下部施加的向后轻微力，同时对躯干上部施加向后的轻微力，使上躯干逐渐回到座椅靠背。将假人定位，测量假人的相对位置，重要部分涂上油彩。

（2）开启撞击力测试系统、撞击瞬态速度测试系统、加速度测试系统。开启高速摄影仪专用直流光源，分别在测力墙上方和侧面安装高速摄影仪，完成调焦和关键光学参数的设定，开启高速摄影系统。

（3）通过动力发射系统加速实验台车，使实验台车以预定的速度撞击测力墙。高速摄影仪记录实验台车开始接触测力墙直到反弹离开测力墙的动态过程；与此同时，撞击力测试系统、撞击瞬态速度测试系统、加速度测试系统实时进行采集。

（4）运用运动图像序列分析软件对高速摄影仪记录的型材撞击图像进行分析，得到标识点的速度信息。乘员防护台车碰撞试验属动态破坏性实验，台车撞击速度、刚性墙撞击力、加速度均随时间变化，因此需要进行逐个分析，包括高速摄影结果运动分析方法、撞击力采集系统结果分析方法、吸能量结果分析方法，最后分析假人损失情况，对列车乘员安全性进行评估。

6.5.4 乘员防护台车实验测试技术

在自动测量系统中,各个组成部分常常以信息流的过程来划分,一般可以分为:信息的获得、信息的转换、信息的显示和信息的处理。作为一个完整的非电量电测系统,也包括信息的获得、转换、显示和处理等几个部分。因为它首先要获得被测量的信息,把它变换成电信号,然后通过信息的转换,把获得的信息变换、放大,再用指示仪或记录仪将信息显示出来,有时还需要把信息加以处理。电测系统一般包括传感器、测量电路、放大器、指示器、记录仪和数据处理仪器等几部分。

传感器是一个把被测的非电信号变换成电信号的装置,是一种获得信息的手段,它在非电信号电测系统中占有重要的位置。它获取信息的准确率,关系整个系统的精度。如果传感器的误差很大,后面的测量电路放大器、指示仪等的精度再高也将难以提高测量系统的精度。

测量电路的作用是把传感器的输出变量变成电压或电流信号,使其能在指示仪上指示或在记录仪中记录。测量电路的种类常由传感器的类型而定。

传感器把电阻值的变化变换成电流或电压输出,所以它属于信息的转换部分。由于测量电路的输出信号一般比较小,为了能使指示仪和记录仪工作,常常要将信号加以放大,所以在测量电路中一般还带有放大器,这也是一种信息的转换。

对于动态信号的测量过程,有时还需要对测得的信号数值加以分析和数据处理,复杂的波形要进行频谱分析,有时还要进行运算。信号处理方面的仪器有频谱分析仪、波形分析仪、实时信号分析仪、快速傅里叶变换仪等,这一部分属于信息处理。

计算机可以作为显示、记录仪器,特别是记录被测参数的曲线和变化过程,完成信息显示,又可以对所测数据进行处理、分析,完成信息处理的任务,是故障诊断工作中不可缺少的仪器。

乘员防护台车碰撞试验中的数据测量项目大体可分为车体加速度响应信号、刚性墙碰撞力和假人动力学响应三个方面。因为数据测量为将各种信号转化为电信号进行记录存储,所以测量记录碰撞实验过程中的数据也叫电测量。

电测量系统包括传感器、采集系统和数据处理系统等。用于碰撞试验的电测量系统由于碰撞实验的特殊性,所以有一些特殊的要求,碰撞实验中所测量的信号主要是脉冲信号,对电测量系统的低频性能要求比较高。

整个乘员防护台车碰撞实验数据主要分为两部分,一部分为台车本身的测量数据,一部分为假人身上测量数据。

1. 为了了解列车的碰撞性能,一般在试验车车身安置加速度传感器,用于测量列车的冲击波形,可根据实验目的设置测点,但为了保证测量的成功,一般都将测点安装在局部刚度较大且靠近质心的位置,以免传感器安装点的压缩变形造成测量失败或损坏传感器。

乘员防护台车碰撞实验主要考察瞬态冲击情况下结构的动态力学性能,包括加速度、冲击力级等,如果台车前端还装有吸能装置,那么变形稳定性和吸能量也是关键数据,以下所列为各关键数据的采集和处理方法:

(1)冲击数据处理方法

台车撞击实验属动态破坏性实验,台车撞击速度、刚性墙撞击力均随时间变化,因此需要进行逐个分析,包括高速摄影结果运动分析方法、撞击力采集系统结果分析方法、吸能量结果分析方法。

(2)高速摄影结果运动分析方法

通过高速摄影所拍摄的撞击时刻图像,可以得到铝型材变形模式及撞击情况的结果;根据高速试验仪记录的型材结构碰撞序列图像,采用运动图像序列分析软件,在侧视及俯视图像中选取若干个标识点,对所选取的关键标识点进行分析,即可得到撞击过程中这些点的位移、速度情况。

(3)撞击力采集系统结果分析方法

瞬态撞击力采集系统由测力刚性墙、测力传感器和采集系统组成,测力刚性墙后布置有6个测力传感器。

在撞击发生时,瞬态撞击力采集系统实时采集各传感器的力,从而得到每个传感器(及每个通道)上的撞击力情况。再分别将各种工况下6个通道上的撞击力进行叠加处理,即可得到各个工况下整个碰撞过程中测得的撞击力随时间变化的曲线。

(4)吸能量结果分析方法

在分析实际实验结果时,吸能结构所吸收的能量可由撞击力对压缩行程进行积分得到,也就是撞击力—压缩行程曲线所围成的面积,再由复化辛普森积分公式积分得到。

2. 电测量系统可以测量实验假人身体各部位的动力学响应信号,用于定量地分析和评价乘员的伤害程度。

6.6 有限元仿真分析和实验结果对标

蜂窝结构受到轴向压缩时变形稳定可控、吸能能力强,经常被设计成高速列车上的缓冲吸能元件。本节通过有限元仿真和实验对其吸能特性进行研究,说明有限元仿真分析和实验结果对标。

6.6.1 铝蜂窝结构轴向压缩实验

选取铝合金5052作为实验试件材料,其力学性能参数为:密度 2.68×103 kg/m^3,杨氏模量 69.3 GPa,泊松比 0.33,屈服应力 150 MPa,试件模型如图 6.27 所示。

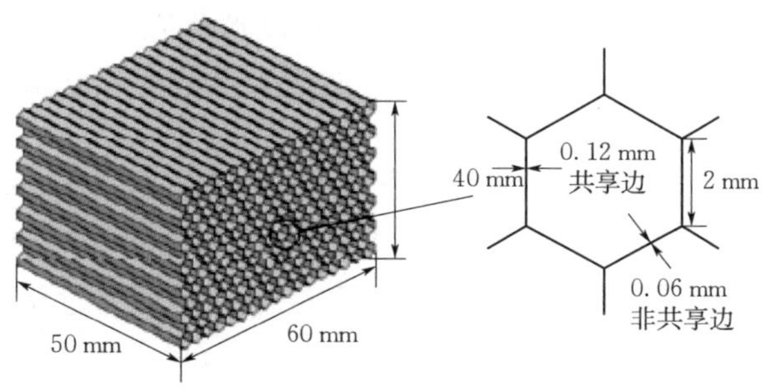

图 6.27 蜂窝试件参数示意

试件所有胞元均为正六边形,样本规格为胞元单层壁厚 0.06 mm,由于蜂窝结构最常见的2种生产方式为辊压法和拉伸法生产所得到的铝蜂窝材料会使得蜂窝胞元产生共享边,因此,共享边厚度为 0.12 mm,胞元边长 2 mm。截面尺寸为 40 mm×60 mm,轴向长度为 50 mm,共有 215 个完整孔洞。

铝蜂窝结构准静态实验在万能材料力学性能实验系统 MTS 647 Hydraulic Wedge Grip 上进行。该实验系统具有多种控制方法和加载方式,可对材料进行动载与静载实验,具备准静态实验的能力。加载速率为 3 mm/min,实验过程前,需用水平尺将蜂窝样本调平放置于工作台面中间,以保持其轴向加载。

在系统加载过程中可以观察蜂窝结构的变形状态,并用相机记录。此外,实验通过记录力—时间曲线和位移—时间曲线,可以绘制出蜂窝结构压溃力—位移曲线,对蜂窝试件进行重复性实验,可以得到 2 条基本相同的力—位移曲线,如图 6.28 所示。

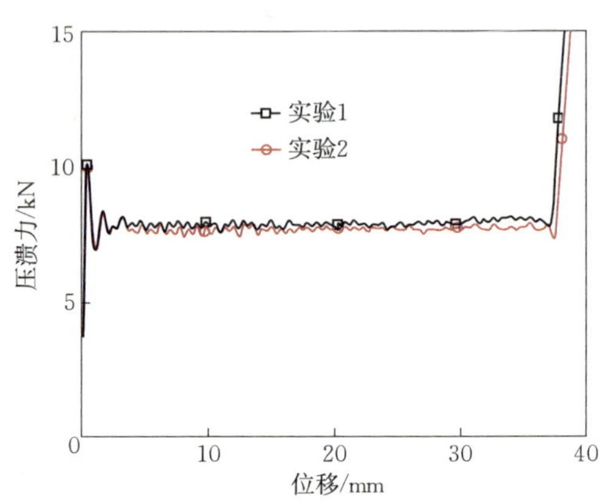

图 6.28 蜂窝压缩实验力—位移曲线

从图 6.28 中可以看出,曲线具有明显的线弹性段、初始塑性坍塌阶段、渐进屈曲阶段以及密实化阶段,符合蜂窝压缩典型力—位移曲线趋势。同时,可以由数据得到平台力、平台强度以及总吸收能量 3 个评定指标,平台力取轴向长度的 16.7%~66.7%作为求取区间,由于后段蜂窝进入密实化阶段,故取前 35 mm 处总吸能量作为与后期仿真对比的实验值见表 6.3。

表 6.3 蜂窝压缩实验结果

实验序号	平台力/kN	平台强度/MPa	总吸能量/J
1	7.70	3.21	276.16
2	7.90	3.29	269.02

6.6.2 铝蜂窝结构轴向压缩仿真

通过 Hypermesh 软件建立蜂窝结构有限元模型并利用有限元分析软件 LS-DYNA 进行仿真分析。在分析过程中发现网格尺寸对结果精度产生很大影响,足够细小和密集的网格使模型结果具有较高的精确度,粗糙的网格可能产生不精确的结果甚至终止运算。同时,细密的网格会带来巨大的节点信息。

蜂窝结构两端各放置一面刚性墙,一端刚性墙固定,给另一端刚性墙施加一个初始速度 $v=5$ m/s,蜂窝与刚性墙之间的摩擦设为 0.17。蜂窝材料铝为弹塑性材料,采用双线性材料模型 MAT24 进行材料仿真,且所有胞壁均采用壳单元。压缩过程中,采用自动单面接触定义结构中所有接触关系。分别选取 2 mm、1 mm、0.67 mm 和 0.5 mm 网格对模型进行划分,得到的有限元局部示意如图 6.29 所示,即相当于在蜂窝胞元边长上划分 4、3、2 和 1 个单元。通过求解得到不同单元尺寸下的力—位移曲线,如图 6-30 所示。

由图 6.30 观察可知,除 2 mm 网格模型偏差较大外,其他 3 条曲线蜂窝压缩典型力—位移曲线趋势基本相同。通过力—位移曲线可以得到 4 种单元尺寸的平台力、平台强度以及

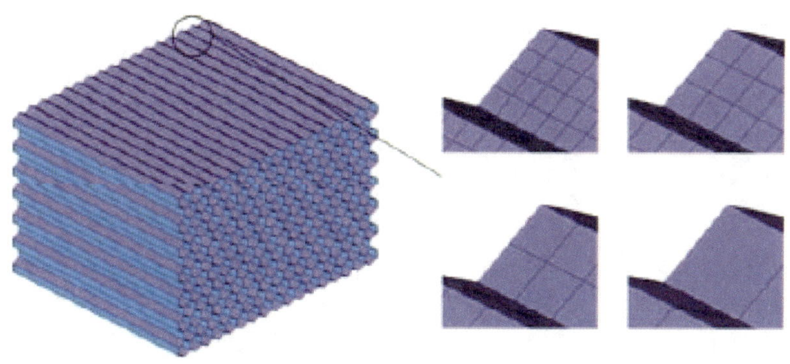

图 6.29 不同单元尺寸下的有限元模型局部示意

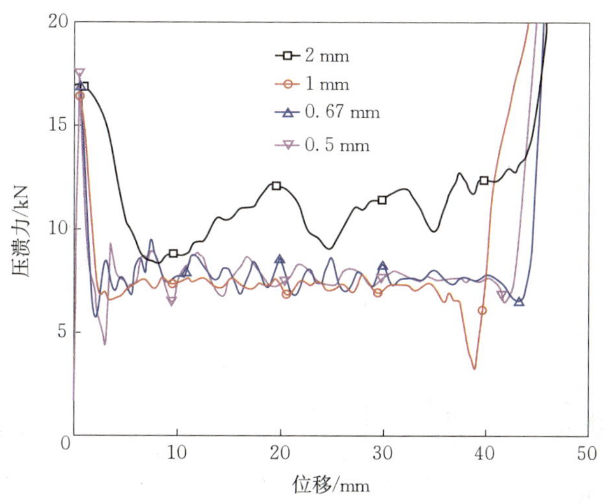

图 6.30 不同单元尺寸下的力—位移曲线

吸能量与 2 次实验的误差，结果见表 6.4，3 个评定指标随单元尺寸变化情况如图 6.31 所示。单元尺寸从 2 mm 变化至 0.5 mm 时，与第 1 次实验对比，平台力、平台强度以及吸能量 3 个评估指标均从 38%左右下降至 0.3%左右，与第 2 次实验对比 3 个评估指标均从 35%左右减小至 2%左右。与 2 次实验误差综合比较可知，平台力、平台强度以及吸能量随单元尺寸的减小而逐渐收敛。

表 6.4 蜂窝压缩实验与仿真结果对比

单元尺寸/mm	平台力/kN	与实验 1 的误差/%	与实验 2 的误差/%	平台强度/MPa	与实验 1 的误差/%	与实验 2 的误差/%	总吸能量/J	与实验 1 的误差/%	与实验 2 的误差/%
2	10.64	38.2	34.7	4.43	38.0	34.7	383.89	39.0	42.7
1	7.31	5.1	7.5	3.05	4.5	7.3	263.62	4.5	2.0
0.67	7.72	0.3	2.3	3.22	0.3	2.1	277.22	0.4	3.1
0.5	7.75	0.7	1.9	3.23	0.6	1.9	276.06	0.1	2.7

随着单元尺寸的减小，蜂窝褶皱的形成更接近实验结果。通过铝蜂窝结构轴向压缩仿

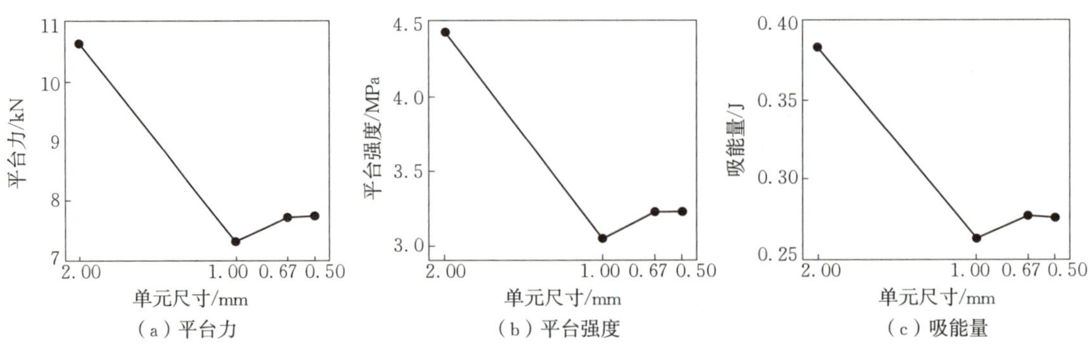

(a)平台力 (b)平台强度 (c)吸能量

图 6.31 单元尺寸对评估指标的影响

真与实验的对比可知:当仿真模型中蜂窝结构单元网格尺寸为 0.67 mm 和 0.5 mm 时,蜂窝结构的变形模式、平台力、平台强度以及吸能量均与实验结果吻合。蜂窝结构示意如图 6.32 所示。

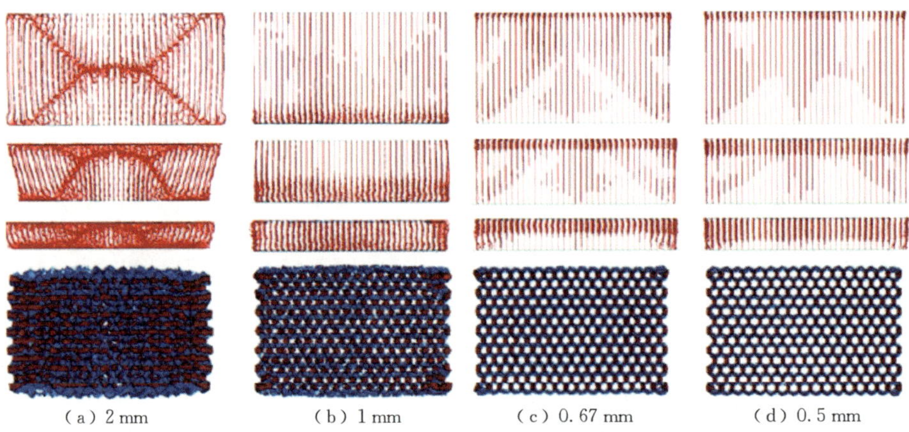
(a)2 mm (b)1 mm (c)0.67 mm (d)0.5 mm

图 6.32 蜂窝结构变形示意

7 工程实例

高速列车碰撞安全性验证以有限元数值仿真分析和部件冲击试验为主，依据 TB/T 3500—2018《动车组车体耐撞性要求与验证规范》和 EN 15227:2008+A1:2010《铁路应用　铁道车辆车体防撞性要求》要求，实例论述某动车组碰撞数值仿真分析和动车组碰撞实验。

7.1 动车组碰撞数值仿真分析

高速列车碰撞性能数值仿真分析是车辆碰撞被动安全设计中不可缺少的重要环节。本节以某动车组为实例，针对大质量、高能量、大变形、非线性等特点，依托 HyperWorks、LS-DYNA 有限元仿真分析平台，搭建列车碰撞动力学模型，涵盖材料非线性、几何非线性与接触非线性三种问题，采用显式冲击动力学数值计算方法，对列车耐撞性能开展数值仿真分析。

7.1.1 动车组碰撞动力学有限元模型建立

依据标准 TB/T 3500—2018 的 5.1.1 小节和 EN 15227:2008+A1:2010 第七节“耐撞性验证”规定和附录 B.2“数值仿真”要求，建立动车组碰撞力学模型：

1.“B.2.2 仿真建模”规定“在碰撞过程中钩缓装置的作用应恰当模拟”，故车辆端部之间的车钩缓冲连接装置采用梁单元模拟；车钩缓冲连接装置力学性能由厂家提供。

2.“B.2.2 仿真建模”规定“碰撞的模拟应建立在以结构几何形状和吸能装置为基础的数值模型之上”；考虑到模型有效性，参考碰撞情况中车辆主要吸能区域的模型应当基于与实验仿真相同的建模技术、细节和精度。

3. 车体模型包括底架、侧墙、端墙、车顶、司机室和排障器等结构。鉴于车体结构用型材及板材在厚度方向上的尺寸远小于在长度和宽度方向上的尺寸，有限元模型建模主要以板壳单元为主，通过实常数定义不同板壳的厚度。综合考虑计算资源、计算精度，分别采用不同的网格尺寸，头车碰撞区域网格尺寸较小，中间车尺寸较大。头车有限元模型如图 7.1 所示，头车端部区域有限元模型如图 7.2 所示，头车端部区域网格示意如图 7.3 所示，M02、Tp03 车采用详细有限元模型如图 7.4、图 77.5 所示，中间车 Mh04、Mb05、Tp06、M07 和 Tc00 采用简化有限元模型，如图 7.6、图 7.7 所示。

4. 建立了轨道模型，并对轨道底部进行全约束。

5. 整个模型施加重力加速度，$g=9\ 810\ mm/s^2$。

6. 模型中采用了通用的自动单面接触和自动面面接触模型。采用自动单面接触类型(automatic single surface)来定义车体在碰撞过程中的自身内部接触；各车辆间碰撞冲击采用自动面面接触类型(Contact_Automatic_Surface_To_Surface);轮轨间采用自动面面接触类型(Contact_Automatic_Surface_To_Surface)。车体自身接触和车辆间冲击接触的摩擦系数取 0.2。

图 7.1 头车 Tc01 有限元模型

图 7.2 头车 Tc01 端部区域有限元模型

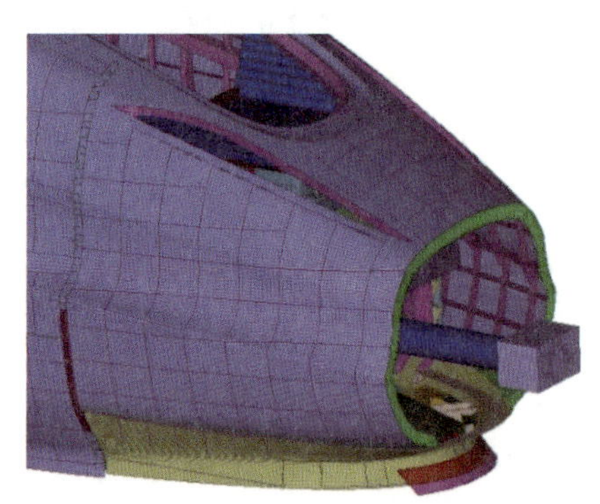

图 7.3 头车 Tc01 端部区域网格

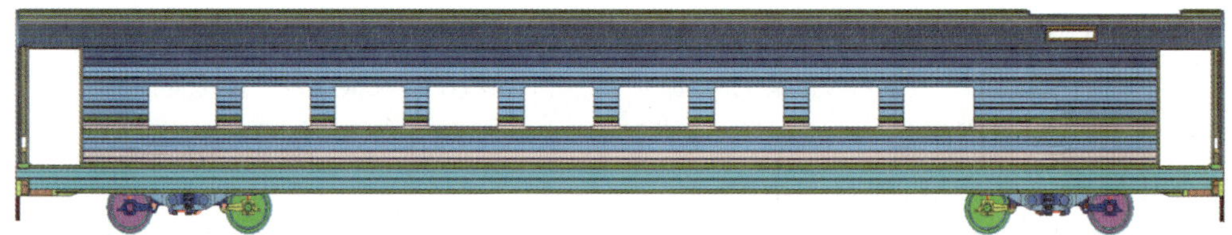

图 7.4 中间车 M02 有限元模型

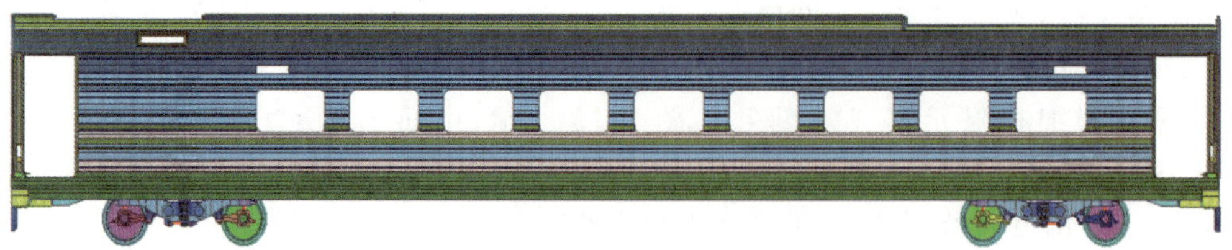

图 7.5 中间车 Tp03 有限元模型

图 7.6 中间车 Mh04、Mb05、Tp06、M07 简化有限元模型

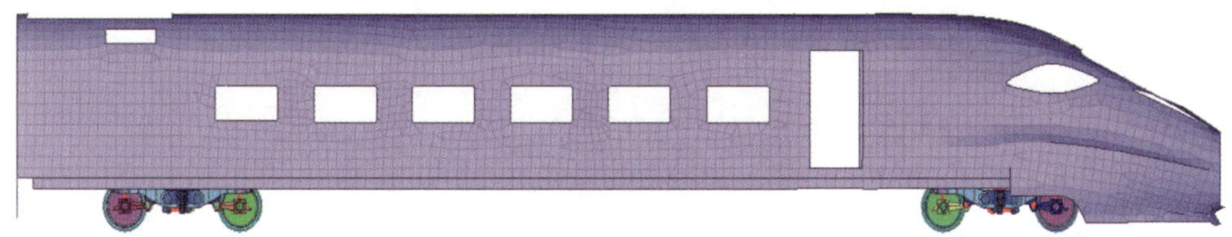

图 7.7 端车 Tc00 简化有限元模型

动车组 8 辆编组列车力学模型如图 7.8 所示。

图 7.8 动车组列车有限元模型

车辆有限元模型中涉及的关键部件结构及参数如下。

1. 车钩缓冲装置

头车车钩缓冲装置是前端吸能系统的重要组成部分，为全自动车钩，前端设置压缩行程 100 mm 气液缓冲器，后端设置压缩行程 600 mm 压溃管；中间车钩为半永久车钩，一端采用压缩行程 62 mm 气液缓冲器，另一端采用压缩行程 350 mm 压溃管。车钩结构如图 7.9 所示。

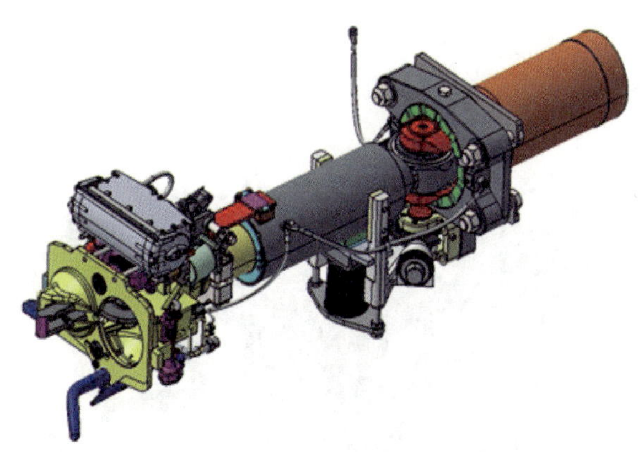

图 7.9 车钩结构示意

2. 端部吸能装置

动车组头车前端吸能系统共设置三级吸能行程，逐级发挥作用，如图 7.10、图 7.11 所示。

其中：(1)一级为头车车钩缓冲装置，即车钩气液缓冲器＋后置压溃管；

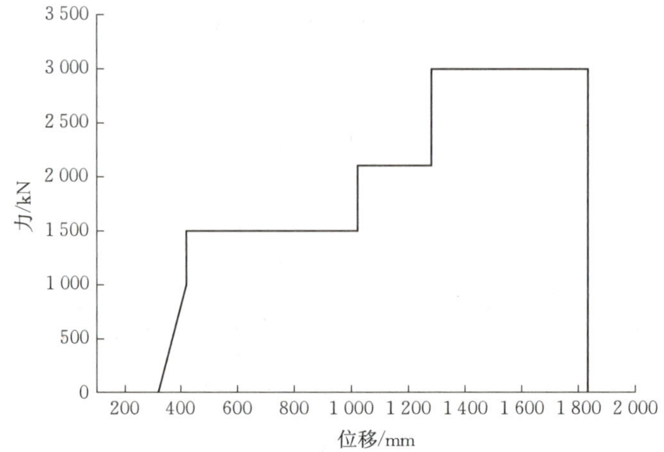

图 7.10 列车端部吸能系统平台力—位移曲线

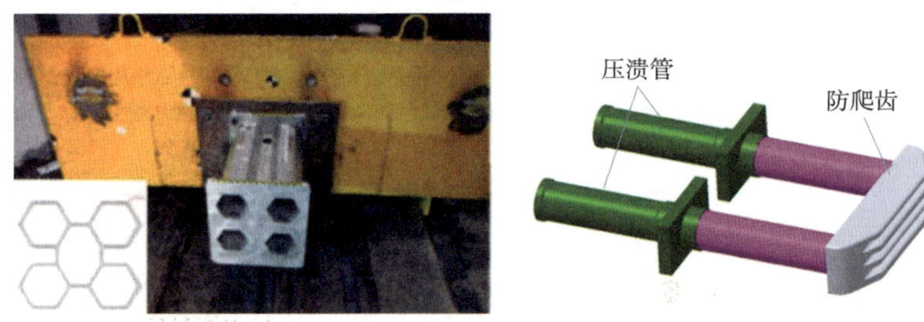

图 7.11 主吸能结构及防爬器结构

(2)二级为主吸能结构模块；

(3)三级为主吸能模块＋防爬吸能装置。

3. 转向架

动车组转向架有限元模型如图 7.12 所示。

图 7.12 转向架有限元模型

4. 车体结构用材料参数

动车组车体结构所用材质：车体端墙、侧墙、车顶和部分底架型材采用铝合金 6A01-T5，部分底架型材采用铝合金 6005A-T6，底架补强板为铝合金 6082-T6，司机室蒙皮及筋板采用铝合金 5083-O，主吸能五孔吸能型材采用铝合金 6008，排障器采用碳钢 Q345E，计算所采用的车体结构材料机械力学性能参数依据 TB/T 3260—2011。

5. 撞击质量分布

根据 TB/T 3500—2018 和 EN 15227:2008＋A1:2010 对撞击质量的要求，撞击质量为正常运行状态中的整备质量加上 50%座席乘客质量。

7.1.2 碰撞场景 1

该碰撞场景为两列相同动车组列车间的碰撞。两列车均在直线、平整轨道上。其中一列车带有 36 km/h 的初始速度，另一列车静止、未制动，两列车有初始 40 mm 的垂向位移。

1. 计算模型

计算有限元模型如图 7.13 所示，两列车在高度方向有偏移 40 mm。

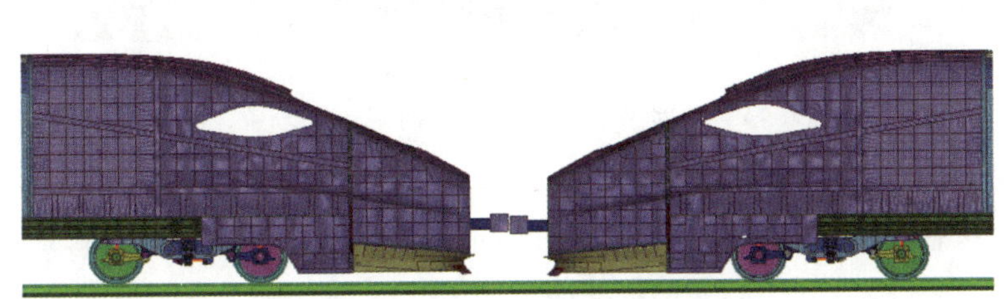

图 7.13 碰撞场景 1 有限元计算模型

2. 车辆结构变形

两对撞头车结构变形的主要顺序如图 7.14 所示为两对撞头车结构变形时间序列示意。

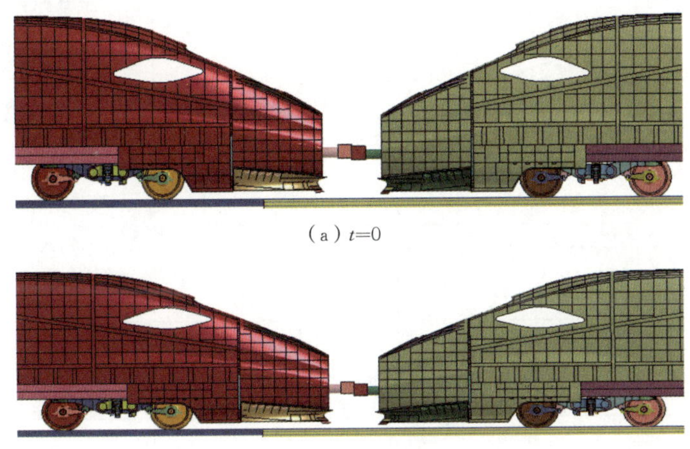

(a) $t=0$

(b) $t=20$ ms车钩压缩

图 7.14 两对撞头车结构变形时间序列示意

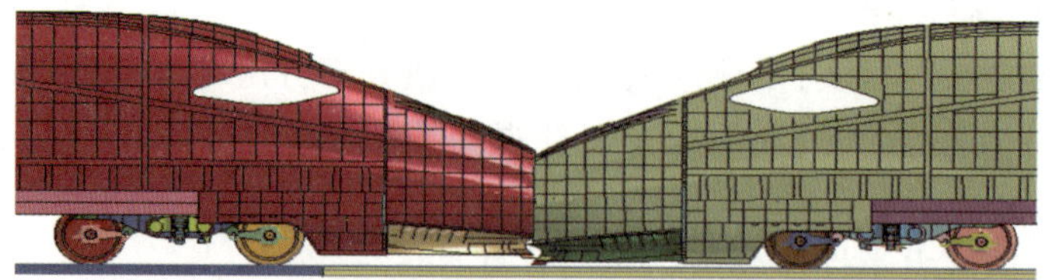

（c）t=180 ms车体间和排障器间均相撞，一级主吸能开始压缩

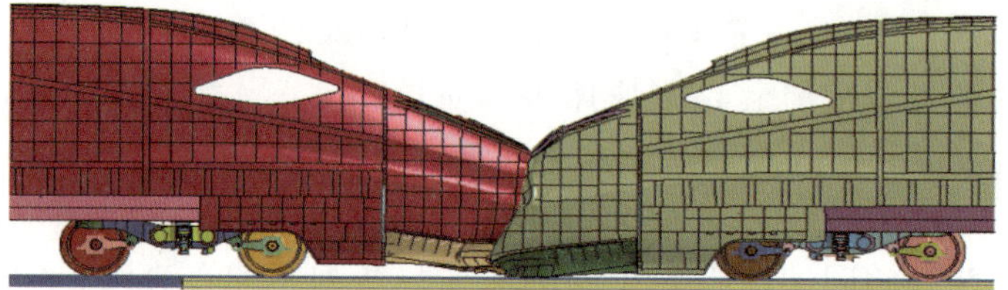

（d）t=520 ms二级吸能开始接触吸能

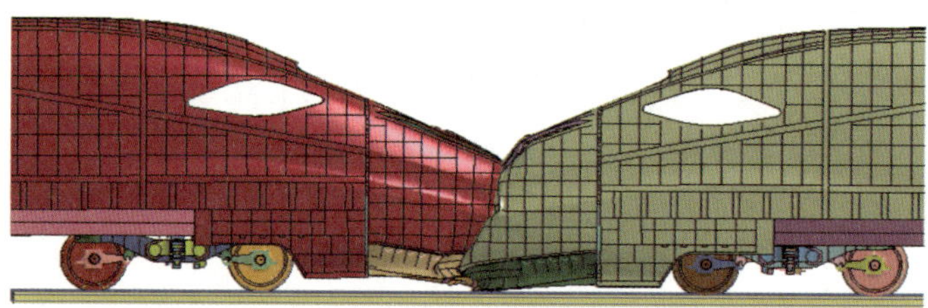

（e）t=1 000 ms，碰撞结束

图 7.14　两对撞头车结构变形时间序列示意（续）

3. 能量变化情况

碰撞过程中，总能量、动能和内能等随时间变化如图 7.15 所示。总能量基本维持在 22.85 MJ。内能由 0 增大到 10.78 MJ，动能减少到 11.5 MJ。沙漏能最大值为 0.049 MJ，占总能量的 0.2%。

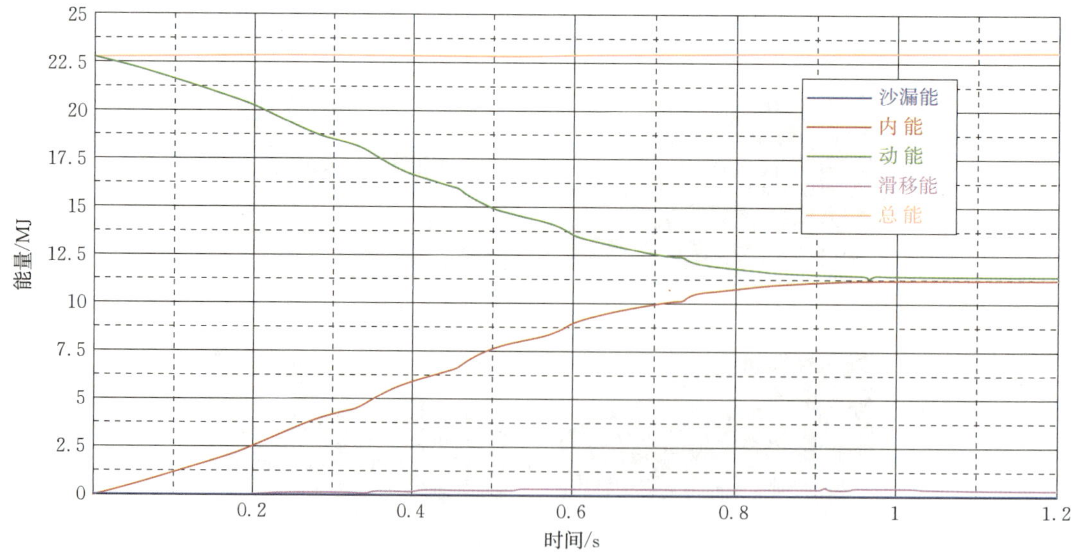

图 7.15　能量—时间曲线

4. 生存空间的减少量

按照 EN 15227:2008＋A1:2010 要求，乘客生存空间长度的减少应为每 5 m 不大于 50 mm。将车体结构划分区域进行考察，如图 7.16 所示，分别在各个分区端部取一些节点，计算两端节点沿车体纵向的位移差，也就是各部分的变形量。

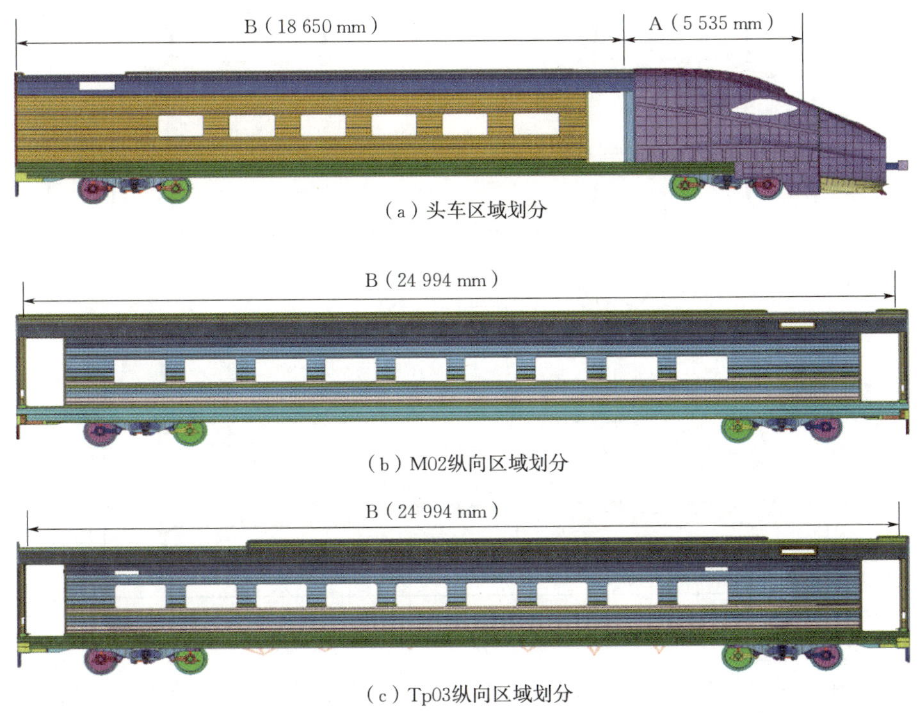

图 7.16　车体结构区域划分

车体垂向区域划分如图 7.17 所示。司机座椅净空区保持完整。

图 7.17　车体垂向区域划分

两列列车各区域生存空间的减少量均小于 EN 15227:2008＋A1:2010 规定的 50 mm/5 m的要求。司机座椅中心垂向高度满足 EN 15227:2008＋A1:2010 规定的"司机室地板到车顶高度不小于变形前的 80%"要求，司机座椅净空区保持完整。

5. 减速度—时间变化情况

列车的平均加速度、平均减速度与加速、减速起止作用时间有关，根据 EN 15227:2008＋A1:2010 规定，起止作用时间是从作用在列车上的净接触力刚超过零到净接触力再次下降到零时。两列列车中平均纵向减速度最大的是 Tc01 车为 2.92g，符合 EN 15227:2008＋A1:2010要求乘员生存空间内平均纵向加减速度或减速度值不超过 5g。

6. 列车爬车情况

为验证列车是否发生爬车，取转向架所有轮对的中心点的垂向位移，图 7.18 标记了运动车各车轮编号，图 7.19 标记了静止车各车轮编号。

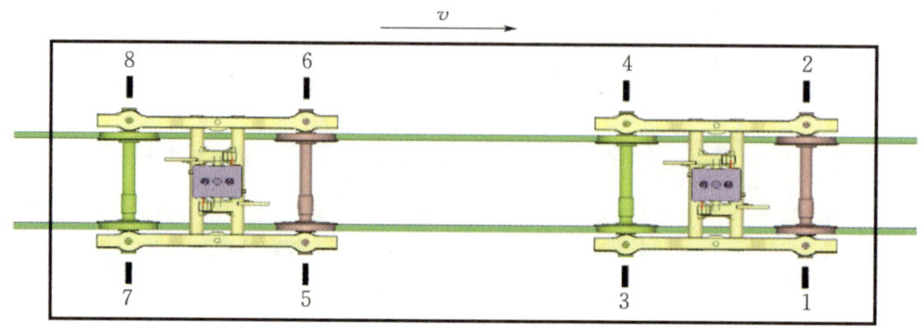

图 7.18 运动车各车轮编号

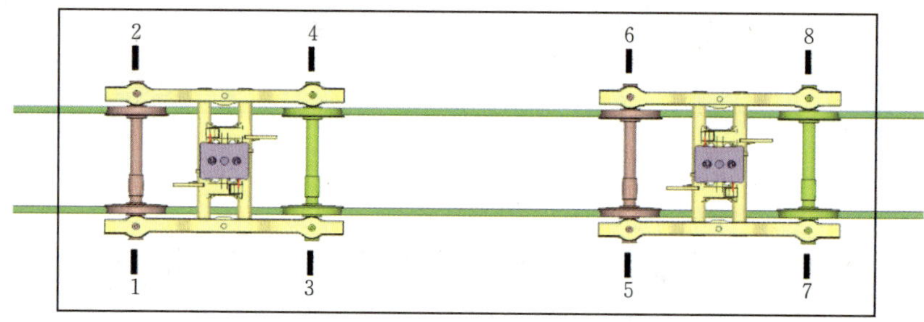

图 7.19 静止车各车轮编号

碰撞过程中，运动车 M02 车一位端转向架 2 号车轮抬升量最大，满足 EN 15227:2008＋A1:2010 规定的"在任何时刻，每个转向架都至少能有一个轮对的垂向位移不超过轮缘高度的 75%(21 mm)"的要求。

7.1.3 碰撞场景 2

该碰撞场景为列车与 80 t 货车(装有侧缓冲器)相撞。碰撞发生在直线、平整轨道上，列车初始速度为 36 km/h。

1. 计算模型

计算有限元模型如图 7.20 所示。

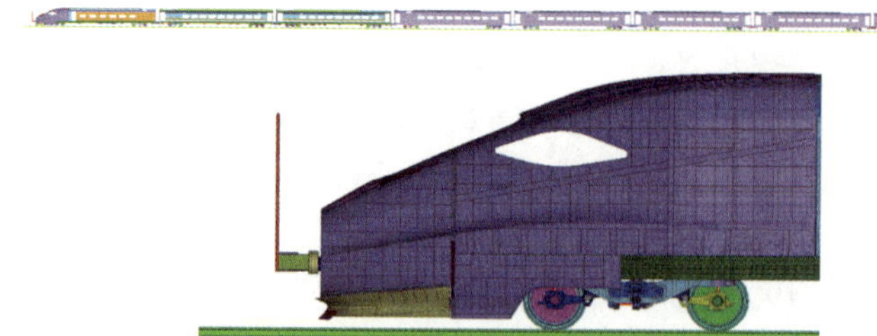

图 7.20 碰撞场景 2 有限元计算模型

2. 车辆结构变形

列车头车前端结构变形的主要顺序如图 7.21 所示。

3. 能量变化情况

撞击过程中总能量、动能和内能等随时间变化如图 7.22 所示。总能量在整个撞击过程中基本维持在 22.8 MJ。撞击过程中冲击动能转换为内能，从而动能逐渐减小，内能逐渐增大，动能减少到 19.5 MJ，内能由 0 增大到 3.29 MJ，缓冲器吸能 0.11 MJ。沙漏能最大值为 0.012 MJ，占总能量的 0.05%。

4. 生存空间减少量

两列列车中 Tc01 车乘客区变形量最大，各区域生存空间的减少量均小于 EN 15227：2008＋A1：2010 规定的 50 mm/5 m 的要求。司机座椅中心剩余高度为变形前高度的 99.5%，满足标准 EN 15227：2008＋A1：2010 规定的“司机室地板到车顶高度不小于变形前的 80%”要求，司机座椅净空区保持完整。

5. 减速度—时间变化情况

两列列车中平均纵向减速度最大的是 Tc01 车为 3.47g，符合 EN 15227：2008＋A1：2010 要求，乘员生存空间内平均纵向加减速度/减速度值不超过 5g。

6. 列车爬车情况

碰撞过程中，运动车 *Tc*01 车二位端转向架 8 号车轮抬升量最大，满足 *EN* 15227：2008＋*A*1：2010 规定的“在任何时刻，每个转向架都至少能有一个轮对的垂向位移不超过轮缘高度的 75%(21 *mm*)”的要求。

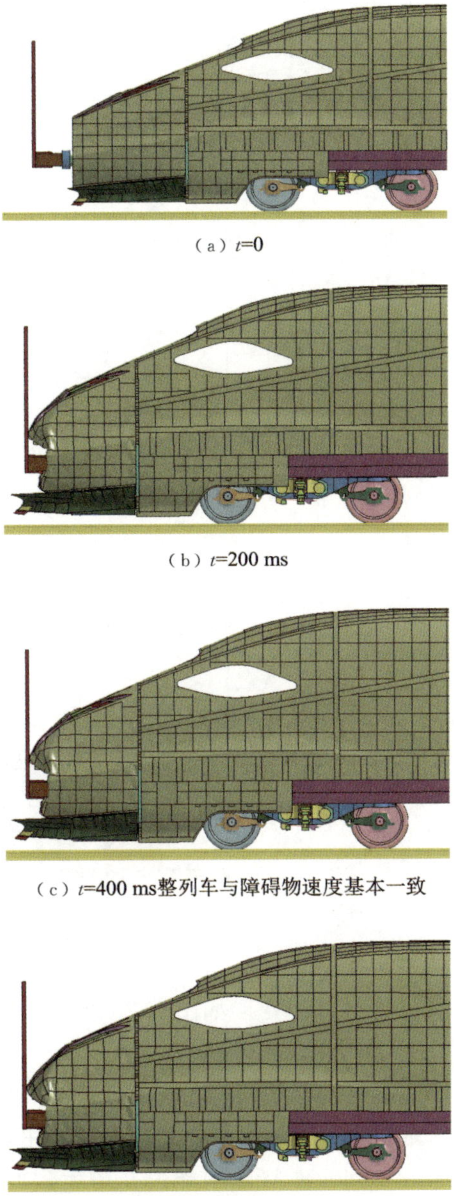

（a）t=0

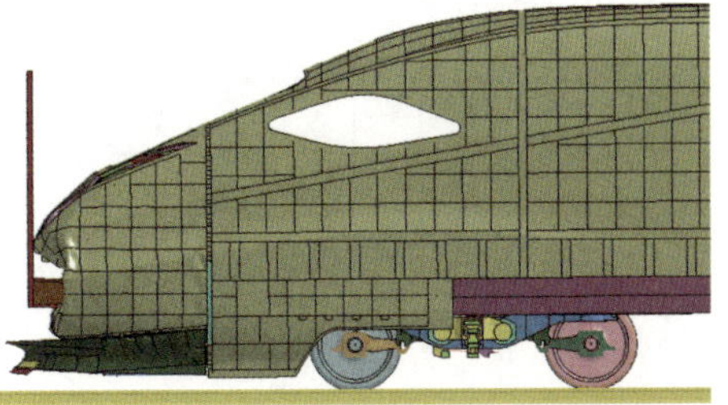

（b）t=200 ms

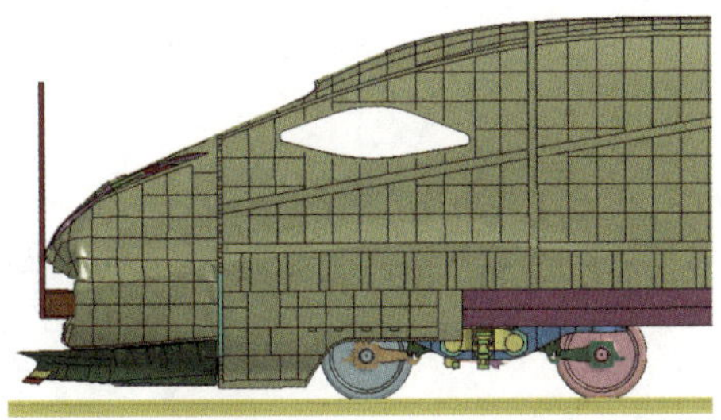

（c）t=400 ms整列车与障碍物速度基本一致

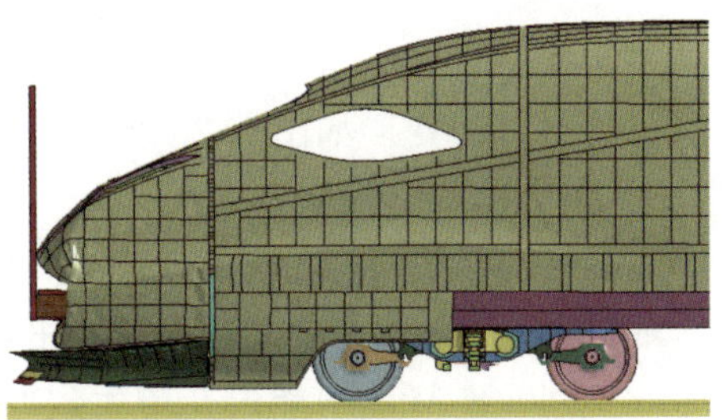

（d）t=680 ms列车推着障碍物向前运动

图 7.21　结构变形—时间序列

7.1.4　碰撞场景 3

1. 计算模型

碰撞场景 3 为列车与 15 t 可变形障碍物相撞。碰撞发生在直线、平整的轨道上。列车初始速度为 110 km/h，如图 7.23 所示。

2. 车体结构变形

列车头车前端结构变形的主要顺序如图 7.24 所示。

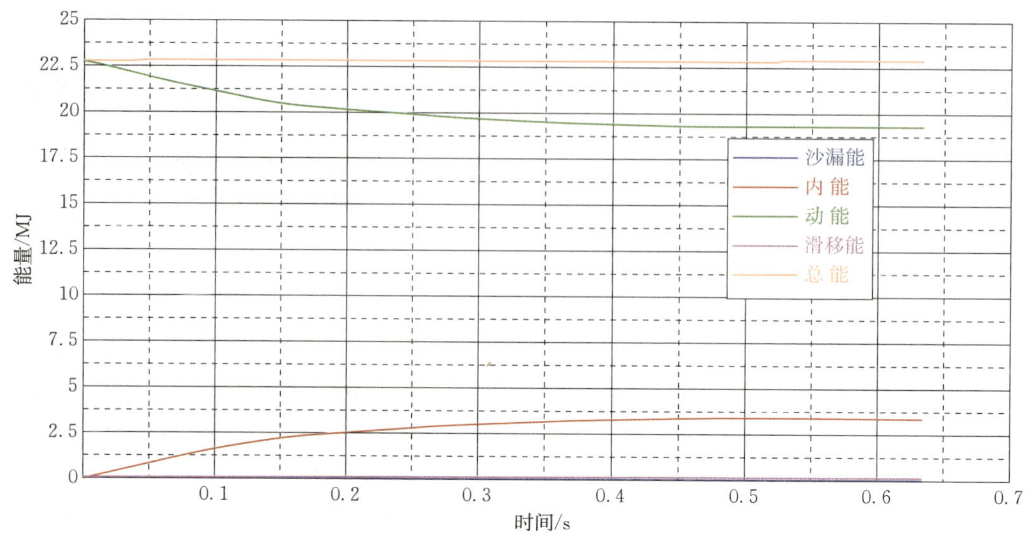

图 7.22 能量—时间曲线

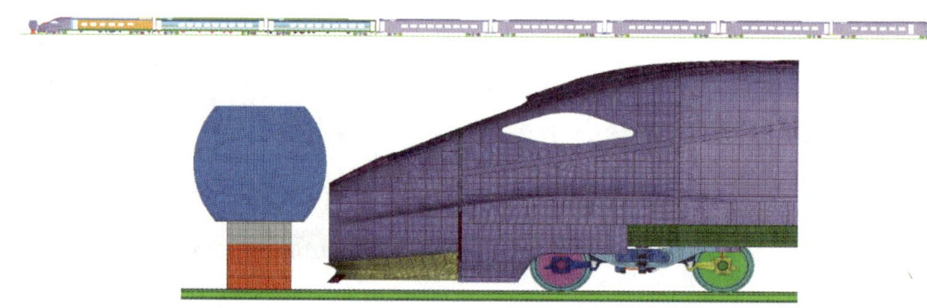

图 7.23 碰撞场景 3 的有限元计算模型

司机室最终变形如图 7.25 所示，运动 *Tc*01 车前端发生大变形。

3. 能量变化情况

撞击过程中，总能量、动能和内能等随时间如图 7.26 所示。总能量在整个撞击过程中基本维持在 213 *MJ*。撞击过程中冲击动能转换为内能，从而动能逐渐减小，内能逐渐增大，动能减少到 206 *MJ*，内能由 0 增大到 6.71 *MJ*，可变形障碍物吸能 2.64 *MJ*。沙漏能最大值 0.29 *MJ*，占总能量的 0.14%。

4. 生存空间减少量

两列列车中 *Tc*01 车乘客区变形量最大，各区域生存空间的减少量均小于 *EN* 15227:2008+*A*1:2010 规定的 50 *mm*/5 *m* 的要求。司机座椅中心剩余高度为变形前高度的 99.4%，满足 *EN* 15227:2008+*A*1:2010 规定的“司机室地板到车顶高度不小于变形前的 80%”要求，司机座椅净空区保持完整。

5. 减速度—时间变化情况

两列列车中平均纵向减速度最大的是 *Tc*01 车，符合 *EN* 15227:2008+*A*1:2010 要求乘员生存空间内平均纵向加减速度/减速度值不超过 7.5g。

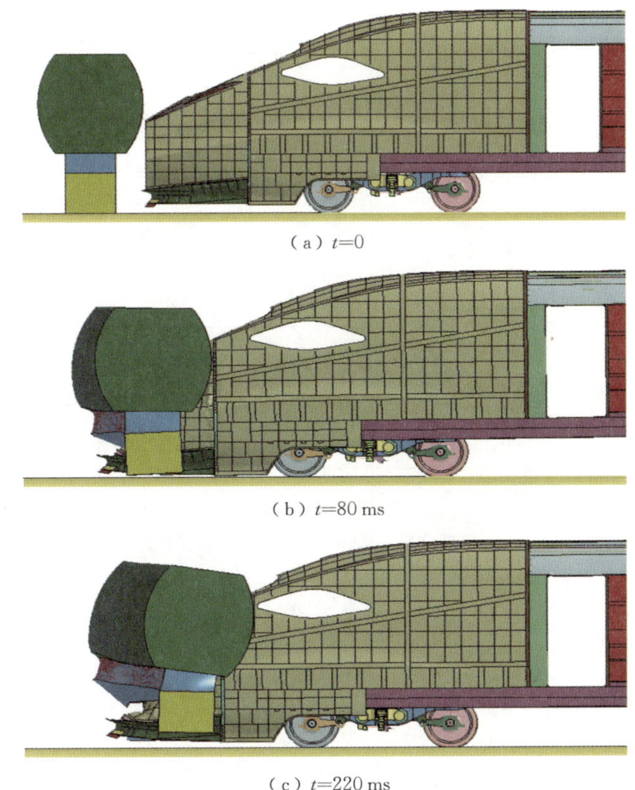

（a）t=0

（b）t=80 ms

（c）t=220 ms

图 7.24 结构变形—时间序列

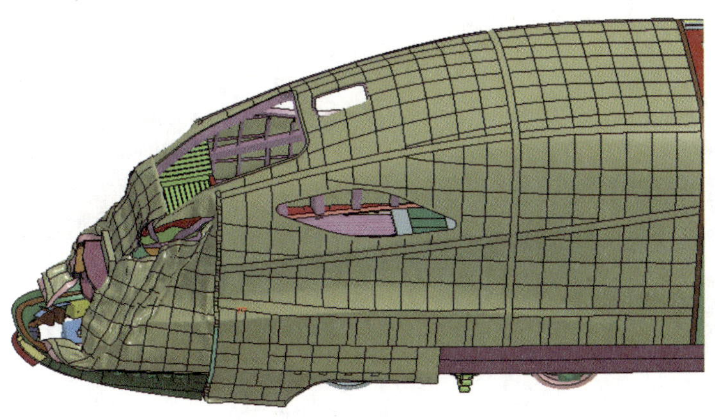

图 7.25 运动 Tc01 车前端变形

6. 列车爬车情况

碰撞过程中，运动车 $Mh04$ 车二位端转向架 8 号车轮抬升量最大，满足 EN 15227：2008+$A1$：2010 规定的“在任何时刻，每个转向架都至少能有一个轮对的垂向位移不超过轮缘高度的 75%（21 mm）”的要求。

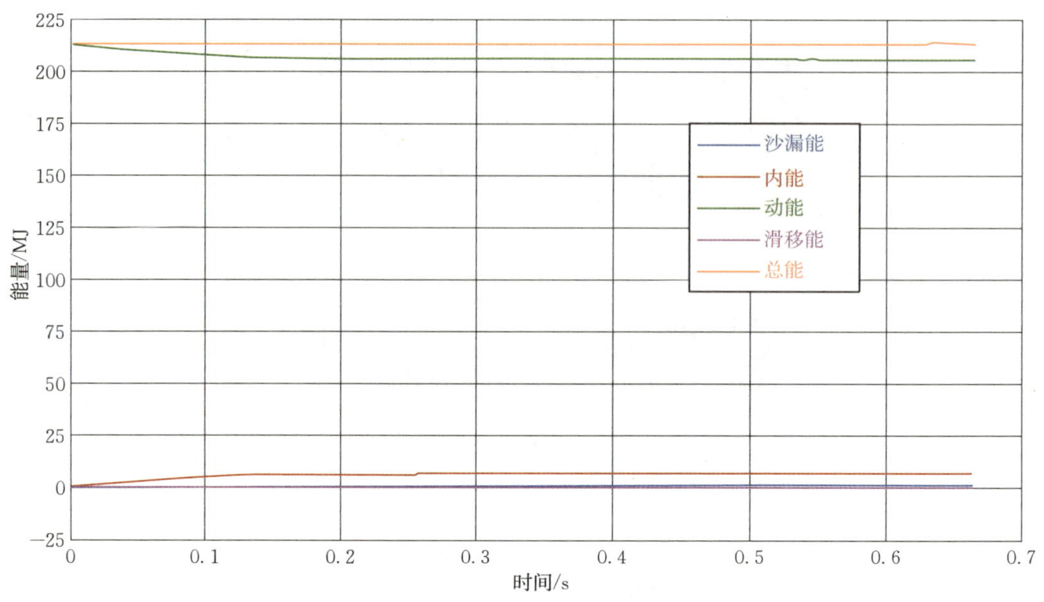

图 7.26 能量—时间曲线

7.1.5 碰撞场景 4

1. 计算模型

采用通用有限元计算软件 *HyperWorks*，对动车组排障器结构进行有限元模型划分及碰撞场景 4 计算分析。动车组排障器结构几何模型如图 7.27 所示。

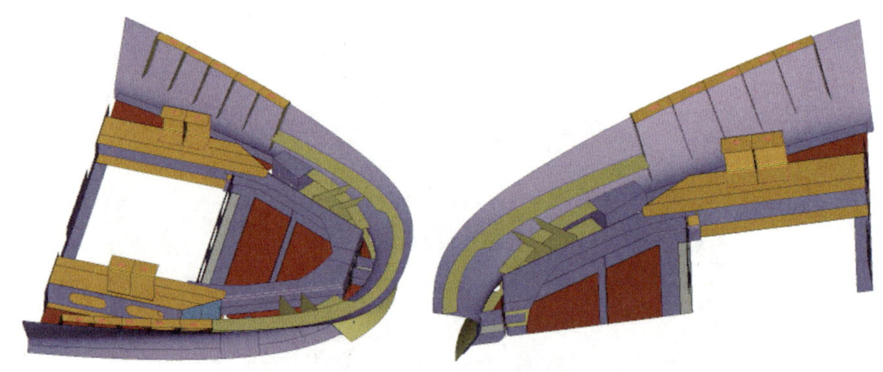

图 7.27 排障器结构示意

本书采用 *HyperWorks-HyperMesh* 进行有限元网格划分，其中网格划分尺寸为 10 *mm*，有限元模型示意图如图 7.28 所示，其中本书对 2*D* 单元连接采用共节点处理方式。

2. 载荷及边界条件

根据标准 *EN* 15227:2008＋*A*1:2010 关于 *C*-Ⅰ型列车要求，结合中国标准动车组排障器具体结构，载荷施加位置如图 7.29 所示，依据排障器结构与车体的安装关系进行计算边界条件的设定，具体如图 7.30 所示。

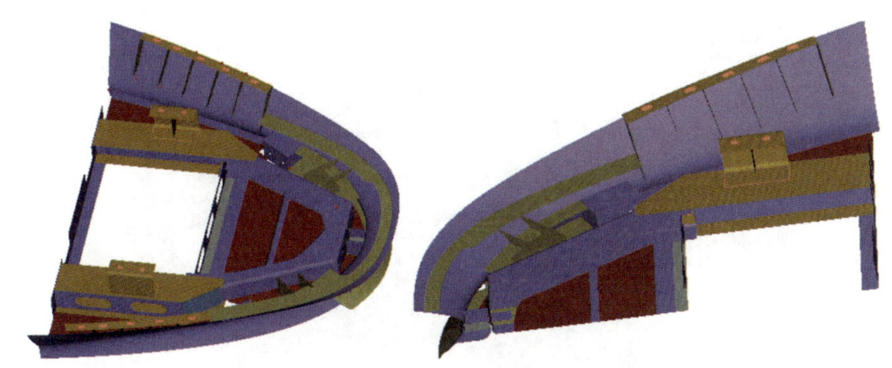

图 7.28　排障器有限元模型示意

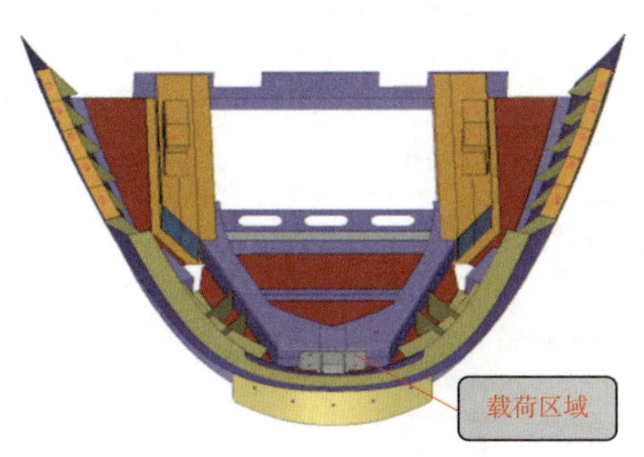

(a) 300 kN 纵向载荷施加位置区域示意

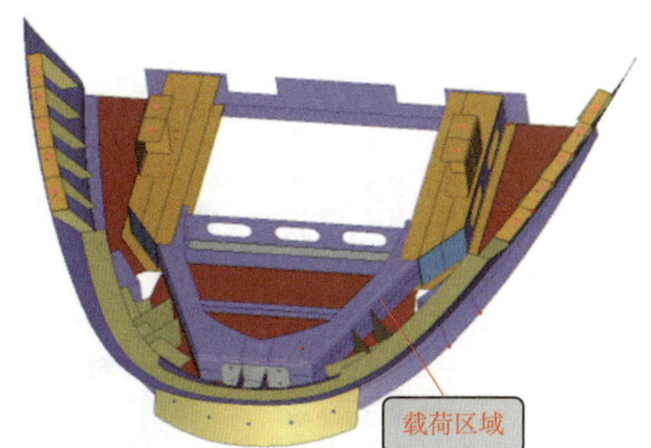

(b) 250 kN 纵向载荷施加位置区域示意

图 7.29　载荷施加位置示意

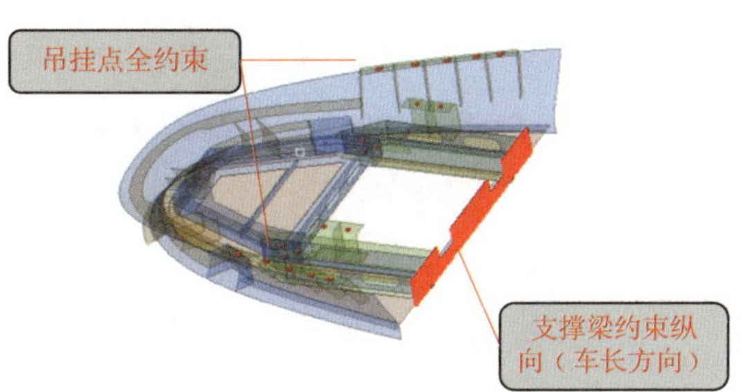

图 7.30　计算边界条件位置分布示意

3. 材料力学特性

排障器结构材料采用 *Q*345*E* 材料，满足《耐候结构钢》(*GB*/*T* 4171—2008)及相关规定中排障器各结构所采用材料的基本力学特性。

4. 计算结果

采用 *HyperMesh-OptiStruct* 求解器进行有限元求解。对于 300 *kN* 载荷工况，排障器各结构的 *vonMises* 应力云图及其安全系数最小位置分布如图 7.31 所示；对于 250 *kN* 偏置载荷工况，排障器各结构的 *vonMises* 应力云图及其安全系数最小位置分布如图 7.32 所示。

综上所述，动车组排障器结构强度满足 *EN* 15227:2008+*A*1:2010《铁路应用　铁路车

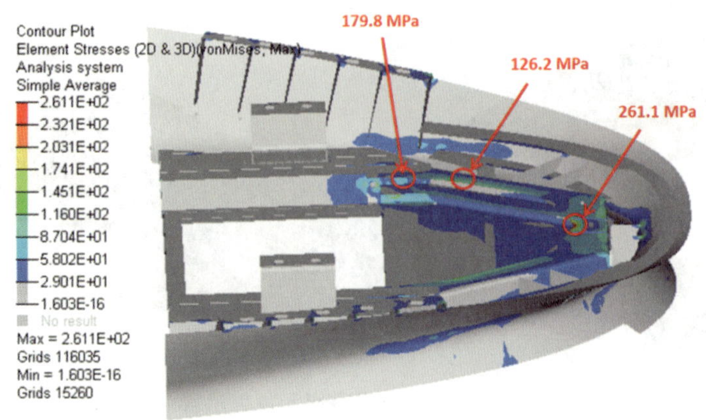

图 7.31 300 kN 工况排障器结构 von-Mises 应力云图及其安全系数最小位置分布

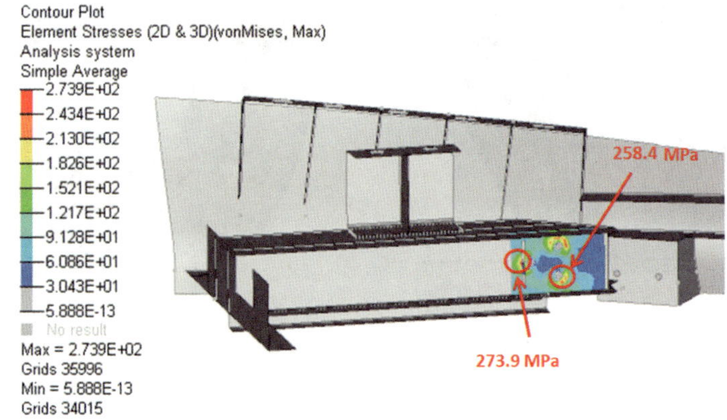

图 7.32 250 kN 工况排障器结构 von-Mises 应力云图及其安全系数最小位置分布

辆车体耐碰撞性要求》标准中相关规定要求，即排障器结构在承受所规定的两种纵向载荷条件下未产生永久性变形。

7.2 动车组碰撞实验

7.2.1 司机室结构碰撞实验样件

列车端部区域包含头罩开闭结构、车钩、三级吸能装置和排障器等一系列在碰撞过程中会发生塑性变形的结构。开展端车碰撞试验旨在验证吸能结构、防爬器吸能与司机室结构合理刚度匹配关系，为车辆耐碰撞设计提供试验数据和技术支撑。

本实验用动车组端车司机室主要由司机室主体框架结构、气密墙前端可更换骨架、开闭机构、钩缓装置、主吸能结构、排障器等部件组成，具体如图 7.33 所示。

7.2.2 实验工况

端车司机室前端吸能组件设计容量为 3 083 *kJ*，依据 *EN* 15227:2008+*A*1:2010 标准中关

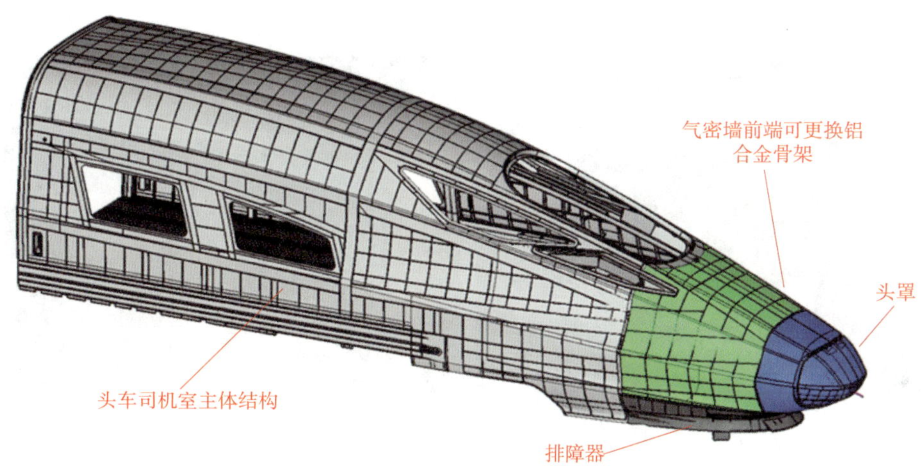

图 7.33　端车司机室结构碰撞实验样件

于碰撞质量的定义可知实验用动车组单车碰撞质量在 60 t 左右，所以为达到司机室前端吸能组件设计容量，实验台车质量为 60 t 条件下，撞击速度应高于 36 km/h，结合前期针对该实验用动车组头车(60 t)40 km/h 撞击刚性墙仿真计算结果，最终的实验工况如图 7.34 所示。

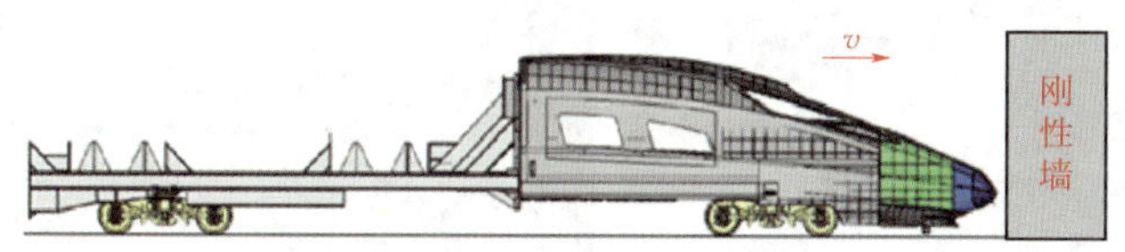

图 7.34　端车司机室撞击刚性墙示意

实验过程中部分关键物理量描述和测试方法见表 7.1。

表 7.1　实验测试物理量基本情况

序　号	名　称	测试途径
1	试验台车质量	通过称重设备直接测得
2	撞击速度	通过激光测速仪直接测得
3	试验台车加速度	通过加速度传感器直接测得
4	空气弹簧两侧安装点垂向变形	高速摄影仪直接测得
5	空气弹簧两侧安装点纵向变形	通过高速摄影仪直接测得
6	一系悬挂两侧安装点垂向变形	通过位移传感器/高速摄影仪直接测得
7	司机室前端压溃行程	通过高速摄影仪直接测得
8	司机室前端结构变形	通过高速摄影仪直接测得

注：表 7.1 中所述定位方向与 EN 15227:2008＋A1:2010 标准中定义相同。

7.2.3　实验台车重量

司机室撞中，端车司机室试验车总质量为 60 198 kg，其中实验台车称重如图 7.35 所示，转向架组成(拖)如图 7.36 所示，转向架组成(动)如图 7.37 所示。图 7.38 为端车司机室试验车配重位置图。

(a)　　(b)

图 7.35　中南实验台车称重示意

(a)　　(b)

图 7.36　转向架组成(拖)称重示意

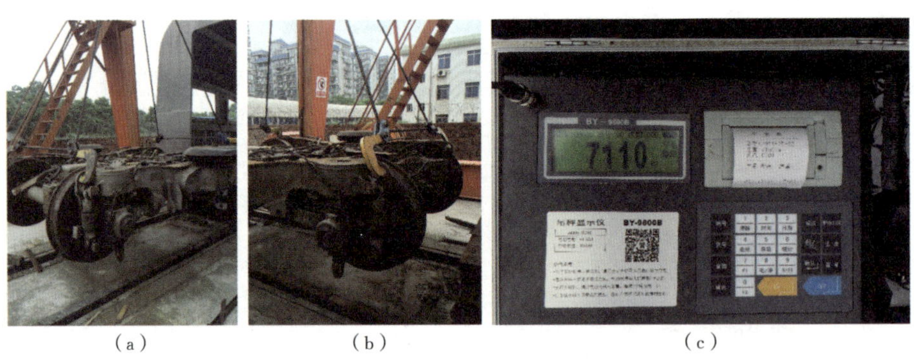

(a)　　(b)　　(c)

图 7.37　转向架组成(动)称重示意

7.2.4　测点布置

1. 高速摄影仪

为有效获取实验用司机室前端结构变形模式、转向架与台车钢结构间相对位移等物理描述,本次实验工况测试用高速摄影仪布置图如图 7.39 所示。

图 7.38　端车司机室实验车配重位置

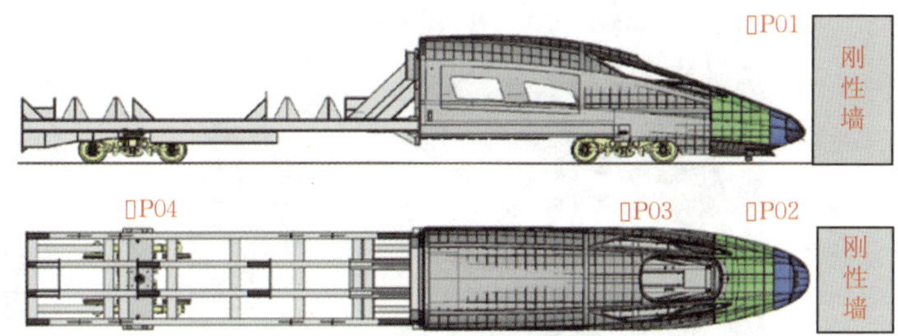

图 7.39　高速摄影拍摄位置布置

2. 加速度传感器

试验车辆加速度传感器测点分布如图 7.40 所示。

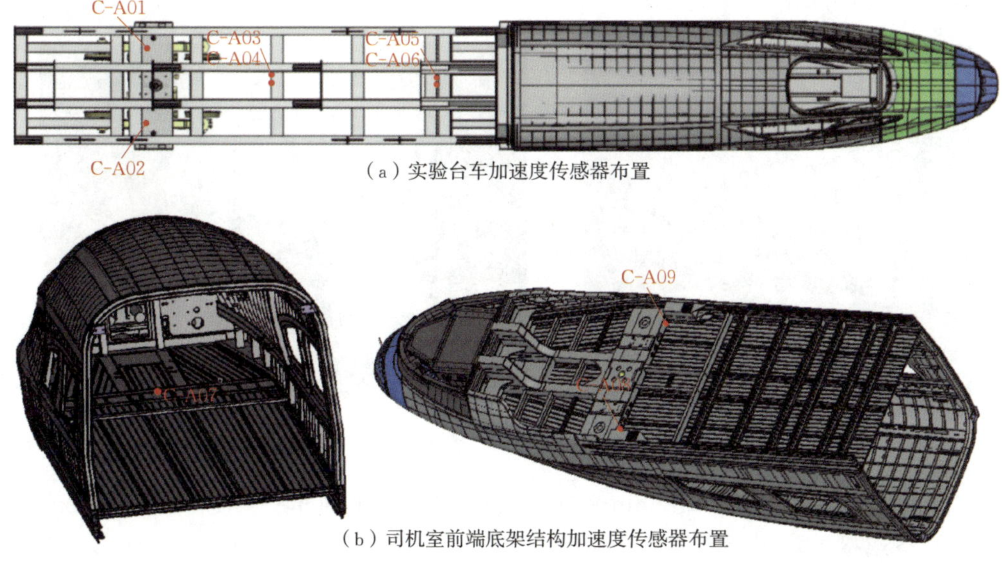

图 7.40　加速度传感器布置

7.2.5　实验结果

通过测速仪获得实验车在撞击刚性墙前的速度为 10.541 m/s。

1. 端车司机室碰撞实验变形序列图

在列车发生撞击后，端车司机室前端的变形序列如图 7.41 所示。

从碰撞后的司机室前端吸能组件的变形和位置看，实验车在发生碰撞时，车头发生点头趋势，排障器在碰撞时卷曲，车钩和主吸能结构运行正常，达到设计要求。实验车撞击刚性墙位置如图 7.42 所示。

从撞击痕迹上可以看出，实验车撞击点和实验预计的撞击位置基本吻合。

2. 冲击动能耗散分析

实验结果分析：司机室前端数据全部来源于位于刚性墙顶部高速摄影机拍摄的结果。

(a) 撞击前司机室前端侧面状态

(b) 撞击后端车司机室前端侧面变形状态

图 7.41 端车司机室前端变形状态

(1)高速摄影俯视图标记点(图 7.43)

图 7.42 实验车撞击刚性墙痕迹

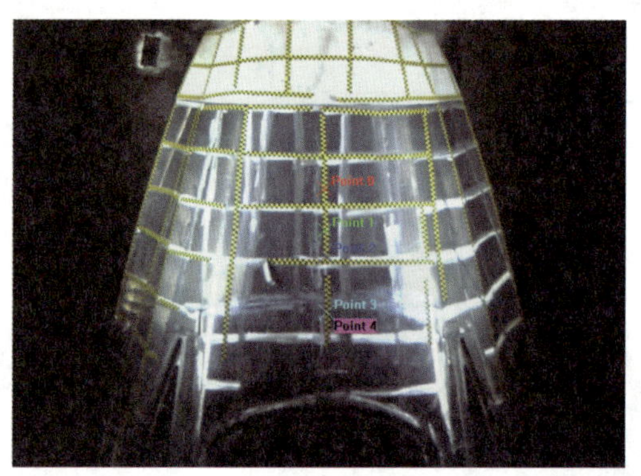

图 7.43 高速摄影俯视图中标记点

图 7.43 中 point0、point1 和 point2 这三个标志点位于列车铝合金骨架上，point3 位于骨架和司机室连接处，point4 位于司机室上。列车在碰撞的过程中，point1、point2、point3 和 point4 这四个点场发生了变形。

(2)位移—时间曲线

位移—时间曲线的标志点是以车体上不变形区域的点作为参考点。235.7 ms 时，达到最大位移量 1 560.6 mm，车体开始回弹，回弹时开闭机构开始反弹变形，结合高速摄影视频以及速度曲线可知，940 ms 时，整个车体(包括开闭机构)刚好离开刚性墙上的工装，此时压缩变形位移量为 869.8 mm。

撞击前变形区长度为 2 960 mm，撞击后长度为 2 100 mm，实际测得压缩变形位移量为 860 mm(图 4.44)。

列车测量数据和高速摄影分析的数据相差 9.8 mm，由于列车在回退时，从高速摄影中可以明显看到列车头罩有一个大幅度的回弹，车头和刚性墙分开的时候头罩的回弹量还没有达到最大，导致实测数据和分析数据有误差。

(3)速度—时间曲线

从图 7.45 可知，发生碰撞时速度为10.225 m/s，235.7 ms 时，车体速度减为 0，之后车体开始回弹，在 357.7 ms 时，车体回弹速度达到最大为 1.233 m/s，碰撞所耗时间为357.667 ms。实验中速度测试仪测得列车速度为 10.541 m/s，和高速摄像机分析出的速度相差 0.316 m/s，这是因为实验车通过测速仪时还距刚性墙 5 m，在实验车经过测速仪到与刚性墙碰撞的过程中，速度有一定的减小。

图 7.44 车头变形照片

碰撞前的动能为 3 146.974 kJ，碰撞后的动能为 47.446 kJ，车体前端结构变形耗散的动能为 3 099.528 kJ。

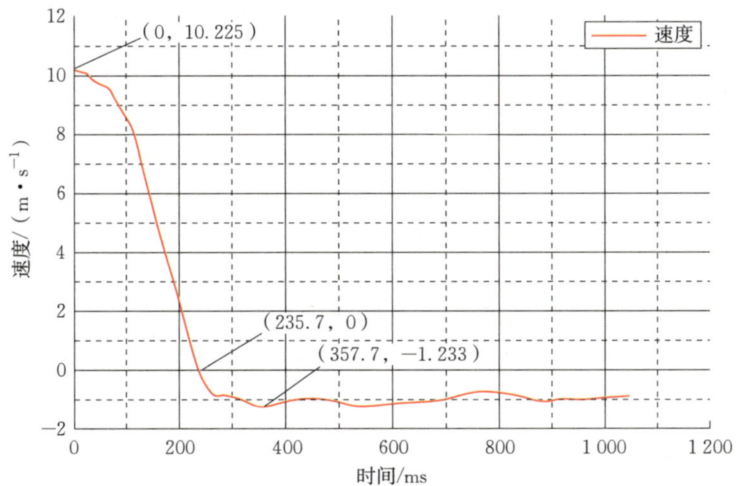

图 7.45 列车速度—时间曲线

参考文献

[1] 陈维.既有铁路运输供给评价研究[D].成都:西南交通大学,2010.

[2] 胡伟.交通运输与经济发展的良性互动[J].北方交通,2010,33(8):73-75.

[3] KIRKPATRICK S,SCHROEDER M,SIMONS J.Evaluation of passenger rail vehicle crashworthiness [J].International Journal of Crashworthiness,2001,6(1):95-106.

[4] SIMONS J,KIRKPATRICK S.High-speed passenger train crashworthiness and occupant survivability [J].International Journal of Crashworthiness,1999,4(2):121-132.

[5] SCHOLES A,LEWIS J H.Development of crashworthiness for railway vehicle structures[J].Proceedings of the Institution of Mechanical Engineers,Part F:Journal of Rail and Rapid Transit,1993,207(1):1-16.

[6] OH J,WASHINGTON S,NAM D.Accident prediction model for railway-highway interfaces[J].Accident Analysis and Prevention,2006,38(2):346-356.

[7] WIKIPEDIA.List of rail accidents [EB/OL].(2020-07-22) [2021-02-18].https://en.wikipedia.org/wiki/Lists_of_rail_accidents.

[8] 段书华.列车大变形碰撞仿真与结构优化[D].大连:大连交通大学,2008.

[9] 杨慧芳.CRH3 动车组被动安全性和耐撞性优化研究[D].大连:大连交通大学,2010.

[10] 张振淼,逄增祯.轨道车辆碰撞能量吸收装置原理及结构设计(待续)[J].国外铁道车辆,2001,38(3):13-19.

[11] CENGIZ B,EMIN S,SUREYYA E B,et al.Railroad passenger car collision analysis and modifications for improved crashworthiness[J].International Journal of Crashworthiness,2011,16(3):319-329.

[12] HAN H S,KOO J S.Simulation of train crashes in three dimensions[J].Vehicle System Dynamics,2003,40(6):435-450.

[13] 田红旗,许平.吸能列车与障碍物撞击过程的研究和分析[J].长沙铁道学院学报,2002,20(3):55-60.

[14] 伞军民.列车吸能结构碰撞仿真与分析[D].大连:大连交通大学,2009.

[15] HOSSEINI-TEHRANI P,BAYAT V.Study on crashworthiness of wagon's frame under frontal impact [J].International Journal of Crashworthiness,2011,16(1):25-39.

[16] NEMETH I,KOVACS K,REIMERDES H G,et al.Crashworthiness study of railway vehicles-Developing of crash elements[C].Hungary:Budapest University,2002.

[17] KIM H J,CHO H,JUNG H S,et al.Crashworthiness design and evaluation on the leading-cab structure of rolling stock using topology optimization[J].International Journal of Precision Engineering and Manufacturing,2009,10(2):79-85.

[18] HOSSEINI-TEHRANI P,NANKALI A.Study on characteristics of a crashworthy high-speed train nose[J].International Journal of Crashworthiness,2010,15(2):161-173.

[19] 沃尔特 W,阎锋.铁道车辆的防碰撞要求、设计原理和初步结果[J].国外铁道车辆,2004,41(02):23-30.

[20] 赫克特 M,祝华.有轨电车和轻轨车辆的防碰撞性[J].国外铁道车辆,2005,42(5):39-41.

[21] 张振淼,逄增祯.轨道车辆碰撞能量吸收装置原理及结构设计(续完)[J].国外铁道车辆,2001,38(4):16-19.

[22] EN 15227:2008,Railway applications—Crashworthiness requirements for railway vehicle bodies[S].British:Standards Policy and Strategy Committee,2009.

[23] EN 12663:2000,Railway applications—Structural requirements of railway vehicle bodies[S].British:Standards Committee,2000.

[24] XUE X,SCHMID F,SMITH R A.A study of modelling approaches for rail vehicle collision behaviour[J].International Journal of Crashworthiness,2004,9(5):515-525.

[25] GM/RT 2100,Structural Requirements for Railway Vehicles[S].London:Safety & Standards Directorate,2000.

[26] AV/ST 9001,Vehicle Interior Crashworthiness[S].London:Railway Safety Evergreen House,2002.

[27] 布劳恩 J,陈铭.新型 AGV 电动车组[J].国外铁道车辆,2010,47(4):5-7.

[28] 马库斯 S,崔培兴.城轨车辆碰撞安全性的现代设计理念[J].现代轨道交通,2005,2(1):1-6.

[29] 弗兰克 M,钟连泉.轻轨车辆的制造[J].国外铁道车辆,2000,37(5):7-11.

[30] TYRELL D C. US rail equipment crashworthiness standards[J]. Proceedings of the Institution of Mechanical Engineers,Part F:Journal of Rail and Rapid Transit,2002,216(2):123-130.

[31] TYRELL D C, SEVERSON K J, MARQUIS B P. Train crashworthiness design for occupant survivability[C]. San Francisco: American Society of Mechanical Engineers, Applied Mechanics Division,1995.

[32] PARENT D, TYRELL D C, PERLMAN A B. Crashworthiness analysis of the Placentia, CA rail collision[J].International Journal of Crashworthiness,2004,9(5):527-534.

[33] SEVERSON K J,TYRELL D C,PERLMAN A B,et al.Rail passenger equipment collision tests:analysis of structural measurements[C]. Orlando, Florida: American Society of Mechanical Engineers, Applied Mechanics Division,2000.

[34] 畑弘敏,刘克鲜.运用碰撞仿真技术进行提高铁道车辆安全性的研究[J].国外铁道车辆,2004,41(6):22-27.

[35] 畑弘敏,彭惠民.日本 E233 系车辆的车体结构与强度[J].国外铁道车辆,2009,46(5):8-11.

[36] 弘道石,彭惠民.日本铁道车辆技术的开发动向[J].国外铁道车辆,2010,47(3):1-3.

[37] 房加志.铁道车辆碰撞以及结构优化的仿真研究[D].北京:中国农业大学,2005.

[38] 贾宇.机车车体耐碰撞结构设计与碰撞仿真研究[D].成都:西南交通大学,2005.

[39] 王文斌.轨道车辆耐碰撞结构及乘员安全防护技术研究[D].上海:同济大学,2006.

[40] 戴嘉鹏.铝合金地铁车体静动态分析及碰撞仿真研究[D].南京:东南大学,2006.

[41] 李兰.城轨车辆耐碰撞结构设计及其乘员安全数字仿真研究[D].北京:铁道部科学研究院,2007.

[42] 王庆艳.铝型材地铁车车体耐撞性分析及吸能结构最优设计[D].大连:大连交通大学,2007.

[43] 陈汉珍.城际列车耐碰撞车体研究[D].成都:西南交通大学,2008.

[44] 高祥.基于 ANYSY/LS-DYNA 的铁道车辆单车碰撞问题建模与仿真研究[D].北京:北京交通大学,2008.

[45] GAO G J,TIAN H Q.Train's crashworthiness design and collision analysis[J].International Journal of Crashworthiness,2007,12(1):21-28.

[46] TIAN H Q,GAO G J,YAO S,et al.Structure realization method for collapse threshold of plastic deformation in train collision condition[J].Journal of Central South University of Technology,2011,18(1):244-249.

[47] 田红旗.客运列车耐冲击吸能车体设计方法[J].交通运输工程学报,2001,1(1):110-114.

[48] 高广军,田红旗,姚松．耐冲击吸能车体[J].交通运输工程学报,2003,3(3):50-53.

[49] 高广军,田红旗,姚松,等．列车多体耦合撞击分析[J].中国铁道科学,2005,26(4):93-97.

[50] MILHO J F, AMBRÓSIO J A C, PEREIRA M F O S. Validated multibody model for train crash analysis[J].International Journal of Crashworthiness,2003,8(4):339-352.

[51] EREN I,GUR Y,AKSOY Z.Finite element analysis of collapse of front side rails with new types of

crush initiators[J].International Journal of Automotive Technology,2009,10(4):451-457.

[52] ZHU P,ZHANG Y,CHEN G L.Metamodeling development for reliability-based design optimization of automotive body structure[J].Computers in Industry,2011,62(7):729-741.

[53] DUDDECK F.Multidisciplinary optimization of car bodies[J].Structural and Multidisciplinary Optimization,2008,35(4):375-389.

[54] MILHO J F,AMBRÓSIO J A C.Design of train crash experimental tests by optimization procedures [J].International Journal of Crashworthiness,2004,9(5):483-493.

[55] ZHONG Z H.Finite element procedures for contact-impact problems[M].Oxford:Oxford University Press,1993:96-213.

[56] 张金换,杜汇良,马春生.汽车碰撞安全性设计[M].北京:清华大学出版社,2010:87-110.

[57] BITTENCOURT E,CREUS G J.Finite element analysis of three-dimensional contact and impact in large deformation problems[J].Computers and Structures,1998,69(2):219-234.

[58] DIAS J P,PEREIRA M S.Optimization methods for crashworthiness design using multibody models [J].Computers and Structures,2004,82(17-19):1371-1380.

[59] MILHO J F,AMBRÓSIO J A C,PEREIRA M F O S.A multibody methodology for the design of anti-climber devices for train crashworthiness simulation[J].International Journal of Crashworthiness,2002, 7(1):7-20.

[60] CHATTERJEE S,CARNEY J.Passenger train crashworthiness-primary collisions[J].Transportation Research Record,1996,18(1531):1-12.

[61] CUARTERO J,LIZARANZU M,CASTEJON L,et al.Evaluation of passenger railroad car roll over crashworthiness[J].International Journal of Crashworthiness,2006,11(5):419-424.

[62] 钟志华,张维刚,曹立波,等.汽车碰撞安全技术[M].北京:机械工业出版社,2003:4-5.

[63] 贾翠平.汽车与高速公路混凝土护栏碰撞事故分析及仿真研究[D].武汉:武汉理工大学,2007.

[64] TNO A.MADYMO Theory Manual(V6.2.2)[M].The Netherlands:TNO Automotive Madymo,2005: 112-135.

[65] 胡耀华.汽车碰撞后乘员最佳保护姿态的仿真研究[D].咸阳:西北农林科技大学,2002.

[66] TYRELL D C,SEVERSON K J,Marquis B P.Analysis of occupant protection strategies in train collisions[J].ASME Applied Mechanics Division,1995,210(3):539-557.

[67] YASUI Y,HOSOMI K,ONITAKE A.Dynamic energy absorption of various thin-walled polygonal structural members under impact compressive load[J].Journal of Japan Institute of Light Metals,2005, 55(6):252-258.

[68] ABRAMOWICZ W.Thin-walled structures as impact energy absorbers[J].Thin-walled structures, 2003,41(2-3):91-107.

[69] REYES A,LANGSETH M,HOPPERSTAD O S.Crashworthiness of aluminum extrusions subjected to oblique loading:Experiments and numerical analyses[J].International Journal of Mechanical Sciences, 2002,44(9):1965-1984.

[70] NAGEL G M,THAMBIRATNAM D P.Computer simulation and energy absorption of tapered thin-walled rectangular tubes[J].Thin-Walled Structures,2005,43(8):1225-1242.

[71] KARAGIOZOVA D,JONES N.Dynamic effects on buckling and energy absorption of cylindrical shells under axial impact[J].Thin-Walled Structures,2001,39(7):583-610.

[72] WANG B,LU G.Mushrooming of circular tubes under dynamic axial loading[J].Thin-Walled Structures,2002,40(2):167-182.

[73] 桂良进，范子杰，王青春.泡沫填充圆管的轴向压缩能量吸收特性[J].清华大学学报：自然科学版，2003，43(11)：1526-1529.

[74] 刘金朝，王成国，房加志.薄壁圆柱在轴向冲击力作用下的动力学响应[J].中国铁道科学，2004，25(4)：18-24.

[75] 荆友录.不同截面薄壁梁的轴向耐撞性对比研究[J].山东交通学院学报，2008，16(2)：14-17.

[76] 谢素超，田红旗，姚松.车辆吸能部件的碰撞试验与数值仿真[J].交通运输工程学报，2008，8(3)：1-5.

[77] ALEXANDER J M.An approximate analysis of the collapse of thin cylindrical shells under axial loading[J].The Quarterly Journal of Mechanics and Applied Mathematics，1960，13(1)：10-15.

[78] LANGSETH M，HOPPERSTAD O S，BERSTAD T.Crashworthiness of aluminum extrusions：Validation of numerical simulation，effect of mass ratio and impact velocity[J].International Journal of Impact Engineering，1999，22(9)：829-854.

[79] 郝琪，吴胜军，马迅.结构参数对车辆薄壁结构碰撞性能影响的研究[J].机械科学与技术，2007，26(2)：209-212.

[80] 谢素超，高广军.薄壁结构吸能预测的多元非线性回归分析[J].应用基础与工程科学学报，2010，18(4)：714-721.

[81] 谢素超，田红旗，周辉.基于显式有限元的薄壁结构吸能特性预测[J].振动与冲击，2010，29(5)：183-186.

[82] NAGEL G M，THAMBIRATNAM D P.Dynamic simulation and energy absorption of tapered thin-walled tubes under oblique impact loading[J].International Journal of Impact Engineering，2006，32(10)：1595-1620.

[83] 侯淑娟，龙述尧，李光耀，等.材料参数对车身吸能元件抗撞性影响的数值分析[J].汽车工程，2008，30(5)：416-419.

[84] MARZBANRAD J，ABDOLLAHPOOR A，MASHADI B.Effects of the triggering of circular aluminum tubes on crashworthiness[J].International Journal of Crashworthiness，2009，14(6)：591-599.

[85] LANGSETH M，HOPPERSTAD O S，HANSSEN A G.Crash behaviour of thin-walled aluminium members[J].Thin-walled structures，1998，32(1-3)：127-150.

[86] MAHDI E，MOKHTAR A S，ASARI N A，et al.Nonlinear finite element analysis of axially crushed cotton fibre composite corrugated tubes[J].Composite Structures，2006，75(1-4)：39-48.

[87] 王勖成.有限单元法[M].北京：清华大学出版社，2003：468-701.

[88] 姚松，田红旗，高广军.显式有限元法在车辆耐撞性研究中的应用[J].交通运输工程学报，2003，3(1)：13-16.

[89] 林小苹，曹炳健，黄长江.海洋生态数据库管理系统的设计与实现[J].计算机应用与软件，2007，24(3)：57-60.

[90] 张静秋，韩玉玮，胡燕瑜.MATLAB图形信息数据库应用程序的开发[J].计算机工程与设计，2005，26(6)：1657-1659.

[91] 吴迪，刘军，徐朋，等.基于MATLAB及数据库技术的实验数据检验及存取研究[J].大学物理实验，2010，23(4)：67-69.

[92] 朱礼智，刘俊娜.常用木工机械数据库管理系统设计[J].林业机械与木工设备，2008，36(1)：40-42.

[93] 邹艳红，毛先成.地测数据库的建立与应用[J].中南大学学报：自然科学版，2004，35(3)：463-467.

[94] 张泽宇，潘和平，马火林.用Matlab实现跨平台多数据库系统查询[J].长江大学学报：自然科学版，2009，6(4)：57-60.

[95] REDHE M，GIGER M，NILSSON L.An investigation of structural optimization in crashworthiness design using a stochastic approach[J].Structural and Multidisciplinary Optimization，2004，27(6)：446-459.

[96] HOU S,LI Q,LONG S,et al.Crashworthiness design for foam filled thin-wall structures[J].Materials and Design,2009,30(6):2024-2032.

[97] XIANG Y J,WANG Q X,FAN Z J,et al.Optimal crashworthiness design of a spot-welded thin-walled hat section[J].Finite Elements in Analysis and Design,2006,42(10):846-855.

[98] JINANG Z Y,GU M T.Optimization of a fender structure for the crashworthiness design[J].Materials and Design,2010,31(3):1085-1095.

[99] JANSSON N,WAKEMAN W D,MANSON J A E.Optimization of hybrid thermoplastic composite structures using surrogate models and genetic algorithms[J].Composite Structures,2007,80(1):21-31.

[100] 穆雪峰,姚卫星,余雄庆,等.多学科设计优化中常用代理模型的研究[J].计算力学学报,2005,22(5):608-612.

[101] AZADI S,AZADI M,ZAHEDI F.NVH analysis and improvement of a vehicle body structure using DOE method[J].Journal of Mechanical Science and Technology,2009,23(11):2980-2989.

[102] SIMPSON T W,LIN D K J,CHEN W.Sampling strategies for computer experiments:design and analysis[J].International Journal of Reliability and Applications,2001,2(3):209-240.

[103] 张维刚,廖兴涛,钟志华.基于逐步回归模型的汽车碰撞安全性多目标优化[J].机械工程学报,2007,43(8):142-147.

[104] 孙光永,李光耀,张勇,等.基于鲁棒性的概率优化设计在薄壁构件耐撞性中的应用[J].中国机械工程,2007,18(4):479-483.

[105] FORSBERG J,NILSSON L.On polynomial response surfaces and Kriging for use in structural optimization of crashworthiness[J].Structural and multidisciplinary optimization,2005,29(3):232-243.

[106] ZAREI H,KROGER M.Optimum honeycomb filled crash absorber design[J].Materials and Design,2008,29(1):193-204.

[107] KAMPOLIS I C,GIANNAKOGLOU K C.A multilevel approach to single- and multiobjective aerodynamic optimization[J].Computer Methods in Applied Mechanics and Engineering,2008,197(33-40):2963-2975.

[108] YU K,YANG X,YUE Z.Aerodynamic and heat transfer design optimization of internally cooling turbine blade based different surrogate models[J].Structural and Multidisciplinary Optimization,2011,44(1):75-83.

[109] FORSBERG J,NILSSON L.Evaluation of response surface methodologies used in crashworthiness optimization[J].International Journal of Impact Engineering,2006,32(5):759-777.

[110] YAO Z H,YUAN M W,LIAO X T,et al.Computational Methods in Engineering & Science[M].China:Tsinghua University Press,2007:302.

[111] SAKATA S I,ASHIDA F,Zako M.Application of a gradient method to approximate structural optimization using Kriging method[J].Transactions of the Japan Society of Mechanical Engineers,Part C,2003,69(5):1209-1215.

[112] BANG I K,HAN D S,HAN G J,et al.Structural optimization for a jaw using iterative Kriging metamodels[J].Journal of Mechanical Science and Technology,2008,22(9):1651-1659.

[113] LUO Z,TONG L,KANG Z.A level set method for structural shape and topology optimization using radial basis functions[J].Computers and Structures,2009,87(7-8):425-434.

[114] GHOLIZADEH S,SALAJEGHEH E,TORKZADEH P.Structural optimization with frequency constraints by genetic algorithm using wavelet radial basis function neural network[J].Journal of Sound and Vibration,2008,312(1-2):316-331.

[115] GHOLIZADEH S,SAMAVATI O A.Structural optimization by wavelet transforms and neural networks[J].Applied Mathematical Modelling,2011,35(2):915-929.

[116] 杨启红,尉强.基于神经网络的结构优化设计[J].山西建筑,2006,32(22):74-75.

[117] EOM Y,YOO K,PARK J,et al.Reliability-based topology optimization using a standard response surface method for three-dimensional structures[J].Structural and Multidisciplinary Optimization,2011,43(2):287-295.

[118] CHO C,CHOI E,CHO J,et al.Topology and parameter optimization of a foaming jig reinforcement structure by the response surface method[J].Computer-Aided Design,2011,43(12):1707-1716.

[119] 李恩颖,李光耀,王琥.混合响应面法对汽车吸能部件优化关键技术[J].计算机应用研究,2008,25(2):368-375.

[120] 王琥,李光耀,李恩颖,等.基于响应面法的汽车吸能部件优化问题研究[J].系统仿真学报,2007,19(16):3824-3829.

[121] 廖兴涛,张维刚,李青,等.响应表面法在薄壁构件耐撞性优化设计中的应用研究[J].工程设计学报,2006,13(5):298-302.

[122] 侯淑娟,李青,龙述尧.端部圆锥形薄壁构件的抗撞性设计优化[J].湖南大学学报:自然科学版,2006,33(3):37-40.

[123] LANZI L,AIROLDI A,Chirwa C.Application of an iterative global approximation technique to structural optimizations[J].Optimization and Engineering,2009,10(1):109-132.

[124] KAYMAZ I.Application of kriging method to structural reliability problems[J].Structural Safety,2005,27(2):133-151.

[125] SAKATA S I,ASHIDA F,ZAKO M.Approximate structural optimization using kriging method and digital modeling technique considering noise in sampling data[J].Computers and Structures,2008,86(13-14):1477-1485.

[126] LAM X,KIM Y,HOANG A,et al.Coupled Aerostructural Design Optimization Using the Kriging Model and Integrated Multiobjective Optimization Algorithm[J].Journal of Optimization Theory and Applications,2009,142(3):533-556.

[127] LIU H,MAGHSOODLOO S.Simulation optimization based on Taylor Kriging and evolutionary algorithm[J].Applied Soft Computing,2011,11(4):3451-3462.

[128] 张崎.基于 Kriging 方法的结构可靠性分析及优化设计[D].大连:大连理工大学,2005.

[129] 高云凯,孙芳,余海燕.基于 Kriging 模型的车身耐撞性优化设计[J].汽车工程,2010,32(1):17-21.

[130] SAKATA S,ASHIDA F,ZAKO M.Microstructural design of composite materials using fixed-grid modeling and noise-resistant smoothed Kriging-based approximate optimization[J].Structural and Multidisciplinary Optimization,2008,36(3):273-287.

[131] 高月华.基于 kriging 代理模型的优化设计方法及其在注塑成型中的应用[D].大连:大连理工大学,2009.

[132] MARCELIN J L,TROMPETTE P,DORNBERGER R.Optimization of composite beam structures using a genetic algorithm[J].Structural Optimization,1995,9(5-4):236-244.

[133] MUC A,GURBA W.Genetic algorithms and finite element analysis in optimization of composite structures[J].Composite Structures,2001,54(2-3):275-281.

[134] PRENDES-GERO M B,GARCIA A B,DEL-COZ-DIAZ J J.Design optimization of 3D steel structures:Genetic algorithms vs classical techniques[J].Journal of Constructional Steel Research,2006,62(12):1303-1309.

[135] CHEN S Y.An approach for impact structure optimization using the robust genetic algorithm[J].Finite Elements

in Analysis and Design,2001,37(5):431-446.

[136] MADEIRA J A,RODRIGUES H C,PINA H.Multiobjective topology optimization of structures using genetic algorithms with chromosome repairing[J]. Structural and Multidisciplinary Optimization, 2006,32(1):31-39.

[137] KELESOGLU O.Fuzzy multiobjective optimization of truss-structures using genetic algorithm[J].Advances in Engineering Software,2007,38(10):717-721.

[138] GAZONAS G A,WEILE D S,WILDMAN R,et al.Genetic algorithm optimization of phononic bandgap structures[J].International Journal of Solids and Structures,2006,43(18-19):5851-5866.

[139] BAO Z,WATANABE T.A novel genetic algorithm with different structure selection for circuit design optimization[J].Artificial Life and Robotics,2009,14(2):266-270.

[140] ALMEIDA F S,AWRUCH A M.Design optimization of composite laminated structures using genetic algorithms and finite element analysis[J].Composite Structures,2009,88(3):443-454.

[141] JIN R,CHEN W,SIMPSON T W.Comparative studies of metamodelling techniques under multiple modelling criteria[J].Structural and Multidisciplinary Optimization,2001,23(1):1-13.

[142] 龙述尧,陈仙燕,李青.矩形截面锥形薄壁管关于能量吸收和初始碰撞力峰值的优化[J].工程力学,2007,24(11):70-75.

[143] 王文斌,赵洪伦,刘学军.轨道车辆乘员二次碰撞伤害的研究[J].轨道交通研究,2007,10(9):23-27.

[144] 陈立平.机械系统动力学分析及 ADAMS 应用教程[M].北京:清华大学出版社,2005:96-105.

[145] GALGANSKI R A.Collision Avoidance and Accident Survivability,Volume 3:Accident Survivability [R].Washington,D.C.:Office of Research and Development,1993.

[146] 黄靖,王健.汽车碰撞过程中加速度特征对乘员损伤的影响分析[J].汽车科技,2010,38(1):30-34.

[147] 李山,高卫民,沈建东,等.DYNA-MADYMO 耦合计算方法在车辆侧面碰撞模拟分析中的应用[J].上海汽车,2005,31(8):25-28.

[148] VAN INGEN-DUNN C,MANNING J E.Commuter Rail Seat Testing and Analysis[R].Washington, D.C.:Office of Research and Development,2002.

[149] TYRELL D C,SEVERSON K J.Crashworthiness Testing of Amtrak's Traditional Coach Seat[R].Washington, D.C.:Office of Research and Development,1996.

[150] NOUREDDINE A, ESKANDARIAN A, DIGGES K. Computer modeling and validation of a Hybrid Ⅲ dummy for crashworthiness simulation[J].Mathematical and computer modelling,2002,35 (7-8):885-893.

[151] 高勇丽,徐立伟,董瑞强,等.基于多体动力学乘员约束系统的模拟研究[J].汽车技术,2006,37(S1):65-68.

[152] 王亚军,陈超卓,吴沈荣.FMVSS201 规程在车辆内饰件与乘员头部碰撞中的应用[J].汽车安全与节能学报,2010,1(2):127-131.

[153] 王文斌,张光伟,赵洪伦,等.高速列车座椅间距对乘员二次碰撞伤害的影响[J].计算机辅助工程,2008,17(2):1-3.

[154] 葛如海,许栋,王桃英,等.客车座椅设计参数对乘员正面碰撞伤害影响的仿真研究[J].车辆与动力技术,2010,32(2):9-13.

[155] 朱航彬,刘学军.正面碰撞波形对乘员伤害值的影响[J].汽车工程,2008,30(11):964-968.

[156] 余同希,卢国兴.材料与结构的能量吸收:耐撞性·包装·安全防护[M].北京:化学工业出版社,2005.11.

[157] 水野幸治.汽车碰撞安全[M].韩勇,陈一唯,译.北京:人民交通出版社股份有限公司,2016.12.